D1725925

edition
federtanz

Alexis Runa

Das Verborgene in mir

Roman

Originalausgabe

Erste Auflage Herbst 2021
Alle Rechte vorbehalten
Copyright © 2021 by Dea Media AG, Feusisberg

1. Lektorat: Christiane Saathoff, www.lektorat-saathoff.de
2. Lektorat: Sabine Maria Steck
Gestaltung: Saskia Nobir
Bildnachweis: Irene E. Bizic Fotografie
Schrift: Filo Pro, Arnhem Black, Avenir Next Bold
Druck und Bindung: Livonia Print Ltd., Riga
Papier: Munken print white, 80 g/m², 1.8

ISBN 978-3-9525457-0-6

edition federtanz ist ein Imprint der Dea Media AG
Weitere Informationen unter www.federtanz.ch

Dieses Buch ist auch als E-Book erhältlich.

Prolog

Sachte dreht sie sich nach links.

Eine Nuance nur.

Gerade genug, damit sich das Schattenspiel auf ihrer hellen Haut verändert.

Zwei gedimmte Scheinwerfer sind auf sie gerichtet und tauchen das Fotostudio in ein surreales Licht. Die Dunkelheit, die ihre Silhouette umfängt, hebt ihre schlichte Schönheit eindrucksvoll hervor. Den Rücken hat sie durchgedrückt, sodass ihre Brüste einen sanften Bogen zu ihrem schlanken Hals zeichnen. Ihr Kopf schmiegt sich an einen ihrer Arme, die er zuvor in Schlingen an der Decke festgebunden hat. Wie ein samtener Schleier fällt ihr Haar seitlich über ihre Schultern und verdeckt einen Teil ihres Gesichts. Die Augen hat er ihr verbunden, sie der Macht der inneren Bilder überlassen.

»Noch ein klein wenig weiter nach links«, flüstert er und richtet seine Kamera auf sie.

Sie dreht sich, und ihre Brüste schieben sich aus der Dunkelheit hervor, werfen winzige Schatten auf ihren Torso.

»Perfekt.« Er drückt den Auslöser. »Dreh dich jetzt auf die andere Seite ... ja, genau ... Heb das Kinn etwas an.« Fasziniert betrachtet er sie durch den Sucher.

Die Hingabe, mit der sie ihm ihren Körper präsentiert, zieht ihn in den Bann. Unzählige Frauen hat er schon fotografiert; doch keine inspiriert ihn wie sie. Spielen will er mit ihr. Sie mit seiner Kamera einfangen und inszenieren. Die Grenze ist einzig seine Fantasie.

»Tanze für mich«, bittet er sie leise.

Sie zögert.

Er geht zur Musikanlage, dreht die Lautstärke hoch, bevor er die Kamera wieder auf sie richtet. »Gib dich der Musik hin«, fordert er sie auf.

Sie bewegt sich. Zaghaft zuerst, doch dann verliert sie sich in der Stimme von Rihanna. Die emotionsgeladene Mischung aus R&B und Reggae reißt sie mit.

Im Spiel von Licht und Schatten formt ihr Körper immer neue Kunstwerke. Die Dunkelheit leitet ihren Tanz, bis der Kamerablitz in einem Sekundenbruchteil die Einzigartigkeit des Moments festzuhalten sucht. Mit ihren Händen in den Schlingen wirkt sie wie ein Grashalm im Wind. Ein selbstvergessenes Lächeln huscht über ihr Gesicht.

»Wunderschön«, murmelt er und kann den Blick nicht von ihr lösen.

Sie legt den Kopf in den Nacken und fährt sich mit der Zunge über die Lippen.

Erregt hält er den Atem an. Diese Frau bringt ihn noch um den Verstand. Er schraubt die Kamera aufs Stativ, stellt sie auf Automatik und nähert sich seiner Muse. Sanft berührt er sie am Bauch. Mit den Fingerspitzen gleitet er über ihre kühle Haut, und sie erschauert.

»Komm näher«, lockt sie, ihre Stimme betörend wie die einer griechischen Sirene. Ihre Brustwarzen sind hart aufgerichtet und bilden einen verführerischen Kontrast zu ihren weichen Rundungen. »Berühr mich«, bittet sie und reckt sich ihm entgegen.

Er streckt seine Hand aus, streicht über ihre Brust. Ihr Verlangen erregt ihn – und dass er allein darüber bestimmt, wann er es stillen wird.

Mehr vom Leben

♪ – *Masterpiece, Jessie J*

DELA

Mein Leben ist perfekt!

Mit einem Schwung lasse ich die Wohnungstür ins Schloss fallen und kicke die High Heels von den Füßen. Was für ein Tag. Ab heute also: Frau Direktorin! Genüsslich lasse ich mir den Titel auf der Zunge zergehen. Er schmeckt besser als jede Schokolade – und ich liebe Schokolade.

Ausgelassen hüpfe ich durch den Korridor ins Wohnzimmer zur Musikanlage. Jessie J muss jetzt einfach sein, und zwar laut. Zu ihrer souligen Powerstimme drehe ich mich um die eigene Achse und wiege die Hüften im Takt. Mein Kleid wiegt mit. Ich tanze zur Vitrine, strecke mich und nehme die Champagnergläser vom obersten Regal – die teuren, die wir uns für besondere Anlässe aufheben. Bald kommt Robert nach Hause, und ich will feiern mit ihm. Mit der rechten Hüfte gebe ich der Vitrinentür einen Stoß, halte mir eine der langstieligen Champagnerflöten vor den Mund und schmettere meine Version von *Masterpiece* ins Glas. Auch frischgebackene Direktorinnen müssen ab und zu singen. Ich werfe den Kopf in den Nacken, trällere in voller Lautstärke und sonne mich im Glanz des imaginären Scheinwerferlichts. Mitten im Refrain halte ich inne. Was meine Arbeitskollegen wohl zu dieser Show sagen würden? Kichernd drehe ich die Musik leiser, gehe in die Küche und stelle die beiden Champagnergläser ordentlich nebeneinander auf die Anrichte.

Meine Kollegen haben keinen blassen Schimmer, dass Frau Direktorin morgens in der S-Bahn nicht das Handelsblatt liest, sondern lieber nach neuen Songs für ihre Essentials-Playlist sucht. Dass sie mittags allein im Wald laufen geht, anstatt ihr berufliches Netzwerk bei einem Businesslunch zu vertiefen, und sich mit fast vierzig abends im Bett noch Märchen ausdenkt, damit sie besser einschlafen kann. Sie sehen nur die Businessfrau, die rasche Entscheidungen fällt und keine Konsequenzen scheut. Wir benötigen für die bevorstehende Vertriebsaktion mehr Budget? Sparen wir doch einfach bei den Werbekosten. Ein Projekt kommt nur schleppend voran? Das holen wir auf. Jemand soll die neue Social-Media-Strategie zweihundert Zuhörern präsentieren? Gern, ich mach das. Obwohl ich noch im selben Moment Lampenfieber kriege. Die mutige Version von Dela Kleeberg täuscht darüber hinweg, wie introvertiert sie in Wirklichkeit ist. Dela ist eine Träumerin, die sich in ihren Gedanken am wohlsten fühlt. Nicht einmal Robert weiß das.

Ich nehme den Champagner aus dem Kühlschrank, suche Kerzen für unsere Windlichter und trage alles nach draußen auf die Terrasse. Ich bin bereit für einen romantischen Abend zu zweit.

Zufrieden falle ich in die weichen Kissen des Loungesofas. Ich lege den Kopf in den Nacken, schließe die Augen und lasse mich vom lauen Sommerabend verzaubern, der meine Sinne umschmeichelt wie ein Liebhaber seine Angebetete. Die letzten Sonnenstrahlen dieses heißen Spätsommertages wärmen meine Haut. Ein sanfter Luftzug spielt mit dem Saum meines Kleides und streichelt über meine Beine. Ich rutsche tiefer in die Kissen und löse mein zusammengebundenes Haar. Meine Kopfhaut kribbelt erleichtert. Feierabend.

Träge öffne ich die Augen und beobachte einen Schmetterling, der seine ganz eigene Choreografie eines zauberhaften Sommerabendtanzes vollführt. Was das Leben wohl morgen und übermorgen für mich bereithält? Wäre jetzt der richtige Zeitpunkt für Kinder? Beruflich habe ich mehr erreicht, als ich mir je zugetraut hätte. Ich bin eine Direktorin, die die Marketingabteilung einer renommierten Beraterfirma führt, und mit achtunddreißig Jahren tickt die biologische Uhr immer lauter. Wenn nicht jetzt, wann dann?

»Hallo, Krümel«, ruft es von drinnen, und ich höre die Wohnungstür ins Schloss fallen.

Ich richte mich auf.

Vor Jahren schon habe ich damit aufgehört, mich gegen den unliebsamen Kosenamen zu wehren, den ich an unserem ersten Morgen danach erhalten habe. Ich sähe wie ein süßes, gefräßiges Krümelmonster aus, hat Robert damals gesagt, während wir Cornflakes mit Milch aßen.

»Hey, mein Großer«, begrüße ich ihn, als er die Terrasse betritt. Zugegeben, sein Kosename, den er seiner Körpergröße von einem Meter neunzig zu verdanken hat, ist auch nicht sehr originell.

Robert drückt mir einen Kuss auf die Stirn und deutet auf die Champagnerflasche. »Gibt es was zu feiern?«

Ich nicke stolz.

»Du bist befördert worden!«, stellt er erfreut fest, weiß er doch, dass ich seit Tagen auf die offizielle Nominierung warte. »Gut gemacht, Krümel«, lobt er mich und beugt sich zu mir nieder, um mich kurz an sich zu drücken. Dann nimmt er die Flasche und lässt den Korken in die Luft knallen. Nachdem er beide Gläser gefüllt hat, setzt er sich neben mich auf die Lounge und prostet mir zu.

Ich lasse die prickelnd kühle Flüssigkeit über die Zunge in die Kehle gleiten. Köstlich. Champagner schmeckt am besten, wenn man ihn sich selbst erarbeitet hat. »Wie war dein Tag?«, stelle ich ihm die Frage, die wir uns jeden Abend stellen und deren Antwort ich bereits kenne. Zahlreiche Meetings, komplexe Aufgaben, nervige Pendlererlebnisse, bei ihm wie bei mir. Ich höre trotzdem gern zu. Behagliche Vertrautheit, die einzig mit jemandem wachsen kann, den man lange kennt.

»Viel zu heiß. Zu allem Übel ist die Klimaanlage in der S-Bahn ausgefallen«, antwortet Robert prompt.

Mitfühlend streiche ich ihm durchs Haar, das am Ansatz verschwitzt ist.

»Sag mal, riecht es hier nach goldbraun gebratenen Würsten?«, fragt er und schaut zur Nachbarterrasse.

»Hmmm ...« Ich schnuppere in die Luft. »Es könnte auch ein würziges Steak sein. Zeit, dass du dich hinter den Grill stellst.«

»Geht klar, Frau Direktorin.« Er deutet eine salutierende Geste an. »Wie hätten Sie es denn heute gern? Medium wie immer? Oder zur Feier des Tages mal well done?«

»Well done!« Beseelt springe ich auf und hüpfe in die Küche, um den Salat vorzubereiten, dazu das Dressing mit sehr viel Essig und einem Schuss Sherry. So mag es mein Allerliebster.

Seit acht Jahren sind Robert und ich ein Paar. Ich liebe ihn. Und ich liebe das Leben mit ihm – auch wenn ich französische Salatsoße lieber mag.

Ich blicke zur Terrasse, wo Robert sich am Grill zu schaffen macht. Gleich wird der Duft unserer Steaks mit den Düften aus den Nachbargärten konkurrieren. Klischee, aber beruhigend irgendwie – Banalität in der Komplexität des Lebens. Ich mag die Vorstadtidylle, das beschauliche Viertel, in das wir erst vor Kurzem gezogen sind und uns nahtlos eingereiht haben. Hier will ich bleiben. Hier will ich Wurzeln schlagen.

MARS

Ein Mann braucht Geheimnisse. Und ich habe mehrere.

Für das weibliche Gegenüber wie ein offenes Buch zu sein führt selten zum Ziel. Eine Frau erobert man mit dem Ohr. Zuhören zählt deshalb zu meinen goldenen Regeln des Eroberungsspiels – ein Spiel, das ich liebe.

Heute werde ich Annabella erobern. Alle dafür nötigen Vorbereitungen habe ich getroffen. Ich habe Pasta mit Tomatensoße und frischem Basilikum gekocht und eine Flasche Rotwein dekantiert. Klaviermusik erfüllt mein Wohnzimmer, und für später, wenn es draußen dunkel wird, stehen Kerzen bereit.

Mein aktuelles Objekt der Begierde sitzt direkt vor mir. Annabella stochert in der Pasta und pickt sich ein Stück Tomate aus der Soße. Sie lächelt mich über den Tisch hinweg an und schiebt sich die Gabel in den Mund.

»Du bist ein sehr kreativer Fotograf. Ich mag deine Bildideen«, schmeichelt sie mir.

»Mit schönen Beinen und geschickt ausgewählter Tiefenschärfe lassen sich eben eindrucksvolle Bilder machen«, gebe ich ihr ein Kompliment zurück.

Annabellas Beine lassen Männerherzen eindeutig höherschlagen. Erst kürzlich habe ich sie und ihren sechsundzwanzig Jahre jungen Körper im schönsten aller Kleider – im Evaskostüm – abgelichtet.

»Deine Fotos sind toll. Sehr sinnlich, finde ich.« Sie schiebt sich ein weiteres Stück Tomate in den Mund.

Fasziniert beobachte ich, wie das kleine rote Ding zwischen ihren Lippen verschwindet. Ich lasse meinen Blick von ihrem Mund über ihr wild gelocktes Haar zu ihren Brüsten und ihrer Taille gleiten. Annabellas hauchdünne Bluse lässt neckisch ihren schlanken Körper durchblitzen.

»Warum hast du dich eigentlich auf die weibliche Aktfotografie spezialisiert?«, fragt sie.

»Warum nicht?« Ich versenke meinen Blick in ihre Augen. »Der Frauenkörper ist das schönste Kunstwerk der Welt. Wie kann man das nicht festhalten wollen?«

Sie nickt zustimmend. »Da hast du absolut recht.«

»Warum arbeitest du als Model?«, will ich wissen.

»Hmmmm ...« Geübt wirft sie den Kopf zurück und drückt ihren Rücken durch.

Sie weiß sich nicht nur vor der Kamera in Szene zu setzen. Ihre Silhouette präsentiert sich in einem eleganten S, dabei stechen ihre Brustwarzen provozierend unter der dünnen Bluse hervor. Eine Haarlocke, mit welcher sie nicht zum ersten Mal an diesem Abend spielt, fällt über ihr Gesicht. Neben dem Tisch winken mir die rot lackierten Zehen ihres linken Fußes zu.

»Ich bin Model, weil mir der Glamour und das Reisen gefallen«, antwortet sie. »Und die interessanten Kontakte, die dabei entstehen. Mit Männern wie dir, Mars. Attraktiv, erfahren und erfolgreich.«

»Das geht runter wie Öl«, bedanke ich mich grinsend.

»Wie viele Frauen hast du eigentlich schon fotografiert?«, will sie unvermittelt wissen.

»Ich bin leider ganz schlecht mit Zahlen.« Ich senke meinen Blick auf ihre Brüste. »Formen sind mir sehr viel lieber.«

Kichernd wendet sie sich ihrem Teller zu und pickt sich eine Nudel heraus, die sie eingehend beäugt. »Kennst du Shona?«, fragt sie, ohne mich anzusehen.

»Die Große mit den hüftlangen Haaren, die ständig ihr Handy sucht?«, stelle ich eine rein rhetorische Frage, denn natürlich kenne ich Shona.

Annabella nickt und sieht mich abwartend an.

Ich bemühe mich um einen neutralen Gesichtsausdruck. »Ja, die habe ich auch schon fotografiert.«

Das Shooting mit Shona werde ich so schnell nicht vergessen. Sie bestand darauf, dass ich, und nicht sie selbst, ihren Körper für die Bodyparts-Aufnahmen mit Öl einreibe, was gegen sämtliche Regeln der Branche verstößt. Eine professionelle Distanz zwischen Fotograf und Model ist das A und O einer erfolgreichen Karriere. Als Shona aber mit beiden Händen ihr Haar in die Höhe hob und mir ihre Brüste entgegenstreckte, verabschiedete sich mein Großhirn. Gibt mir eine attraktive Frau das Signal, dass sie mich will, lasse ich nichts anbrennen.

Annabella lässt die Nudel wieder auf ihren Teller fallen. »Und Veruska?«, fragt sie weiter.

Ich greife zur Weinflasche. Verdammt, jetzt wird es heikel. Auch Veruska hat bei mir schon einen Extraservice genossen. Hat Annabella die zwei Namen zufällig ausgewählt oder haben die beiden Damen über mich geredet? Ich versuche, Zeit zu gewinnen, und schenke ihr nach. »Bella«, antworte ich dann mit meinem charmantesten Lächeln, »leider bin ich mit Namen noch viel schlechter als mit Zahlen.«

»Waren die beiden auch schon bei dir zu Hause?«, löchert sie mich unbeeindruckt weiter.

»Gut möglich. Ich benutze hin und wieder mein Wohnzimmer als Set.« Ich deute auf die Fensterfront. »Besonders für Gegenlichtaufnahmen. Dafür ist das unterirdische Studio nicht geeignet.«

Annabellas Miene zeigt mir, dass dies nicht die Antwort ist, die sie hören wollte. Sie will wissen, ob ich üblicherweise mit meinen Models im Bett lande. Obwohl die Frauen, die sich mit mir einlassen, selbst nicht wie Nonnen leben, möchten sie sich bei ihrem Liebhaber stets als die Einzige fühlen. Ich muss Annabella auf andere Gedanken bringen. Interessiert beuge ich mich vor. »Was reden wir eigentlich die ganze Zeit von mir, Bella. Wie unhöflich. Du bist doch die Hauptdarstellerin, erzähl von deinen Shootings.«

Sie reckt sich stolz. »Letzte Woche war ich in London.«

Ich nicke beeindruckt. »Big Ben ist sicher aus dem Takt geraten, als du dich nackt an ihn gelehnt hast.«

Sie kichert und schlängelt ihre Locken um ihren Zeigefinger. »Das Shooting hat im Studio stattgefunden. Aber lass uns doch mal zusammen nach London fliegen. Dann können wir deine verrückten Bildideen umsetzen.«

»Wenn du dich das traust?«

»Klar. Würde ich den Nervenkitzel nicht lieben, wäre ich heute nicht bei dir zu Hause …«

»In der Höhle des Löwen. Sehr mutig.«

»Ich kann mich wehren. Wenn ich will.«

Ich lache auf. »Das glaube ich dir sofort. Unterschätze nie die Waffen einer Frau.«

Annabella nickt bestätigend.

Sie ist kein unbeschriebenes Blatt. Wenn man ihren Erzählungen Glauben schenken darf, hat sie mit ihren sechsundzwanzig Jahren mehr sexuelle Erfahrungen gesammelt als viele Frauen in ihrem ganzen Leben. Gut möglich, dass sie ihren Seidenschal bei unserem letzten Shooting absichtlich im Studio hat liegen lassen, um genau dieses Abendessen hier zu provozieren. Zumindest hat sie mein Angebot, das Kleidungsstück bei mir zu Hause abzuholen, nicht ausgeschlagen, obwohl die Post den Dienst sicher schneller hätte erledigen können. Sollte ich recht haben, lasse ich sie gern in dem Glauben, dass nicht ich sie erobere, sondern sie mich.

»Wieso hast du eigentlich fast keine Dekoration in deiner Höhle?« Sie schaut sich in meinem zugegeben minimalistisch eingerichteten Wohnzimmer um. Dabei klopft sie mit ihren künstlichen Fingernägeln rhythmisch gegen ihr Weinglas, einen scheinbar ungeduldigen Takt vorgebend, den sie heute Abend sicher nicht selbst bestimmen wird.

Ich zucke mit den Schultern. »Da sammelt sich nur Staub an.«

»Ach was, deine Wohnung ist viel zu kahl und leer. Da fehlt eindeutig eine weibliche Hand.«

Im Geheimen gebe ich ihr recht. Eine Frau darf in dieser Wohnung durchaus mal wieder Hand anlegen. Allerdings nicht an meiner Wohnungseinrichtung. Ich berühre Annabellas trommelnde Finger und streiche über ihren Handrücken. »Alles eine Frage der Betrachtungsweise. Man kann sie als leer bezeichnen. Oder als Raum für viel Kreativität.«

Mit ihrer freien Hand schiebt sie den Teller zur Seite, beugt sich vor und schenkt mir einen direkten Blick auf ihre Brüste. Sie trägt keinen BH. Als Aktmodell kennt sie die unschönen Abdrücke, die Unterwäsche stundenlang auf der Haut hinterlassen kann.

»Dessert gefällig?«, frage ich, ohne meine Augen von ihrem Dekolleté zu lösen.

Sie beugt sich noch ein Stückchen weiter vor. »Was hast du zu bieten?«

DELA

Satt und zufrieden lege ich das Besteck in den Teller und lehne mich im Terrassenstuhl zurück.

Wir sitzen wie immer, Robert mit dem Rücken und ich mit dem Gesicht zur Sonne. Diese verschwindet soeben hinter dem Horizont und hinterlässt ein kitschig orangerotes Farbenmeer.

Ein tiefes Glücksgefühl macht sich in mir breit. Wie schnell die Alltagshektik doch verblasst, wenn die Sonne strahlend *Gute Nacht* sagt. Lächelnd schaue ich Robert zu, wie er mit einem Stück Brot die Reste des Salatdressings aufdippt.

Gleich wird er sich eine zweite Portion nehmen. Er isst meist die doppelte Menge, was seinem drahtigen Körper mit keinem Gramm anzusehen ist.

»Das Wochenende wird heiß. Wollen wir in die Berge fahren?«, frage ich und greife zu den Kerzen, um sie anzuzünden. Vielleicht bietet ein Tag an der frischen Luft fernab vom Alltag auch eine gute Gelegenheit, das Kinderthema mal wieder aufs Tapet zu bringen.

»Gute Idee«, stimmt Robert zu. »Sofern wir rechtzeitig zurück sind.«

»Rechtzeitig zurück? Hast du eine Überraschung für mich geplant?«, scherze ich und platziere die Kerzen im Windlicht.

Er nimmt die Salatschüssel und füllt sich seine zweite Portion auf. »Ich möchte am Samstagabend gern auf die Party einer Bekannten gehen.«

»Welche Bekannte?«

»Also eigentlich ist es die Party einer Bekannten dieser Bekannten. Die hat einen Ausbildungsplatz an einer Schauspielschule gekriegt. Und das will sie feiern.«

»Und du willst da allein hin?«, hake ich nach, gehören Samstagabende per ungeschriebenem Beziehungsgesetz doch eigentlich uns.

Robert zuckt mit den Schultern. »Du kennst dort niemanden, du würdest dich nur langweilen. Ich kenne die Bekannte der Bekannten auch nur flüchtig, aber die Bekannte kenne ich schon etwas länger.« Er greift zur Dressingflasche und tränkt seinen Salat mit Essig. »Was ist daran so außergewöhnlich?«

»Also, eigentlich alles«, antworte ich zögernd.

Fragend sieht er mich an. »Wie, alles?«

»Alles ist außergewöhnlich.« Ich versuche, sachlich zu bleiben. Das ist schließlich eine meiner Stärken. »Du willst auf eine Party gehen. An einem Samstagabend. Bei einer flüchtigen Bekannten einer noch flüchtigeren Bekannten. Und das, obwohl du für gewöhnlich solche Anlässe scheust wie der Teufel das Weihwasser«, zähle ich auf.

Mit einer ruckartigen Bewegung stellt Robert den Essigbehälter zurück auf den Tisch. »Auf dieses Gespräch bin ich jetzt überhaupt nicht vorbereitet!«

»Auf dieses Gespräch? Ich möchte doch nur wissen, wieso du unbedingt auf diese Party willst.«

»Eben.«

»Ich weiß nicht, was du meinst«, sage ich unsicher.

Er zögert, spielt mit seiner Gabel und legt sie dann beiseite. »Ich brauche mehr Freiheit«, platzt es wie ein Sommergewitter aus heiterem Himmel aus ihm heraus.

Ich schüttle verständnislos den Kopf. »Wir sind doch gar kein Paar, das ständig aneinanderklebt. Du gehst doch jeden Freitagabend mit deinen Kumpels aus.«

»Freitag reicht mir nicht.« Seine Antwort klingt wie ein Knurren.

»Und im Juli warst du sogar eine ganze Woche Windsurfen ohne mich«, schiebe ich hinterher.

»Ich bin jetzt vierzig! Das kann doch nicht alles gewesen sein.«

»Wie meinst du das?«

Robert starrt in die Kerze. Unvermittelt beugt er sich vor und bläst sie aus. »Ich will mehr vom Leben …«

Ich beobachte den Rauchfaden, der sich in der Luft auflöst, und wage es nicht, eine weitere Frage zu stellen.

»Ich habe eine Frau kennengelernt«, fährt Robert fort. Er hebt den Blick. »Dela, ich habe mich verliebt. Seit Monaten zerbreche ich mir den Kopf, ob und wie ich es dir sagen soll.«

Entsetzt starre ich ihn an. Habe ich das richtig verstanden? Es gibt eine andere? Er will sie? Und nicht mehr mich? Nein, das kann nicht sein. Bange warte ich darauf, dass Robert mich in die Arme nimmt und mir sagt, dass das alles nur ein blöder Scherz ist.

»Dela?« Er berührt mich am Arm. »Es ist einfach passiert. Verstehst du?«

»Nein. Ich ...« Ich weiche zurück. »Seit Monaten triffst du sie schon?«

»Seit acht Jahren gibt es nur noch uns. So kann das doch nicht für den Rest des Lebens bleiben.«

»Wieso denn nicht? Wir haben es doch schön zusammen.«

»Schön ist nicht genug. Ich will wieder Herzklopfen haben. Verstehst du das denn nicht?«

Ich schüttle den Kopf. »Klopft dein Herz denn gar nicht mehr für mich?«, frage ich und fürchte mich gleichzeitig vor der Antwort.

Er senkt den Blick. »Nicht mehr so wie in den ersten fünf Jahren.«

»Aber das ist doch normal, aus Verliebtheit wird Liebe«, sage ich. Wie kann Robert das nicht sehen? Jedes aufgeregte Herzhüpfen weicht irgendwann dem vertrauten Gleichschlag. Das ist doch bei allen Paaren so. Ich greife zur Salatschüssel, um eine zweite Portion zu nehmen. Wenn ich einfach weiteresse, als wäre nichts geschehen, ist vielleicht auch nichts geschehen.

»Meine Gefühle für sie sind anders als bei dir damals. Ich glaube, diesmal stimmt wirklich alles«, sagt Robert und versetzt mir damit einen Dolchstoß mitten ins Herz.

Rasch stelle ich die Schüssel wieder zurück. Mir wird schlecht. Ich atme tief ein und versuche, die Übelkeit zu bekämpfen. Jetzt ist nicht der richtige Zeitpunkt, um über einer Kloschüssel zu hängen. »Was hat sie denn, was ich nicht habe?«, presse ich hervor.

»Sie ist jung und voller Lebensfreude. Anders als du halt«, sagt Robert.

»Wie anders?«

»Sie bewundert mich. Bei ihr fühle ich mich nicht unterlegen.«

»Unterlegen?«

Er sieht mich eindringlich an. »Überall bist du besser als ich. Und jetzt verdienst du auch noch mehr.«

»Wir stehen doch in keinem Wettbewerb. Im Gegenteil: Wir haben doch zusammen entschieden, dass ich die neue Stelle annehme, bevor wir Kinder haben und ich kürzertreten werde.«

»Es hat sich verändert zwischen uns. Überall bin ich dir unterlegen«, beharrt er. Trotz liegt in seinem Blick, als wäre alles meine Schuld.

Auf meine Brust schiebt sich ein zentnerschwerer Stein. Ich will nicht besser sein als er; ich will doch nur, dass Robert stolz auf mich ist. Es kann doch nicht sein, dass er deswegen acht Jahre einfach so wegwirft. »Willst du denn gar nicht mehr für unsere Beziehung kämpfen?«, frage ich leise.

»Wie meinst du kämpfen?«

»Indem du sie nicht mehr triffst?«

»Nein«, antwortet er bestimmt und wendet den Blick ab.

Ich ziehe mein Sommerjäckchen enger um mich. Mir ist plötzlich kalt. Vermutlich hat er sich die Antwort auf diese Frage schon viel früher überlegt. Für sich allein. Ohne mich. Ich betrachte meinen Allerliebsten, von dem ich dachte, dass ich ihn kenne. Nach all den Jahren wirft er mein Herz auf den Müll und demontiert meine Zukunftspläne, und die einzige Regung in seinem Gesicht ist eine Ader, die an seiner Schläfe pocht. Robert hat mich bereits vor Monaten verlassen. In einer riesigen Welle schlägt diese Erkenntnis über mir zusammen. Er ist längst gegangen, ohne dass ich es gemerkt habe. Ich möchte heulen, davonlaufen, mich verkriechen, bleibe jedoch sitzen wie gelähmt.

Stattdessen brechen meine ungeweinten Tränen aus Robert heraus. »Es tut mir leid. Wir hatten eine schöne Zeit zusammen«, schluchzt er. »Ich habe Carina nicht gesucht ... Sie ist einfach aufgetaucht, und nun möchte ich nicht mehr ohne sie sein ... Du musst jetzt stark sein, Dela ... Ich hoffe, du verstehst.«

MARS

Ich stehe auf. Der Moment ist gekommen, um Annabella von ihrem Glas und ihrem Teller zu befreien und ihr zu zeigen, dass man auf meinem Esstisch nicht nur essen kann. Ich trage das Geschirr zur Spüle.

Die Pasta auf ihrem Teller hat sich mittlerweile in ein bizarres Chaos verwandelt. Nichts Neues für mich – Models haben teilweise ein befremdliches Verhältnis zur Nahrung. Ob sie noch hungrig ist? Vermutlich schon. Aber ich bin ja nicht ihr Ernährungsberater, sondern ihr Fotograf. Und heute Nacht will ich ihr Liebhaber sein. Annabellas Hunger werde ich stillen – ganz ohne Messer und Gabel. Ob ihr ausschweifendes Liebesleben wohl ein

Mittel ist, dem Frust wegen des fehlenden Essens zu begegnen? Gut möglich, denke ich, als ich die Essensreste im Eimer entsorge. Glaube ich doch auch, dass viele Menschen ihren Mangel an sexueller Befriedigung durch Essen kompensieren.

Wieder am Tisch, bleibe ich hinter Annabella stehen, lege meine Hände auf ihre Schultern und massiere sie sanft.

Sie legt den Kopf in den Nacken und schließt die Augen. Ihre erhärteten Brustwarzen stoßen aufreizend gegen das Muster ihrer Bluse.

Ich streichle ihren Hals und arbeite mich langsam zu ihrem Dekolleté vor.

Annabella leckt sich über die Lippen. Knopf für Knopf öffnet sie langsam ihre Bluse und lässt sie effektvoll zu Boden gleiten.

Gierig sauge ich den Anblick in mich auf. Die Natur hat alles richtig gemacht, als sie die sanften Rundungen der Frau erschuf. Ich umfasse ihre Brüste, streichle die zarte Haut und rolle ihre harten Nippel zwischen meinen Fingern. »Ich will dich. Alles von dir«, flüstere ich.

Hitze flammt in ihren Augen auf. »Das kriegst du, Mars. Heute Nacht gehört das alles dir.«

Mitsamt dem Stuhl drehe ich sie zu mir um und küsse sie voller Verlangen.

Sie vergräbt ihre Hände in meinen Haaren. »Und ich will alles von dir«, raunt sie in mein Ohr.

Eine Aufforderung, die sie mir nicht zweimal geben muss. Ich packe sie um die Taille und hebe sie auf den Esstisch hoch. Ihr Röckchen und ihr Höschen fliegen neben die Bluse auf den Boden. Wie eine köstliche Speise liegt Annabella nackt auf meinem Tisch. In Windeseile entledige ich mich meiner eigenen Kleider und streife mir ein Kondom über. Hungrig erforsche ich mit meinen Händen und Lippen jeden Zentimeter ihrer Haut. Als ich tief und heftig in sie eindringe, stöhnt sie auf und umklammert mit einer Hand die Tischkante. Ich koste den Moment aus. Den Moment der Eroberung, in dem sie nur mir gehört.

»Mehr«, drängt sie. »Fester.«

Erregt umschlinge ich ihre Taille und hebe sie hoch. Heute Nacht will ich diesen Körper in Szene setzen. Ganz ohne Blitz und Kamera. In ungeplanter Reihenfolge zeige ich Annabella die vielen leeren Flächen meiner Wohnung. Ich nehme sie nicht nur auf dem Esstisch, sondern setze sie auch auf die Küchenarbeitsplatte und drücke sie an eine meiner weißen kahlen Wände. Ihre lustvollen Schreie feuern mich an und lassen mich die Zeit vergessen.

In meinem Schlafzimmer schließlich falle ich mit Annabella aufs Bett. Ich stoße und liebkose sie, bis ich das Zucken spüre, das ihren Orgasmus ankündigt. Ihr Körper bäumt sich auf. Wie liebe ich diesen Moment! Ich gebe meine Selbstbeherrschung auf und lasse meiner Lust freien Lauf. Eine ganze Weile noch halte ich Annabella fest und spüre ihr Nachzucken.

»Danke«, flüstert sie, als sie sich schließlich von mir löst.

Ich stehe auf. »Ich hol dir eine zweite Decke.«

»Wie spät ist es denn?«

»Zu spät, um nach Hause zu gehen.«

Als ich mit dem Bettzeug zurück ins Schlafzimmer komme, sieht mich Annabella dankbar an. »Sehr fürsorglich.«

Ich lege mich neben sie und streiche ihr übers Haar. »Gute Nacht, Bella. Träum schön.« Zufrieden drehe ich mich auf meine Seite und schließe die Augen.

Alles ist möglich! Mein Leben ist perfekt!

Entgleist

♪ – *Million Reasons, Lady Gaga*

DELA

Ich starre auf die eingetrocknete Soße auf Roberts Teller. Er ist längst ins Bett gegangen und um mich herum ist es still geworden. Furchterregend still. Selbst die Musiker der Sommerwiesen haben sich schlafen gelegt, kein einziges Zirpen einer Grille ist mehr zu hören. Ich bin mutterseelenallein.

Einsam.

Verlassen.

Ich hoffe, du verstehst, hat Robert gesagt. Doch wie soll ich ihn verstehen? Ihn, der mir an nur einem einzigen Abend das Fundament, auf das ich acht Jahre lang gebaut habe, entzogen hat. Mehr will er vom Leben. Und den Preis dafür zahle ich.

Seit Monaten schon, und ich hatte keine Ahnung! Ob er an den Abenden, an denen ich ihn bei einem Geschäftsanlass wähnte, mit ihr zusammen war? Verbrachte er die Wochenenden mit mir, sehnte sich aber nach ihr? Carina … Was für einen Kosenamen sie wohl innehat? Ein gefährlicher Wirbel aus Bildern droht mich herunterzuziehen. Unruhig rutsche ich auf meinem Stuhl hin und her. Ich möchte aufstehen und fliehen, nur wohin? Ich wollte doch für immer bleiben. Wie angewurzelt bleibe ich sitzen.

Die Zeit verrinnt, löst sich in Luft auf – wie mein bisheriges Leben. Vom Ausnahmezustand auf meiner Terrasse unbeeindruckt, nimmt der Alltag der Nachbarn langsam seinen Lauf. Garagentore öffnen sich und Autos fahren zur Arbeit. Nur bei mir ist alles anders. Statt behaglicher Routine erwartet mich bange Ungewissheit.

Ein Geräusch schreckt mich auf.

Die Wohnungstür ist ins Schloss gefallen. Robert geht zur Arbeit, um drei viertel sieben, wie jeden Morgen. Dass er nicht einmal nach mir schaut, versetzt mir einen Stich ins Herz. Ob er schon voller Vorfreude auf den heutigen Abend ist, den er mit seiner Neuen verbringen wird? Diesmal der Altlasten entledigt, kein Versteckspiel mehr. Nur noch er und sie. Robert und Carina. Carina und Robert.

Ich schieße aus meinem Stuhl hoch. Ich muss hier weg. Weg von Robert und unserem gemeinsamen Heim. Weg vom Leben, das mir vor ein paar Stunden noch so perfekt erschien – oder mich so perfekt geblendet hat. Ich haste ins Bad, dusche kurz, bessere eilig mein Make-up auf und zerre das erstbeste Kleid aus dem Schrank. Ich renne zum Bahnhof und erwische die Bahn um zwanzig nach sieben.

Eingepfercht zwischen schwarzen und grauen Anzügen tauche ich in die Anonymität und Gleichgültigkeit der Pendlermasse ein. Das Starren auf die ganze Welt im Handy macht sie blind für den Nächsten. Heute bin ich dankbar dafür und fühle mich zugleich unendlich einsam. In meiner Handtasche suche ich nach meinem eigenen Handy und texte meiner besten Freundin.

> [An Tina]　　　　　　　　　　　　07:33
>
> **Tina? Robert hat sich von mir getrennt. Es ist nichts mehr so, wie es gestern noch war ...**

Ich starre auf die Buchstaben. Schwarz auf weiß wird es offiziell. Es ist aus. Acht Jahre im Eimer. Mit einem Mal fließen die Tränen, es hört gar nicht mehr auf. Ausgerechnet jetzt! Hektisch suche ich in meiner Tasche nach einem Taschentuch. Ich hätte doch die ganze Nacht heulen können, im Verborgenen. Wieso um Himmels willen muss sich meine Psyche gerade die S-Bahn für ihre Trauerarbeit aussuchen! Mehr Publikum auf einem Quadratmeter gibt es wohl nirgendwo. Verzweifelt sehe ich mich um.

Alle starren sie weiterhin diskret auf ihre Handys, fahren gleichmütig ihrem Ziel entgegen, während ich entgleise.

Ich schluchze auf und drücke auf *senden*.

Tina antwortet keine zwei Minuten später.

> Tina　　　　　　　　　　　　07:37
>
> **Du wohnst bei mir. Ab sofort! Und so lange du willst.**

Im Büro stürze ich mich in die Arbeit. Die Halbjahresgespräche mit meinen Mitarbeitenden stehen an, eine Verkaufskampagne muss geplant und die Erfolgsmessung der Social-Media-Aktivitäten analysiert werden. Beschäftigung hätte ich mehr als genug; doch nichts vermag das Karussell zu stoppen, das sich in einer Endlosschleife in meinem Kopf dreht: *Es gibt eine andere. Sie ist jung und voller Lebensfreude. Sie bewundert mich. Diesmal stimmt wirklich alles. Ich möchte nicht mehr ohne sie sein. Ich will mehr vom Leben!*

Brian tippt mir auf die Schulter, und ich schrecke hoch. Er deutet auf mein Telefon. »Soll ich für dich rangehen, oder willst du es den ganzen Morgen klingeln lassen?«

Eilig greife ich zum Hörer.

»Frau Kleeberg! Zwei satte Stunden habe ich gebraucht, um Ihre Fehlbuchung zu korrigieren! Von Pontius zu Pilatus haben sie mich geschickt«, prallt eine männliche Stimme an mein Ohr. »Aber ich habe es hingekriegt. Passen Sie doch bitte das nächste Mal besser auf. Das hätte ins Geld gehen können!«

»Das habe ich nicht absichtlich gemacht«, antworte ich betreten. Ich habe doch nur die falsche Taste erwischt, füge ich in Gedanken hinzu, und zehn Inserate statt einem in Auftrag gegeben.

»Absicht oder nicht, ich habe wirklich keine Zeit, Ihre Fehler auszubaden, ich habe genug andere Probleme!«

»Ich auch ...«, murmle ich und lege den Hörer auf. So geht das nicht. Entschlossen fahre ich den Computer runter und stehe auf. Ich kann keine Einzelbuchungen korrigieren lassen, während ich die Summe eines ganzen Lebens neu berechnen muss.

MARS

Gleißendes Sonnenlicht dringt durch die halb geschlossenen Jalousien und weckt mich. Ich drehe mich um. Annabella schläft noch, und ich betrachte ihr Gesicht. Wie jung und unschuldig sie ohne Schminke aussieht. Ihren lächelnden Lippen nach zu urteilen, scheint sie schöne Träume zu haben.

Als ob mein Blick sie wach gekitzelt hätte, öffnet sie die Augen. »Guten Morgen, Süßer. Schon wieder hungrig?« Auffordernd hebt sie ihre Bettdecke.

Eine Einladung, der ich gern folge.

Nach dem gänzlich kalorienlosen und doch sehr sättigenden Frühstück im Bett sitzt mir Annabella mit einer Tasse Kaffee am Esstisch gegenüber. Ihre Frisur ist auf wundersame Weise wieder perfekt gestylt, ihr Gesicht geschminkt, als ob sie gleich ein Shooting hätte. Vom Schweiß und den zerzausten Haaren der vergangenen Nacht ist nichts mehr zu sehen. Schade. Annabella bräuchte keinen Anstrich, um hübsch auszusehen.

»Was hast du heute vor?«, fragt sie und lächelt mich über ihre Tasse hinweg an.

»Ich muss arbeiten.« Verstohlen schaue ich auf die Küchenuhr hinter ihr. Ein Morgen danach gehört dazu, aber ein Tag danach ist dann doch etwas viel verlangt.

»Ich hätte heute frei. Du könntest neue Bildideen mit mir ausprobieren, und dann könnten wir ...«

»Liebes, ich muss gleich los«, unterbreche ich sie sanft, bevor sie mir die gesamte gemeinsame Tagesplanung darlegen kann. Ich stehe auf und bringe meine leere Tasse zur Spüle.

»Wohin musst du denn?«

»Ich muss ein Konzept für ein Shooting am kommenden Wochenende erarbeiten. Bildszenen, Locations, du kennst das ja.« Unmissverständlich nehme ich Annabellas Tasse und bringe auch diese zur Spüle.

»Ach so.« Enttäuschung macht sich auf ihrem Gesicht breit.

Ich streiche ihr übers Haar. »Komm, ich begleite dich dafür zum Bahnhof.«

»Ein Gentleman. Immerhin.« Widerwillig steht sie auf und schlendert lässig zur Wohnungstür – der Korridor ihr Catwalk.

Bewundernd schaue ich ihr nach. Den Hüftschwung hat sie echt drauf. »Bella, vergiss diesmal deinen Seidenschal nicht.« Ich halte das Relikt unserer gemeinsamen Nacht in die Höhe und folge ihr.

Sie lächelt vielsagend und schnappt sich das Tuch aus meiner Hand.

Ich begleite Annabella zu Fuß zum Bahnhof. Diesen Service biete ich ihr hauptsächlich, um sicherzugehen, dass sie nicht plötzlich auf dem Absatz kehrtmacht und mich mit einer dritten Halbzeit überraschen will. Zufrieden schaue ich der Bahn nach, wie sie hinter der ersten Kurve verschwindet, da summt mein Handy.

> **Lea** 12:24
> Hast du dich schon entschieden?

Ohne ein *Hallo* oder *Wie geht's*. Ich ignoriere die Nachricht. Vorerst. Meine Antwort muss gut überlegt sein, wenn ich bekommen soll, was ich will.

Wieder zu Hause, lasse ich den Geschirrspüler laufen, sauge die Böden, putze die vielen leeren Flächen, wechsle die Bettwäsche und lüfte kräftig durch.

Alles Routine für mich; denn ohne gründliche Säuberungsaktion keine schmutzigen Nächte wie gestern. Annabella ist ein One-Night-Stand und in meinem Geiste hat sie die Türklinke meiner Wohnung bereits der Nächsten in die Hand gedrückt – mir schwebt da Lea vor. Oder Sofia. Ich will nicht, dass die wechselnden Frauen in meinem Leben die Anwesenheit der anderen spüren. Ein One-Night-Stand ist unvergleichlich. Und genauso unvergleichlich soll sich eine Frau mit mir fühlen.

Ich leere sämtliche Mülleimer, und zur Sicherheit kontrolliere ich Schubladen und Schränke auf absichtlich oder unabsichtlich vergessene Kleidungsstücke und Gegenstände. Nach einer Nacht wie dieser findet sich immer alles Mögliche an den unmöglichsten Stellen – ein Nagellackfläschchen im Spiegelschrank im Bad, ein Mascarastift in meinem Zahnputzglas oder ein benutzter Slip zwischen meiner sauberen Unterwäsche. Und siehe da, Annabellas Ladegerät steckt in der Steckdose neben meinem Bett. Ich ziehe es heraus und blicke mich ein letztes Mal prüfend um. Ganz zum Schluss stelle ich die paar Sachen von Josefa, die sich über die letzten Wochen bei mir angesammelt haben, wieder an ihren Platz – eine Zahnbürste, ein Kamm, ein Schminktäschchen und saubere Unterwäsche.

Es wird später Nachmittag, bis ich mich endlich hinter meinen Schreibtisch setze. Jetzt muss ich mich ranhalten, schließlich habe ich mir nicht extra freigenommen, damit der Tag ungenutzt verstreicht. Die Zeit, die ich der Fotografie widmen kann, ist ohnehin knapp bemessen. Motiviert mache ich mich an die Arbeit und frage mich dabei nicht zum ersten Mal, wann ich meinen nüchternen Beruf in der Beraterbranche endlich an den Nagel hängen soll.

Ich will mich als kreativer und experimenteller Foto-künstler in der Aktfotografie etablieren – der Königsdis-ziplin der Fotografie, wenn das Ergebnis kunstvoll und nicht billig sein soll. Meine wachsende Bekanntheit bei Models und Agenturen und meine damit verbundenen stetig steigenden Honorare sprechen dafür. Zudem kommt der Beruf Fotograf und Künstler bei Frauen um einiges besser an als Unternehmensberater, was in etwa so sexy klingt wie Buchhalter.

Für das Shooting vom nächsten Wochenende wird mir Sofia Modell stehen. Ich studiere die Sedcard der Vierundzwanzigjährigen, die ich vor ein paar Tagen im Internet entdeckt habe. Sie ist eine unbekannte New-comerin, aber ihre Bilder versprechen viel Potenzial für sinnliche Posen. Wir haben uns auf einen TfP-Vertrag geeinigt: Time for Picture. Dabei erhalte ich kein Hono-rar und Sofia keine Gage. Wir profitieren jedoch beide von den entstandenen Bildern, sie für die Erweiterung ihrer Sedcard und ich für die Referenzgalerie auf meiner Firmenwebsite.

Papillon wird meine Firma heißen, der flatternde Schmetterling ein Symbol für die Leichtlebigkeit, der ich künftig mehr Bedeutung beimessen möchte. Frei von Zwängen oder Fremdbestimmung will ich mein Leben leben.

Ich beginne mit dem Shootingkonzept, definiere Bildszenen, geeignete Locations, Anfahrtswege und Re-quisiten. Auch plane ich Verpflegung und genügend Pau-sen ein, um mit dem Model ins Gespräch zu kommen. Nichts überlasse ich dem Zufall, hätte ich doch gegen eine Nacht wie mit Annabella auch mit Sofia nichts ein-zuwenden. Meine Chancen stehen nicht schlecht. Den meisten Models bin ich sympathisch, und eine Handvoll findet an meinem Körper genauso viel Gefallen wie ich an ihrem.

DELA

Planlos streife ich durchs Bad, durch Wohn- und Schlafzimmer und packe einige Sachen zusammen. Was nimmt man mit, wenn man nirgendwo hingehen will? Einen Pyjama und die Zahnbürste? Oder soll ich die Winterkleider und den Duschvorhang, den ich gerade erst gekauft habe, ebenfalls einpacken?

Im Schlafzimmer fällt mein Blick auf ein Foto, das auf dem Nachttischchen steht – eine Momentaufnahme von Robert und mir in einem Städtchen auf Korsika. Verliebt und voller Entdeckungsfreude sind wir damals durch die verwinkelten Gässchen gestreift. Ich nehme das Bild in die Hände und betrachte es genauer. Robert, wie er mich lachend in seinen Armen hält. Die Sonne lässt sein rotblondes Haar golden glänzen, während ich mit meinem schulterlangen, fast schwarzen Haar einen unnahbaren Kontrast bilde. Sein strahlendes Lachen habe ich immer gemocht. Traurig streiche ich über sein Gesicht. Ich möchte das Bild in den Arm nehmen, es festhalten – und mit ihm mein ganzes bisheriges Leben mit Robert. Stattdessen stelle ich es zurück, verstaue meine Sachen im Auto und breche auf. Durch den Rückspiegel beobachte ich, wie mein geliebtes Zuhause immer kleiner wird und schließlich ganz verschwindet.

Tina erwartet mich bereits. Sie steht in der Tür, als ich in die Einfahrt biege. Fest schließt sie mich in die

Arme und hilft mir dann, mein bis unters Dach vollgepacktes Auto zu entladen – die Winterkleider habe ich mitgenommen, den Duschvorhang nicht.

Meine Freundin, die ich seit der Schulzeit kenne, ist keine Frau der vielen Worte. Umso größer sind ihre Taten und umso sensibler ist ihr Ohr für andere Menschen. Sie würde für mich durchs Feuer gehen, um Roberts Herz zurückzuholen – nur um dann mit einem Achselzucken zur Tagesordnung überzugehen.

Sie führt mich in die unterste Etage ihres Hauses. »Ich habe mein Fernsehzimmer für dich hergerichtet. So hast du das angrenzende Bad und einen kleinen Balkon ganz für dich allein.«

»Wo hast du denn das Sofa hingestellt?«, frage ich und deute in die Zimmerecke, wo nun ein Bett mit blauweiß karierter Bettwäsche steht. Auf dem Kopfkissen liegt eine Schale gefüllt mit Schokoladenstückchen.

»Auf den Balkon«, antwortet sie.

»Und von wo kommt das Bett?«

»Aus meinem alten Kinderzimmer. Meine Eltern haben es vorhin vorbeigebracht.«

Gerührt greife ich zu einem Schokoladenstückchen – Seelentröster.

»Ach, Tina«, seufze ich. »Es tut mir leid, dass ich dir und deiner Familie zur Last falle.«

»Mach dir keinen Kopf. Mein Haus ist groß genug. Einzig den Kleiderschrank musst du mit mir teilen. Ich habe dir die eine Hälfte freigeräumt. Lass mich wissen, wenn du mehr Platz brauchst. Oder falls wir einen zusätzlichen Schrank kaufen müssen«, meint sie mit einem Blick auf meinen Kofferberg.

Ich schüttle betrübt den Kopf. »Nicht nötig. Ich bin das Teilen von Kleiderschränken gewöhnt ...«

Tina drückt meinen Arm. »Dann pack mal aus und richte dich ein. Ich bin in der Küche, wenn du etwas brauchst«, sagt sie und zieht sich zurück. Sie kennt mich gut und weiß, dass ich jetzt allein sein will.

Dankbar schließe ich die Zimmertür und gehe nach draußen auf den Balkon, wo ich mich aufs Sofa sinken lasse. Während ich die sorgsam gepflegte Gartenhecke meiner Freundin betrachte, macht sich die bittere Erkenntnis in mir breit, mit achtunddreißig Jahren kein Zuhause mehr zu haben. Andere gründen eine Familie und verwirklichen ihren Traum vom Eigenheim, und ich habe nicht mal ein eigenes Dach über dem Kopf. Ich bin gestrandet. Zerschellt an den Klippen des Lebens. Ich greife zu meinem Handy und scrolle durch die Musiksammlung.

Musik ist meine beständige, treue Begleiterin; Klänge und Worte, die mich trösten und an denen ich mich festhalten kann, wenn es sonst nichts mehr zum Halten gibt.

Ich schließe die Augen und spiele *Million Reasons* ab. Wieder und wieder. Ach, Robert. Gib mir nur einen einzigen Grund, damit ich zu dir zurückkommen kann. Und wenn es keinen Grund gibt, dann erfinde einen. Hoffnungsvoll prüfe ich meinen Nachrichteneingang, doch er bleibt leer – wie den ganzen Tag schon.

Robert will mich nicht mehr.

Mein Selbstmitleid vermischt sich mit dem alles überwältigenden Gefühl, von dem einen Menschen, den ich von ganzem Herzen geliebt habe, verlassen worden zu sein. Weggeworfen wie ein altes Paar Schuhe. In nur einer einzigen Nacht ist mein Herz in tausend Stücke zerbrochen, und ich habe keine Ahnung, wie ich es je wieder kitten soll. Ich krümme mich auf dem Sofa zusammen und weine, bis ich keine einzige Träne mehr habe.

MARS

Es klingelt an der Tür.

Überrascht schaue ich auf die Uhr. Schon kurz nach acht. Ich habe vollkommen die Zeit vergessen. Rasch speichere ich meine Notizen ab und gehe zur Wohnungstür.

Kaum geöffnet, fällt mir eine aufgebrachte Josefa um den Hals. Meine Freundin kann sehr impulsiv sein. »Mars, ich bin nicht gut genug für die Ernennung zum Senior Associate«, übergießt sie mich mit ihren Bedenken bezüglich ihrer noch ausstehenden Beförderung.

Ich schiebe sie auf Armlänge zurück. »Wie kommst du denn darauf?«

»Ich werde es nicht schaffen. Alle anderen sind besser.« Sie sieht mich mit ihren großen braunen Augen niedergeschlagen an. Ihre Lippen zittern, und sie ist kurz davor, in Tränen auszubrechen.

»Komm doch erst mal rein.« Ich ziehe sie in die Wohnung und schließe die Tür. »Ich mach uns einen Drink, und dann erzählst du mir, was deine Kollegen alles besser können.«

Josefa setzt sich aufs Sofa ins Wohnzimmer, und ich mixe unsere Drinks. Dabei beobachte ich sie von der Küche aus.

Ihrer Herkunft zum Trotz hat sie mit ihren siebenunddreißig Jahren bereits einen eindrucksvollen Karrierepfad erklommen – von einem überfüllten Klassenzimmer in Venezuela bis in eine renommierte Anwaltskanzlei in der westlichen Welt. Und das alles aus eigener Kraft. Sie ist eine Success-Yourself-Frau, die keinen Mann braucht, um erfolgreich zu sein. Dafür bewundere ich sie. Dennoch hat sie die Tendenz, alle ihre Leistungen zu bagatellisieren, und plagt sich immer wieder mit Selbstzweifeln.

Ich setze mich neben sie aufs Sofa und halte ihr eine Bacardi-Cola hin. »Erzähl, was ist los?«

»Ich bin nicht gut genug.« Sie trinkt einen großen Schluck und schaut betrübt in ihr Glas.

»Stimmt, jetzt, wo du's sagst ...«

Entgeistert sieht sie mich an.

»Eine der besten Kanzleien des Landes hat dich nur genommen, weil du nicht gut bist«, sage ich mit ernster Miene und nippe an meinem Drink.

»Blödmann«, antwortet sie, lächelt aber dabei. »Alle anderen sind aber besser.«

»Klar. Die haben sich auch alle ganz ohne Hilfe aus einem kleinen venezolanischen Kaff in die große Welt gekämpft.«

»Trotzdem. Sie sind intelligenter als ich!« Aufgebracht wirft sie ihre Hände in die Höhe und verschüttet dabei beinahe ihren Drink.

Ich nehme ihr den Drink aus der Hand und stelle ihn auf den Tisch. »Josefa. Und wer hat das Anwaltsstudium mit Summa cum laude abgeschlossen?«

»Ich. Trotzdem sind sie besser«, antwortet sie trotzig.

»Und wer hat erst letzte Woche einen scheinbar aussichtslosen Fall für sich entschieden?«

»Ich.« Sie rollt mit den Augen. Mir entgeht nicht, dass diese schon wieder merklich an Glanz gewonnen haben.

»Was noch? Sag es mir. Was noch können sie alles besser?«

Josefas Mundwinkel zucken verräterisch. »Ach, einfach alles.«

»Zähl es auf.«

»Sie können besser reden.«

»Auch in fünf verschiedenen Sprachen?«

»Nein! In zwanzig! Mindestens!« Sie boxt mich in die Seite. »Ach, Mars, du solltest auch Anwalt werden. Gegen deine Beweisführung kommt man einfach nicht an.«

Grinsend halte ich ihre Hände fest. »Worte sind nun mal meine stärkste Waffe. Aber ernsthaft ...« Ich schaue sie eindringlich an. »Du gehst mit dir selbst viel zu hart ins Gericht. Du bist gut. Das merken auch die anderen.«

»Glaubst du?«

»Ja. Denk daran, was du schon alles erreicht hast. Du wirst auch diese kleine Hürde meistern. Und zwischen uns ändert sich nichts, ob du nun Associate oder Senior Associate bist.« Ich nehme ihr schönes dunkelhäutiges Gesicht in meine Hände und küsse sie sanft auf ihre vollen Lippen.

»Schön, dass du an mich glaubst«, flüstert sie und schmiegt sich an mich.

Ich streichle ihren Hals. Meine Finger wandern über ihr Schlüsselbein.

»Mars, ich bin erschöpft.« Josefa entzieht sich mir. »Lass uns schlafen gehen, okay?«

»Klar.« Ich ziehe sie hoch und nehme sie in den Arm.

»Vergiss nicht. Ich glaube nicht nur an dich, ich wünsche dir auch, dass du alles schaffst, was du dir vornimmst.«

Josefa ist schnell eingeschlafen, ich selbst hingegen finde keine Ruhe. Ich wälze mich von einer Seite auf die

andere. Als ich das Summen meines Handys im Wohnzimmer höre, stehe ich auf und setze mich aufs Sofa, um
die eingegangenen Nachrichten zu prüfen.

> Lea   23:08
> **Ich frage in der Regel nicht zweimal.**

Triumphierend lese ich die Worte. Soeben hat sie genau
das getan und mich zum zweiten Mal gefragt, ob ich mich
mit ihr treffen und damit auf sie einlassen will. Und ja,
ich will. Aber nach meinen Spielregeln.

Lea ist nicht nur unwiderstehliche fünfundzwanzig
Jahre alt, sondern auch atemberaubend schön. Zumindest legen dies die Fotos nahe, die sie mir großzügig zu-
geschickt hat. Sie gibt sich als Direktionsassistentin aus.
Ich weiß gern, mit wem ich es zu tun habe, aber trotz intensiver Recherche habe ich nicht herausgefunden, bei
welcher Firma sie arbeitet. Trotzdem will ich sie treffen,
und der beste Ort, um sich kennenzulernen, ist das Bett.

Ich schreibe zurück.

> [An Lea]   23:12
> **Vielleicht lohnt sich ja eine Ausnahme ;-)**

Gespannt warte ich auf ihre Antwort.

Sie schickt mir einen Smiley zurück.

Ein gutes Zeichen, dass ich noch im Spiel bin. Zufrieden schließe ich den Chat.

Die Hinhaltetaktik leistet seit jeher gute Dienste, wenn es darum geht, sich interessant zu machen. Mit einer sofortigen Zusage würde ich mich kaum von all den anderen Männern unterscheiden, mit denen Lea sich umgibt. Meine Begeisterung für sie werde ich ihr zum richtigen Zeitpunkt schon noch demonstrieren.

Wieder summt mein Handy.

> **Annabella**   23:19
> **Habe ich zufällig mein Ladegerät bei dir vergessen? :-)**

Das beantworte ich morgen. Aktuell scheint Annabellas Handy genug Akkuladung zu haben.

Myrinas Abenteuer

Spieglein, Spieglein an der Wand

Das Leben muss man tanzen!

Jedes Mal, wenn Myrina das Schild an der Eingangstür des Salsakellers sieht, bejaht sie innerlich. Das Leben ist ein Tanz! Mit beschwingten Salsaschritten hüpft sie die Treppe hinunter.

Erst vor wenigen Monaten hat sie zusammen mit Alexander mit diesem vor Lebenslust strotzenden Tanz begonnen, und rasend schnell hat sie dafür Feuer gefangen. Wenn sie in seinen Armen übers Parkett schwebt, schrumpft die Welt auf einen Radius von zwei Metern. Nichts anderes scheint dann wichtig. Es gibt nur sie und ihn und die immer neuen Choreografien in seinem Kopf.

Alexander wartet vor dem Tanzsaal auf sie. Er fasst sie am Handgelenk, zieht sie an sich und küsst sie.

Küsse, von denen sie nie genug kriegt.

»Wo sind denn die anderen?« Erstaunt bleibt Myrina auf der Türschwelle stehen und blickt sich im Saal um.

Wo sonst Musik aus den Lautsprechern dröhnt und Paare dicht gedrängt tanzen, herrscht heute Stille und Leere.

»Wir haben eine Privatveranstaltung.« Alexander geht zur Musikanlage, wo er sein Handy mit einer Selbstverständlichkeit anschließt, als gehöre ihm der Salsakeller.

»Wie, Privatveranstaltung?«, fragt Myrina.

»Ich möchte heute was Neues ausprobieren«, antwortet er vage und widmet sich der Musikanlage.

Myrina mustert sich beiläufig in der Spiegelwand. Dreht sich, um ihre Seitenansicht zu prüfen. Die neue Bluse und die enge Hose stehen ihr gut, stellt sie zufrieden fest. Hochhackige Schuhe würden zwar sehr viel besser dazu passen als die bequemen Sneakers; doch sie will sich bei den Drehungen schließlich nicht das Genick brechen. Die heißen Latina-Rhythmen liegen ihr nicht im Blut.

Unvermittelt hebt Alexander den Kopf und betrachtet Myrina durch den Spiegel. »Deine neue Bluse gefällt mir.«

»Oh, danke.« Ertappt reißt sie sich von ihrem Spiegelbild los. »Und die Hose?«

»Es kommt nicht darauf an, was jemand trägt, sondern was darin ist. Dein süßer kleiner Hintern braucht eigentlich keine Hose, die ihn verhüllt.« Das spitzbübische Grinsen, das sie so sehr an ihm mag, überzieht sein ganzes Gesicht.

Ein leises Lächeln stiehlt sich in ihre Mundwinkel. Wenn er erst sehen wird, was sie darunter trägt! Neue Spitzenunterwäsche, die er ihr später zu Hause mit seinen sanften Händen und unter zärtlichen Küssen Stück um Stück von der Haut streifen darf.

Alexander deutet in die hintere Ecke des Tanzsaals. »Könntest du bitte den Stuhl da in die Mitte des Raumes stellen?«

Sie sieht ihn fragend an, er jedoch hat sich wieder seiner Musiksammlung zugewandt. Was er wohl im Schilde führt? Nun, sie wird es bald erfahren, und bislang mochte sie seine romantischen Überraschungen durchaus. Rasch holt sie den Stuhl und platziert ihn exakt in der Mitte des Raumes.

»Stell ihn näher zum Spiegel«, weist er sie an und richtet sich auf. Mit einem Handgriff dimmt er das Licht.

Die ersten Takte von *Despacito* erklingen – ihr Lieblings-Salsa-Song! Unmöglich, dazu nicht tanzen zu wollen.

Geschmeidig wie ein Raubtier bewegt er sich auf sie zu und deutet eine Verbeugung an. »Darf ich bitten?«

Sie nickt kokett und reicht ihm ihre Hand. »Was tanzen wir?«

Seine Finger schlingen sich um ihre. »Lass dich einfach führen.«

»Nichts schwieriger als das ...«

Er lacht auf. »Du tust gut daran, meinen Zeichen zu folgen. Es wird eine anspruchsvolle Nummer, Baby.« Mit einer raschen Bewegung zieht er sie an seine Brust.

Myrina spürt die Hitze, die von ihm ausgeht, und fällt sofort in Alexanders Bann – wie immer, wenn er sie berührt. Dieser Mann strahlt ein Charisma aus, das er mit der gleichen Selbstverständlichkeit am Körper trägt wie sein schwarzes Poloshirt. Ihr Blick fällt in den V-Ausschnitt auf seine Halskuhle, ihre heimliche Lieblingsstelle. Zart und verletzlich hebt sie sich vom Rest seines starken Körpers ab.

Mit einer gekonnten Drehung nimmt Alexander sie in ein Dile que no, stößt sie wieder von sich und wirbelt sie um ihre eigene Achse.

Im Takt der Musik lässt sie ihre Hüften schaukeln, ihre langen Haare schwingen durch die Luft. Leicht und frei wie ein Vogel fühlt sie sich, bereit, mit Alexander davonzufliegen. Als er sie in seine Arme zurückholt, stoßen ihre Hüften sanft gegen seine. Ein sehnsuchtsvolles Prickeln breitet sich in ihr aus. Sie hebt den Kopf und blickt in Alexanders dunkle Augen, die vor Freude blitzen.

Mit einer raschen Bewegung schiebt er sie wieder von sich weg und dreht sie im Kreis. Einmal. Zweimal. Immer neue Figuren lässt er sie vor seinem bewundernden Blick tanzen. Fordernd zieht er sie in seine Arme zurück und presst sie mit festem Druck an sich.

Sie spürt seinen Atem an ihrem Haar, seinen Herzschlag an ihrer Brust.

Alexanders Hand an ihrem Rücken gleitet langsam tiefer, ihre Wirbelsäule entlang und verharrt auf ihrem Po.

»Das ist keine klassische Grundhaltung«, stellt sie fest. Spielverderberin, tadelt sie sich selbst.

»Keine Juroren im Raum, denen dieses Detail auffallen dürfte«, flüstert er an ihrem Ohr, und seine Hand vergräbt sich tiefer in ihren Po. Mit einer ruckartigen Bewegung presst er Myrina an seine Hüften.

Ein heißer Schauer durchströmt sie.

Alexander stößt sie wieder von sich und drückt ihre Arme in die Höhe. Langsam dreht er sie um ihre Achse, sodass sie mit dem Rücken zu ihm und dem Gesicht zum Spiegel steht. Mit seinen Händen fährt er an ihren erhobenen Armen entlang über ihre Taille zu ihren Hüften. »Sieh dir beim Tanzen zu«, fordert er sie auf. Er umfasst ihre Hüften, presst ihren Po an seine Lenden und lässt diese im Rhythmus der Musik kreisen, reibt sich an ihr. »Despacito«, raunt er. »Quiero desnudarte a besos despacito.«

Heiß dringen seine Worte in ihr Ohr. Langsam, unter Küssen ausziehen will er sie. Eine Gänsehaut breitet sich auf ihrer Haut aus.

Alexander drückt sie enger an sich, lässt sie sein Begehren spüren, das hart an ihren Po stößt. Seine Hände gleiten von ihren Hüften über ihren Bauch zu ihren Brüsten. Sanft knetet er sie.

Unsicher schaut sie in den Spiegel. Was hat er vor? Mitten in einem öffentlichen Tanzsaal?

»Entspann dich«, flüstert Alexander in ihr Ohr und seine Finger reiben an ihren Brustwarzen, die sich sofort verräterisch zusammenziehen. Seine Hände greifen zum obersten Knopf ihrer Bluse.

Sie sieht es im Spiegel und spürt es an ihrem Hals.

Geschickt öffnet er die Knöpfe, streift ihr den Stoff von den Schultern. Mit sicherem Griff löst er die Haken ihres neuen Spitzen-BHs. Unbeachtet fällt er neben der Bluse auf den Boden. Alexanders ganze Aufmerksamkeit gilt ihren Brüsten, die er mit den Fingern streichelt.

Allein das reicht aus, sie in weniger als einer Sekunde von unsicher zu vollkommen erregt durchstarten zu lassen. Sämtliche Bedenken wischt sie beiseite wie einen lästigen Kaffeefleck auf ihrer üblicherweise aufgeräumten Schreibtischfläche.

Vor ein paar Monaten erst hat sie beschlossen, endlich zu leben, nicht bloß zu existieren. Deshalb ist sie hier. Und deshalb hat sie sich auf Alexander eingelassen.

»Die Hose ist überflüssig.« Er schält sie daraus hervor und reißt ihr mit einer einzigen Bewegung das Höschen vom Leib.

Ihr Atem setzt kurz aus, und sie krallt ihre Finger in seinen Hintern.

»Spreiz die Beine«, raunt er.

Wie bitte? Doch sie tut es wie von fremder Hand gesteuert. Die Macht, die er über ihre Sinne ausübt, ist unheimlich, aber damit kann sie sich später beschäftigen. Dann, wenn ihr Blut nicht mehr tosend durch ihren Kopf rauscht und jeglichen vernünftigen Gedanken fortspült.

Alexander legt seine Hand auf ihr Geschlecht, knetet es sanft.

Leise stöhnt sie auf, starrt wie gebannt in das Spiegelbild. Auf die Hand in ihrem Schoß, auf den Daumen, der ihre empfindliche Knospe mit kreisenden Bewegungen massiert. Ein unbändiges Verlangen nach ihm steigt in ihr hoch. Hinter ihrem Rücken zerrt sie an Alexanders Hose, nestelt am Reißverschluss. Dann hält sie sein samtenes, steinhartes Glied in der Hand. Mit sanftem Druck schließt sie ihre Finger rundherum.

»Nicht.« Alexander packt ihr Handgelenk, löst sich von ihr und geht zum Stuhl, der bis jetzt eine verlorene Nebenrolle eingenommen hat. Breitbeinig setzt er sich darauf – eine Pose, die Selbstbewusstsein bis in die letzte Pore ausstrahlt. »Nimm Platz«, fordert er mit einer Stimme wie raues Schleifpapier und deutet auf seine Erektion, die sich ihr entgegenreckt. Loderndes Verlangen liegt in Alexanders Augen, die auf sie geheftet sind.

Das lässt sie mutig werden.

Er will eine Show?

Die wird sie ihm bieten.

Mit aufreizenden Salsaschritten und schwingenden Hüften nähert sie sich ihm, stemmt die Hände in ihre Taille und dreht ihm langsam den Rücken zu, die gespreizten Beine über seinem Schoß. Seelenruhig lässt sie ihre Hüften kreisen und beobachtet Alexander durch den Spiegel. Sein Glied ist hoch aufgerichtet und drängt sich ihr entgegen – eine Standing Ovation an ihre Vorstellung. Selbstbewusstsein durchflutet sie. Langsam senkt sie sich auf Alexander nieder und nimmt sein bestes Stück nach und nach in sich auf.

Er holt tief Luft. »Spreiz deine Schenkel für mich. Ich will dich sehen.« Gebannt starrt er in den Spiegel.

Ohne die geringste Spur von Eile bewegt sie ihre Beine auseinander.

»Mehr«, drängt er.

Sie spreizt die Beine weiter, sieht die pralle Männlichkeit zwischen ihrem zarten Geschlecht. Sie bewegt sich auf und ab, mit jeder Bewegung wird sie kühner.

»Was für ein Anblick«, raunt Alexander. »Dein süßer knackiger Po von hinten. Deine schönen Brüste, die sich auf und nieder bewegen, von vorn. Als ob mich zwei Frauen reiten würden.« Seine Fingerspitzen krallen sich in ihre Hüften.

Er ringt um Beherrschung, sie erkennt es an seinem angespannten Gesichtsausdruck. »Zeig mir, wie sehr es dir gefällt«, fordert sie, hebt ihre Hüften an und lässt sie um seine empfindliche Spitze kreisen.

»Stopp«, presst er hervor und blockiert ihre Bewegungen mit Händen, die sich wie ein Schraubstock um ihre Taille legen. »Fass dich an. Ich will sehen, wie du dich berührst.«

Mit ihren Fingerspitzen streicht sie über ihre intimste Stelle.

»Schau in den Spiegel. Schau dir zu«, fordert er.

Sie starrt in ihr Spiegelbild, auf ihr Geschlecht und auf ihren eigenen Zeigefinger, der über ihrer Knospe kreist; ein hypnotisches Kreisen, von dem sie sich wegtragen lässt.

Alexanders Finger bohren sich in ihre Taille. Beinahe drücken sie ihr die Luft zum Atmen ab. »Du bist verdammt sexy«, flüstert er. »Mit deinen gespreizten Beinen. Deinen harten Brustwarzen. Und deinen Fingern auf dir.«

Ein Gefühl von Macht durchströmt sie, spornt sie an. Im Rhythmus der Musik tanzen ihre Finger wie von selbst. Tief in ihr beginnt es zu brodeln.

»Schau dir in die Augen, wenn du kommst«, bittet Alexander.

Sie löst ihren Blick von ihren Fingern und schaut sich selbst in die Augen. Sieht, wie sie sich zu schmalen Schlitzen verengen. Ein sehnsüchtiger Blick – süchtig nach dem Sekundenrausch. Ihre Finger bewegen sich schneller, und sie reißt die Augen auf, versucht zu fokussieren, doch der Orgasmus überrollt sie mit voller Macht. Der Spiegel vor ihr zersplittert zusammen mit ihr in tausend Stücke. Ihr Kopf schnellt zurück und ihrer Kehle entspringt ein heiserer Schrei.

Das genügt, damit auch Alexander seine Beherrschung verliert. Er umfasst Myrina fester, stößt zweimal mit aller Kraft in sie hinein und entlädt mit einem leisen Aufschrei seine ganze Lust in ihr.

Eng umschlungen sitzen sie auf dem Stuhl. Ihre Blicke treffen sich im Spiegel.

»Wusste ich's doch, dass dir die Privatveranstaltung so sehr gefällt, dass du über deinen Schatten springst.« Sanft fährt er mit seinen Händen über ihre entspannten Schenkel.

Rasch drückt sie ihre Beine zusammen und verdeckt ihre intimste Stelle. »Du weckst eine Frau in mir, die ich nur aus Romanen kenne.«

»Sag, dass du diese Frau nicht magst, und ich höre auf damit.«

»Bitte nicht. Ich liebe diese Frau«, antwortet sie glücklich und schmiegt sich an ihn.

Eiskristalle

Samstag, 16. September

♪ – *You've Got a Friend, Carole King*

DELA

»Es ist mir egal.« Ich zucke mit den Schultern. »Grau vielleicht?«

»Ach, komm schon. Nur noch das hier, dann sind wir fertig für heute.« Tina zieht eine graurosa Bettwäsche aus dem Regal. »Wie wär's damit?«

»Rosa?« Abwehrend verschränke ich die Arme vor meiner Brust.

»Allemal besser als trostloses Grau«, sagt Tina und stellt die Bettwäsche zurück.

Es ist Mitte September, in mir jedoch herrscht tiefer Winter. Meine Laune ist jenseits des Gefrierpunkts. Exakt dreiunddreißig Tage sind seit der Trennung vergangen. Dreiunddreißig Tage, deren siebenhundertzweiundneunzig Stunden bis jetzt nicht ausgereicht haben, mich in irgendeiner Form mit meinem neuen Leben anzufreunden. Versuche ich, in der einen Stunde noch würdevoll mit meiner Verletzung umzugehen und den Schmerz tief zu vergraben, überkommt mich einen Augenblick später eine unbändige Wut, die mich gedanklich die ganze Welt in Stücke reißen lässt.

Gestern habe ich die Zusage für eine Wohnung erhalten, die ich im Oktober beziehen soll. Den ganzen

Nachmittag schon schleppt Tina mich geduldig durch die Wohnzimmer, Küchen und Schlafzimmer sämtlicher Möbelhäuser dieser Erde.

Nun Endstation Bettwäsche. Ich bin müde, Tina auch. Aber sie ignoriert meine schlechte Laune und hält heroisch an unserem Plan fest, mich mit einer minimalen Grundausrüstung für den Start in einer neuen Wohnung und in ein neues Leben auszustatten.

Verdrossen wende ich mich der Auslage zu. Welche Farbe soll die Bettwäsche haben, in der ich fortan allein schlafen muss? Ich betrachte das riesige Bettwäschesortiment, das maximalen Komfort und traumhaften Schlaf verspricht. Ob die Farbe den Unterschied macht? Mit traumhaftem Schlaf bin ich aktuell nicht gesegnet – eher mit albtraumhaftem. »Ich nehme diese.« Kurz entschlossen greife ich nach einem Set in Bordeauxrot, das sich direkt vor meiner Nase präsentiert.

Tina ist begeistert. »Die Farbe der Sinnlichkeit und der Leidenschaft. Ideal für dein Schlafzimmer. Und passend zu deinen ebenfalls bordeauxroten Vorhängen«, besiegelt sie meine Wahl und packt die Wäsche in unseren Einkaufswagen.

Die Bettwäsche ist eine vergleichsweise rasche Entscheidung. Viel mehr Zeit haben wir in der Bettenabteilung verloren. Meine verletzten Gefühle mussten erst einmal davon überzeugt werden, dass ich ein eigenes Bett brauche. Neue Betten kaufen nur verliebte Paare oder Eltern für ihre Kinder. Ich brauche keines, ein Klappbett tut es auch. Taktvolles Zureden von Tina war nötig, bis ich mich für ein massives Eichenholzbett entschied – ein Doppelbett, falls irgendwann mal wieder irgendjemand neben mir einschlafen sollte. Beim Nachttischchen jedoch setzte ich mich durch. Nur eines sollte es sein, nicht zwei. In absehbarer Zeit brauche ich keinen Platz für jemanden, der seine Sachen bei mir einräumen will.

Kurz vor Ladenschluss haben wir es geschafft. Das Starterkit für das neue Zuhause ist mit der bordeauxroten Bettwäsche Tina sei Dank komplett. Erschöpft schieben wir einen übervollen Einkaufswagen in die Tiefgarage. Kleiderbügel, Pfannen, Töpfe, Toilettenbürste, Kissen, Decken, Lampen, Gläser, Besteck, Abfalleimer und Geschirr türmen sich in wildem Durcheinander vor uns auf.

Es ist der vierte Einkaufswagen des heutigen Tages. Möbel, die noch nachgeliefert werden, ausgenommen. Das alles habe ich mir selbst eingebrockt, denn aus dem gemeinsamen Haushalt mit Robert habe ich nichts mitgenommen. Genau ein einziges Mal ging ich noch mal in unsere Wohnung, packte lediglich meine restlichen Kleider und meine Musiksammlung zusammen. Alles andere ließ ich hinter mir wie ein Chamäleon seine bunte Pracht. Robert hat mich gezwungen, meine Farbe zu wechseln; ich brauche eine neue Identität und keine gemeinsamen Anschaffungen wie eine Fruchtschale aus der Toskana oder ein Schachbrett aus Ägypten! Soll Robert doch seine Zeit mit dem Aussortieren der Trümmerteile unseres Lebens und dem Anstehen an der Entsorgungsstation verlieren. Und am besten soll er sich gleich mit entsorgen. Beim Alteisen oder im Sondermüll. Ich will ihn nie wiedersehen.

Tina verstaut meine bordeauxrote Bettwäsche in ihrem Auto, mein eigenes platzt bereits aus allen Nähten.

Bedingungslos unterstützt sie mich. Nicht nur Matratzen und Bettwäsche sucht sie mit mir aus, sie trocknet auch Tränenmeere und hört mir immer und immer wieder zu, obwohl sich meine Gedanken und Worte stets im Kreis drehen. Tina ist mein Licht in den düstersten Stunden. Ohne sie würde ich mich in meiner eigenen Dunkelheit verirren.

»Danke, Tina«, beginne ich mit dem plötzlichen Bedürfnis, sie wissen zu lassen, wie wichtig sie mir ist. »Für alles.«

Tina schließt den Kofferraumdeckel und sieht mich lächelnd an. »*You've Got a Friend* ... erinnerst du dich?«

»Na klar.« Ich nicke. Der Song hat uns durch unsere gemeinsame Jugend begleitet. »Doch du bist mehr als nur eine Freundin. Ich hoffe, dass ich dir irgendwann etwas von dem zurückgeben kann, was ich von dir in den letzten Wochen bekommen habe. Und gleichzeitig wünsche ich mir, dass du es nie nötig haben wirst.«

Tina winkt ab. »Freundschaften folgen einem Kreislauf. Du wirst deine Hilfe einer anderen Freundin geben, die genauso dankbar sein und ihre Hilfe wiederum weitergeben wird. So schließt sich der Kreis. Selbstlosigkeit ist das, was eine Beziehung zwischen zwei Menschen letztlich zur Freundschaft macht. Davon bin ich überzeugt.«

»Da hast du wohl recht. Nur, die Selbstlosigkeit anderer anzunehmen ist schwierig, wenn man selbst gerade nichts zu geben hat«, seufze ich.

»Ach was.« Sie öffnet die Fahrertür ihres Autos. »Ich durfte heute einen ganzen Nachmittag shoppen, ohne einen Cent auszugeben. Und nun lass uns nach Hause fahren. Oder möchtest du noch zu IKEA?«

Abwehrend hebe ich die Hände. »Auf gar keinen Fall! Im Gegensatz zu dir habe ich heute ein Vermögen ausgegeben.«

»Dann lass uns nicht weiter Zeit vertrödeln. Auf geht's.« Sie steigt ins Auto und fährt los.

Gedankenverloren fahre ich hinter ihr her; *Kreislauf der Freundschaft,* hat sie gesagt. Meine Freunde und meine Familie haben sich wie ein unsichtbares Netz zu einem festen Ganzen zusammengesponnen und mich durch die letzten Wochen getragen. Immer war jemand da für mich. Sie alle haben mir gezeigt: Allein ist nur, wer allein sein will. Ich bin nicht allein, ich bin unabhängig und frei. Ich kann mir alles neu erschaffen, ein eigenes Bett und bordeauxrote Bettwäsche sind nur der Anfang. Sind die Schmerzen erst vorbei, werde ich die Kostbarkeit dieses Geschenks erkennen können, da bin ich mir sicher.

Ich straffe meine Schultern. Noch würde ich alles dafür geben, wieder in mein altes Leben zurückzukehren, zurück auf die Terrasse im beschaulichen Viertel, wo ich abends auf Robert warten kann. Aber vorwärts ist die einzige Richtung, die bleibt, wenn es kein Zurück mehr gibt. Oder stehen bleiben. Und das kommt nicht infrage. Ich werde es anpacken und meine Zukunft neu gestalten. Ich bin die mutige Dela Kleeberg!

MARS

Lea ist ein wandelndes Statement. *Mich muss man sich leisten können,* sagt sie mit jedem einzelnen Schritt, den sie auf ihren glitzernden Stilettos tut. Aufwändig gestylt stöckelt sie durch das noble Restaurant, in welchem ich einen Tisch für unser Kennenlernen reserviert habe. Mit viel Schmuck und einem feuerroten, eng anliegenden

Paillettenkleid funkelt sie fast genauso wie das Lichter-meer der Stadt, das sich unterhalb der Panoramafenster ausbreitet. Lea ist überwältigend attraktiv und sich dessen voll und ganz bewusst. Ihre Bewegungen sind tänzerisch, sie versprüht eine Art Filmstarflair. Den Männern im Raum fällt sie sofort auf, und deren Frauen auch. Teils verstohlen, teils offen schauen sie ihr nach. Lea bleibt von all dem völlig unbeeindruckt. Sie scheint die Bewunderung der Männer und die Missgunst der Frauen gewohnt zu sein.

Der Kellner führt sie an den Tisch, an dem ich warte.

Lea nickt anerkennend. Offenbar gefällt ihr, was sie sieht.

Das ist ein entscheidender Vorteil, aber noch kein Sieg. Sie sucht einen Sponsor. Anders kann ich mir nicht erklären, wieso sie mich über ein berufliches Online-netzwerk kontaktiert hat und mich ohne langes Vorgeplänkel treffen wollte. Lea will Luxus, finanziert von anderen. Mein Job als Unternehmensberater, der automatisch mit viel Geld assoziiert wird, passt perfekt in ihr Beuteschema.

Zur Begrüßung küsst sie mich kurz auf die Wange und geht dann sofort auf Distanz. *Zeig erst, was du hast, bevor du mich kriegst,* scheint sie damit sagen zu wollen.

Das werden wir sehen, Mädel, denke ich. Heute spielen wir nach meinen Regeln. Ich habe nicht die Absicht, Lea teure Zugeständnisse zu machen. Sie bekommt mich und ich sie – für eine Nacht oder zwei. Einen anderen Deal gibt es nicht.

Diensteifrig rückt ihr der Kellner den Stuhl zurecht, nicht ohne ihr dabei bewundernd auf den Hintern zu schauen.

Wie im Vorfeld mit dem Restaurantmanager abgesprochen, sitzen wir über Eck. Berührdistanz ist essenziell für meinen heutigen Erfolg. Berührt, verführt.

»Was arbeitest du genau?«, kommt Lea, nachdem wir die Bestellung aufgegeben haben, ohne Umschweife zum Wesentlichen. Ihr rechter Zeigefinger kreist dabei langsam über dem Rand ihres Champagnerglases – wie ein Mäusebussard über seiner Beute.

»Mein Beruf ist interessant genug, um heute keinen langweiligen Abend zu erleben«, antworte ich selbstbewusst.

Lea wirft mit einer anmutigen Kopfbewegung ihr langes Haar zurück. »In deinem Online-Jobprofil steht, dass du Unternehmensberater bist.« Der gereizte Unterton in ihrer Stimme verrät, dass sie normalerweise schneller an die benötigten Informationen kommt.

»Das haben Sie korrekt herausgefunden, Frau Kommissarin.« Ich berühre sie scheinbar beiläufig am Handrücken. Sie soll spüren, welche Zärtlichkeiten von meinen Händen ausgehen können, und sich bald nach mehr davon sehnen, ganz ohne Luxus.

»Wie viel verdienst du?« Herausfordernd sieht sie mich an. Fast meine ich, eine feine Zornesfalte in ihrem jungen Gesicht ausmachen zu können.

»Mehr als genug für zwei.« Ich streichle ihre Hand.

»Das klingt vielversprechend.« Sie beugt sich vor und gewährt mir Einblick in ihr Dekolleté. »Reicht es auch für ein schickes Haus, drei gemeinsame Kinder und eine Frau, die nicht arbeiten will?«

Angesichts einer solch konkreten Familienplanung schwinden mir kurz die Sinne, doch ich fasse mich schnell. »Solange die Frau keine Hexe ist, wird es gewiss nicht bloß ein Lebkuchenhaus sein.« Ich versenke meinen Blick auffällig in ihrem Ausschnitt.

Lea lehnt sich zurück und entzieht mir ihre Hand. »Weißt du, ein Mann, der mich verdient, sollte viel Geld haben. Was ist das teuerste Geschenk, das du jemals einer Frau gemacht hast?«

»Was hältst du von einem Auto?«

»Ein Auto?« Ihre Augen sprühen Funken vor Entzücken. Sie schiebt mir ihre Hand wieder hin. Ihr ist offensichtlich nicht bewusst, dass ich weder ihre Frage beantwortet noch ihr effektiv ein Auto versprochen, sondern sie lediglich nach ihrer Meinung gefragt habe. Begeistert malt sie mir in den schillerndsten Farben ein Bild unserer potenziell gemeinsamen Zukunft. Schnittige Autos, ein Boot, Designermöbel. Ein Haus mit Pool, natürlich in der Nähe von guten Privatschulen. Unsere drei Kinder brauchen eine privilegierte Erziehung. »Johannes, Maximilian und Cecilia heißen sie«, beschließt Lea und blickt dabei gedankenverloren durch die Fenster auf das glitzernde Stadtpanorama.

Die Frage, woher sie weiß, dass es tatsächlich zwei Jungen und ein Mädchen werden, verkneife ich mir. Stattdessen greife ich wieder nach ihrer Hand. »Lea. Dieser Plan wird nicht aufgehen.« Mit dem Daumen streichle ich ihr zartes Handgelenk. »Wenn Cecilia so schön wird wie ihre Mutter, hätte ich als Vater keine ruhige Minute mehr.« Ich führe ihre Hand zu meinem Mund und küsse ihre Fingerspitzen.

Lea lächelt geschmeichelt und belohnt mich mit einem sinnlichen Augenaufschlag.

Vermutlich einstudiert. Ich koste ihn trotzdem aus. Kein Mann ist gegen begehrende Blicke einer Frau gefeit. Schon gar nicht gegen die einer solch schönen Frau.

Der Abend verläuft so oberflächlich, wie er begonnen hat. Wir reden viel und sagen uns doch nichts. Stattdessen üben wir uns in Selbstkontrolle. Erotische Funken sprühen zwischen uns, trotzdem steuern wir in einem letztlich aussichtslosen Kampf zweier ebenbürtiger Egomanen auf ein Remis zu. Ich will ihr keine finanziellen Zugeständnisse machen, und sie will keinen Sex, ohne vorher einen First-Class-Flug oder ein Goldcollier erhalten zu haben.

Ich blicke durch die Fenster auf die Stadt, beobachte die Autos, die alle einem Ziel entgegensteuern. Urplötzlich fühle ich mich trotz Leas Gesellschaft einsam. Bilder eines längst vergessenen Urlaubs auf den Malediven steigen in mir auf. Wie anders mein Leben doch damals war. Eine entsetzliche Leere macht sich in mir breit. Die vielen funkelnden Lichter der Stadt unter uns frieren zu Eiskristallen, und Lea neben mir erstarrt zu einer Marmorstatue. Ich zerknülle die Serviette in meiner Hand, spüre ein unbändiges Verlangen, diese versteinerte Welt in tausend Stücke zu zerschlagen.

»Darf es noch etwas sein?«, holt mich der Kellner in die Realität zurück.

»Die Rechnung«, antworte ich bestimmt und ziehe die Brieftasche hervor. Die Lust auf das Spiel und die Gesellschaft von Lea ist mir vergangen. Nichts verbindet mich mit ihr.

Als wir uns verabschieden und Lea auf ihren hochhackigen Schuhen von dannen stöckelt, wissen wir beide, dass wir uns nicht wiedersehen werden. Kein Weltuntergang für mich. Auch wenn ich nicht bekommen habe, was ich haben wollte, verloren habe ich nichts.

So austauschbar die zahlungskräftigen Männer für diese Frau sind, so austauschbar ist sie selbst. Verlieren kann nur, wer sich verliebt.

Lila
Sofakissen

♪ – Castles, Freya Ridings

DELA

Ungeduldig warte ich in meinem neuen Zuhause auf die Möbelpacker, die gleich mit der Ausbeute meiner Einkaufstour mit Tina anrollen werden.

Ich streife durch die leere Wohnung.

Das sind sie also. Meine eigenen vier Wände, die darauf warten, dass ich sie mit meiner individuellen Note ausschmücke. Vor meinem inneren Auge entsteht langsam ein Bild meines künftigen Heims, das zum Spiegel meiner Persönlichkeit werden soll.

Das Schlafzimmer mit dem neuen Eichenholzbett, dem Nachttischchen und den bordeauxroten Vorhängen richte ich im großen Raum ein, in welchem ich jetzt gerade stehe. In das kleinere Zimmer nebenan kommt meine Ankleide, denn ein separates Ankleidezimmer war schon immer mein Traum.

Im Wohnzimmer bleibe ich mitten im Raum stehen. Das Sofa kommt in die Ecke unters Fenster. Ich brauche unbedingt lila Kissen. Die passen wunderbar zu dem grauen Sofabezug. Und runde lila Hochflor-Teppiche, die ich in der ganzen Wohnung verteilen kann, kaufe ich auch. Lila. Meine Lieblingsfarbe. Ich kann die ganze Wohnung lila einrichten, wenn ich es will. Ohne Rücksicht, ohne Kompromisse. Ich drehe mich um die eigene Achse und breite die Arme aus. Alles mein. Mein. Mein! Neben das Sofa muss unbedingt eine Stehleuchte in Form eines Baums, und fürs Schlafzimmer will ich eine Wolkenlampe. Große Deko-Kerzenständer brauche ich auch. Und Lautsprecher für jedes Zimmer. Ich will Musik in der ganzen Wohnung. Meine Songs will ich morgens nicht nur zum Aufwachen, sondern auch beim Frühstück und beim Zähneputzen hören. Mein aktuelles Lieblingsessential *Castles* soll mich durch den ganzen Tag begleiten. Ganz oben auf die geistige Einkaufsliste setze ich bauchige Rotweingläser, damit ich abends mit einem Glas Wein auf dem Balkon sitzen und vor mich hin träumen kann.

Ich öffne die Balkontür und gehe nach draußen. Diese zwölf Quadratmeter sind mein ganzer Stolz. Ich sehe direkt in den nahe gelegenen Wald. Ein Wald, der mich beschützt. Mit saftig grünen Bäumen, deren Blätterkleid sich bereits langsam in Orangegelb verwandelt. Noch während ich darüber sinniere, wie ich am Rotwein nippen und dabei das Blätterspiel der nahen Baumwipfel im Wind beobachten werde, stellt sich ein Gefühl der Freude ein. Freude und Neugier auf das, was mich erwartet.

Es klingelt, und ich laufe zur Tür. Die Möbel sind da. In meinem persönlichen Moksha Patamu bin ich die Leitern heruntergefallen und hart aufgeschlagen; doch ich habe nichts falsch gemacht. Es ist das Schicksal, das aus irgendeinem Grund seine Würfel neu hat fallen lassen. Ich werde die Leitern wieder erklimmen, die erste Sprosse ist mein neues Zuhause. Und dieses Zuhause werde ich zu meiner Festung machen, zu meinem Palast.

MARS

Ein Großraumbüro ist ein Tummelplatz der Emotionen. Gebannt beobachte ich Emanuels Wutausbruch.

Die Emotionen anderer ziehen mich an wie das Licht eine Motte. Vermutlich, weil meine eigene Gefühlswelt weit weniger stark ausgeprägt ist.

Emanuel rauft sich die Haare, sein Gesicht ist rot angelaufen. »Das interessiert mich nicht! Bringen Sie es einfach wieder in Ordnung! Und zwar subito!« Aufgebracht schmeißt er sein Headset auf den Tisch und stapft an mir vorbei in Richtung Cafeteria.

Ich stehe auf, um ihm zu folgen, da klingelt mein Telefon.

»Mars, alter Hase. Ich hätte da ein Schnäppchen für dich. Die Produktionsstätte eines Autozulieferers, sehr modern. Superflexible Gebäudestruktur. Gute Verkehrsanbindung. Das wär doch sicher was für dich«, versucht mich Dirk von einem Fabrikgebäude für einen meiner Kunden zu überzeugen.

Ich setze mich wieder hin. »Von welcher Preislage sprechen wir?«, frage ich – auch ein Schnäppchen hat seinen Preis.

»Um die sechzig Millionen Euro. Jeden Cent wert, sag ich dir. Die Anlage ist top. Schau mal in die Verkaufsdokumentation, die ich dir soeben gemailt habe.«

Rasch studiere ich die Unterlagen, denn die Unternehmen, die ich als Strategieberater betreue, suchen laufend nach Lagerhallen, Produktionsstätten oder Büroflächen für ihre Expansionspläne. Der kumpelhafte Dirk jedoch ist ein gewiefter Vermittler und schon lange im Geschäft. Man muss höllisch aufpassen bei ihm. »Ziemlich weit entfernt vom Schienennetz«, bemerke ich und schaue den Ortsplan auf der letzten Seite genauer an.

»Halb so wild. Ist ja kein Bahn-, sondern ein Autozulieferer«, scherzt Dirk. »Aber ernsthaft, die Anbindung an die Autobahn ist hervorragend. Mit eigener Zufahrt. Vergiss die Bahn. Ein paar Sattelschlepper, und die Sache ist erledigt.«

»Meine Kunden suchen nach CO_2-armen Logistikkonzepten«, gebe ich zu bedenken.

»Überleg's dir, Mars. Das Angebot könnte bald vom Tisch sein«, antwortet er und hängt auf.

Ich lösche seine E-Mail. Vertraue immer dir zuerst, das hat mich schon vor manchen Fehlgriffen bewahrt. Dirks Angebot sieht auf den ersten Blick unschlagbar aus, allerdings ist es seinen Preis nicht wert. Das weiß er selbst auch, aber seine Provision hängt vom erzielten Endpreis ab.

»Xenia, pass auf«, wende ich mich an meine Kollegin, »gleich wird Dirk dich anrufen und dir eine unschlagbare Produktionsstätte schmackhaft machen.«

»Dirki? Dem kaufe ich gar nichts ab. Der kann sich seine Gebäude sonst wohin stecken«, winkt sie ab. »Der soll sein Glück nur bei mir versuchen. Keine Chance.« Sie schaut auffordernd auf ihr Telefon, als könnte sie den Anruf durch schiere Willenskraft herbeibeschwören.

»Hätte ich denn eine Chance, wenn ich mein Glück bei dir versuchen würde?«, frage ich sie.

Sie hebt den Kopf und schaut mich verdattert an.

Ha! Dieses Tor geht an mich. Ausnahmsweise. Ich mag Xenia. Ihre direkte und aufbrausende Art ist im trockenen und von Männern geprägten Arbeitsalltag eine willkommene Auflockerung. Zudem sind ihre Unternehmensanalysen oftmals sehr viel treffender als meine eigenen. Dafür verdient sie meinen Respekt. Ich halte Xenias Blick. »Ich hätte eine Senffabrik für dich. Im Mittleren Osten. Sattelschlepper gibt's gratis mit dazu«, sage ich triumphierend.

Sie lacht auf. »Gott sei Dank, ich dachte schon, du willst mich bitten, mit dir auszugehen. Und: Nein danke, deinen Senf kannst du für dich behalten.«

»Würdest du denn mit mir ausgehen wollen?«

»Sicher nicht!« Sie wirft einen Kugelschreiber nach mir. »Schau lieber, dass du alle deine Girls bei der Stange hältst.«

»Xenia ...« Ich lege meine Hand auf meine Brust. »Du brichst mir das Herz.«

Ihr Telefon läutet. »Das ist Dirki!«, ruft sie erfreut.

Ich stehe auf und gehe in die Cafeteria, um nach Emanuel zu schauen. Er kann ein paar aufmunternde Worte sicher gut gebrauchen, und meine Excelberechnungen laufen in der Zwischenzeit nicht davon.

Emanuel steht in einer Ecke und telefoniert. »Liebling, ich weiß ...«, murmelt er beschwichtigend in sein Handy. Als er mich sieht, macht er mir ein Zeichen mit der Hand. Drei Minuten.

Ich nicke, gehe zur Kaffeemaschine und lasse mir den ersten Kaffee raus.

Liebling, die er vor einigen Jahren geheiratet hat, ruft jeden Tag im Büro an. Schon mehr als einmal war ich Zeuge der ehelichen Differenzen der beiden.

Während der Kaffee in die Tasse läuft, wird Emanuels Stimme lauter. »Ich kann jetzt aber nicht. Ich arbeite! Außerdem kann das ein Klempner sicher besser als ich. Alles, was du tun musst, ist, ihn anzurufen anstatt mich!«

Kurze Pause.

»Liebling, tut mir leid. Ich weiß, dass du den ganzen Tag mit dem großen Haus allein bist. Ich komme heute früher nach Hause, okay? Und am Wochenende fahren wir zusammen weg.«

Wieder kurze Pause.

»Nein. Es hatte kein besseres Zimmer mehr.«

Die weibliche Stimme am anderen Ende der Leitung wird ebenfalls lauter.

Ich schaue zu Emanuel hin.

Seine Gesichtsfarbe droht erneut, ins Rötliche zu wechseln. »Wie? Früher buchen? Du hättest genauso gut buchen können! Ich habe jetzt eine Besprechung, Liebling. Ich muss Schluss machen. Tschüss. Tschüss. Bis später.«

Genervt steckt er das Handy in die Hosentasche und kommt zu mir an die Kaffeemaschine.

»Hat deine Teuerste einen schlechten Tag?«, frage ich.

»Ach, die beruhigt sich schon wieder«, wiegelt er ab und wählt einen doppelten Espresso.

»Pass nur auf, Mars, das kann dir auch blühen«, schaltet sich Pascal ein, der bis jetzt an einem Nebentisch still seinen Kaffee getrunken und das Handelsblatt studiert hat.

»Sicher nicht«, wehre ich ab und denke an Lea. Zuckersüß, aber hat man sie erst einmal geheiratet und mit ihr Kinder gezeugt, verwandelt sich das süße Früchtchen schnell in eine bittersaure Zitrone.

»Sicher doch, Mars. Du bist ein guter Fang. Mit einundvierzig in den besten Jahren. Angesehener Job. Sportlich. Heiratsfähig. Zeugungsfähig«, zählt Pascal auf. »Und ganz so übel siehst du auch nicht aus.«

»Woher weißt du denn, dass ich zeugungsfähig bin?«, scherze ich.

»Stimmt. Und so genau will ich das eigentlich auch gar nicht wissen.« Pascal faltet das Handelsblatt zusammen und geht lachend zurück an seinen Arbeitsplatz.

Ich beobachte Emanuel, wie er noch immer aufgebracht in seiner Tasse rührt. Interessanterweise haben nicht wenige meiner Kollegen Frauen wie Lea. Jung, attraktiv und finanziell komplett abhängig von ihnen. Eine Trophäe zum Vorzeigen. Gegen jung und attraktiv habe ich selbstverständlich nichts einzuwenden, aber eine Frau muss mir auf Augenhöhe begegnen. Wie Josefa. Oder meine Exfrau. Sie beide verdienen ihr eigenes Geld und können somit jederzeit Nein zu mir sagen. Okay, irgendwann hat meine Exfrau das dann auch getan, aber das ist eine andere Geschichte. Trotzdem allemal besser als tägliche Beschwichtigungsversuche übers Telefon oder horrende Scheidungskosten.

»Was ist denn heute los bei dir zu Hause?«, frage ich Emanuel und lasse mir eine zweite Tasse Kaffee raus.

Emanuel ist einer der wenigen Vertrauten, mit denen ich mich über Frauen austausche. Nur er weiß, dass ich schon einmal verheiratet war und nicht die Absicht habe, dies je wieder zu sein. Obwohl ich sehr gesprächig bin, pflege ich ein oberflächliches Verhältnis zu meinen anderen Kollegen – wie zu fast allen Menschen.

Zwei doppelte Espressos später und um einige Anekdoten über Liebling reicher gehe ich zurück an meinen Arbeitsplatz.

»Na, hat euer Kaffeekränzchen neue Einsichten gebracht?«, empfängt mich Xenia.

»Leider hat der Kuchen gefehlt. Kannst du backen?«

Sie straft mich mit einem vernichtenden Blick und wendet sich geschäftig ihrem Bildschirm zu.

In meiner Mailbox wartet ein weiteres *unschlagbares* Verkaufsangebot von Dirk: die Lagerhalle eines Grossisten.

Ich schaue mir die Bilder genauer an. Was für eine Fotolocation! Die wuchtigen Stahlträger würden einen spektakulären Kontrast zu den zarten, weiblichen Formen bilden. Ich studiere die Eckdaten zu Baujahr, Gebäudestruktur, Gesamtfläche und Standort.

In jungen Jahren war ich von der Beraterbranche überaus fasziniert. Das internationale Flair, die Chance auf schnellen Reichtum und das Prestige übten eine starke Anziehungskraft auf mich aus. Wo ist diese Faszination nur geblieben? In den fünfzehn Jahren, die ich nun in der Unternehmensberatung arbeite, verliert die Branche Jahr für Jahr an Glanz für mich. Meine Kreativität droht zwischen all den Zahlen zu verkümmern.

Ich greife zu meinem Handy und blättere durch die Fotogalerie meines letzten Shootings in einer ähnlichen Industriehalle, wie Dirk sie mir hier anpreist. Das ist es, was ich tun will. Es ist höchste Zeit, dass ich etwas ändere. Papillon muss fliegen.

DELA

Dass sich auch in einem Palast die Lampen nicht von allein an die Decke hängen und sich das WLAN nicht eigenständig konfiguriert, merke ich am Abend. Frustriert hocke ich im Flur vor dem Stromkasten und wähle zum dritten Mal die Hotline des Netzanbieters. Die männliche

Stimme an meinem Ohr, die mir geduldig erklärt, dass das Ethernet-Kabel in die Buchse neben dem Strom gehört, ist nur ein schwacher Ersatz für das, was mir wirklich fehlt: ein Mann.

Mein Mann.

Gedankenverloren starre ich auf das Kabel in meinen Händen. Ich vermisse jemanden, der Lampen montieren, Schrauben in die Wände bohren und Fliegennetze am Fenster anbringen kann. Ich vermisse mein altes Leben. Ich vermisse Robert!

Doch der hat sich in Luft aufgelöst. Hätte ich ihn nicht ständig in Gedanken präsent, würde man meinen, es habe ihn nie gegeben. Wir haben keinen Kontakt mehr. Keine blasse Ahnung habe ich, wohin er gezogen ist und wie er sein Leben lebt.

Ich will es auch gar nicht wissen. Das Vergessen ist der schnellste Weg zur Besserung und Wut die beste Medizin. Ich schaue zur Zimmerdecke hoch und beschwöre sämtliche höheren Wesen, dass Robert seinen Schritt bereut. Dass er unglücklich ist und nur eines will: zurück zu mir. Heulend soll er vor meiner Wohnungstür stehen, eingeknickt und um Vergebung bettelnd. Ich male mir aus, wie ich ihn abblitzen lasse. Wie ich sämtliche schlaflosen Nächte der letzten zwei Monate über ihn regnen lasse und ihn dann samt meiner verheulten Taschentücher in eine Umzugskiste packe und an seine junge, lebensfreudige Carina zurücksende.

Verstohlen schiele ich zur Wohnungstür.

Nichts.

Er steht nicht da, Robert ist weg. Nur die Verletzung ist mir geblieben. Und die einsamen Nächte.

Das Gefühl, alleingelassen worden zu sein, ausgetauscht gegen etwas Neues, ist in der Dunkelheit unendlich viel beängstigender als im freundlichen Tageslicht. Die verwaiste Seite in meinem Bett zementiert Nacht für Nacht meinen Verlust. Endlos wälze ich mich hin und her und stelle mir die immer gleichen Fragen: Warum? Was für eine Lektion will mir das Leben erteilen? Ich gehörte doch zu den zufriedenen Frauen, mein Leben war mir genug. Oft warte ich die ganze Nacht, bis das erste Licht des Tages mich zu den nächsten Spielzügen auf dem Spielbrett meines neuen Lebens ermutigt.

»Frau Kleeberg? Haben Sie die Strombuchse gefunden?«, reißt mich die Stimme des Operators aus den Gedanken. Ich habe ihn komplett vergessen.

»Oh. Entschuldigen Sie ... nein ... Welches Kabel muss ich da reinstecken?«, frage ich ertappt.

»Probieren Sie mal das von der Kaffeemaschine«, antwortet er hilfsbereit.

»Okay.« Ich schaue auf das Ethernetkabel in meiner Hand. »Also, wie meinen Sie das?«

Vom anderen Ende der Leitung schallt mir lautes Lachen entgegen. »Frauen und Technik ...«, gluckst er.

Ich seufze auf. Geistesabwesenheit ist in letzter Zeit mein ständiger Begleiter. Wenn das so weitergeht, lösche ich noch das ganze Internet!

Hard to get

Samstag, 11. November

♪ – Someone Out There, Rae Morris

DELA

ONLINEPROFIL VON DELA, 38

Auf einen Blick

Größe:	170 cm
Statur:	schlank
Haarfarbe:	dunkelbraun
Augenfarbe:	grün
Status:	ledig
Kinder:	keine
Haustiere:	keine
Raucherin:	nein
Beruf:	
Hobbys:	Musik, Laufen, Fahrradfahren, Reisen
Stärken:	Lerne mich kennen und entdecke sie selbst ;-)
Lebensmotto:	Jedem Anfang wohnt ein Zauber inne.
Fotos:	[↗] Lade hier deine Lieblingsfotos hoch

Mein Cursor blinkt herausfordernd im grauen Eingabefeld hinter dem Wort *Beruf*.

Ich zögere. Was soll ich da nur reinschreiben? *Jetzt verdienst du auch noch mehr!* Roberts vorwurfsvolle Stimme geistert durch meinen Kopf. Zieht Amor seinen Pfeil erst gar nicht aus dem Köcher, wenn er es mit der Direktorin einer Beraterfirma zu tun hat? Trage ich damit den Stempel einer karriereorientierten Businessfrau, bei der die Männer auf der Strecke bleiben? Ändert es etwas, wenn ich Sängerin als Beruf angeben würde? Oder Überlebenskünstlerin? Ich lege meinen Laptop beiseite, stehe vom Sofa auf und betrachte die Bäume vor meinem Fenster.

Ihr Blätterkleid haben sie inzwischen verloren. Verwaist und traurig stehen sie da. So wie ich.

Ist es zu früh, wieder jemanden in mein sorgfältig, aber noch fragil zusammengezimmertes Leben zu lassen?

Vielleicht.

Erst kürzlich habe ich jedoch gelesen, dass bis zum Auftauchen der verwandten Seele durchschnittlich neunzig Dates nötig sind. Mit zwei Dates pro Woche dürfte mich Amors Pfeil also frühestens in circa einem Jahr treffen. Wenn überhaupt. Vielleicht sind verletzte Herzen eine schwierigere Zielscheibe, da schadet es sicher nicht, das Schicksal vorsorglich schon mal anzustupsen. Im Notfall ist mein Profil mit einem einzigen Klick schnell wieder gelöscht. Entschlossen setze ich mich zurück hinter den Laptop. Die Liebesstolperfalle Beruf ignoriere ich fürs Erste und auch die Fotos lade ich später hoch. Meine ganze Aufmerksamkeit gehört dem Herzstück des Onlineprofils: der Persönlichkeitsanalyse.

Zweihundert Fragen, die alle auf eine ehrliche Antwort warten. Oder ist Schummeln erlaubt? Besonders die Frage nach der Kontaktfähigkeit scheint mir ein zweischneidiges Schwert. Ich verharre mit der Maus über dem Antwortfeld. Kriege ich auf der Datingskala eine höhere Punktzahl, wenn ich gern auf fremde Menschen zugehe?

Erhalte ich mehr Kontaktvorschläge, wenn ich in der Regel der Mittelpunkt einer Party bin? Und würde das wiederum bedeuten, dass mir ein *Perfect Match!* mit einem Mann zugewiesen wird, der gar nicht zu mir passt? Eine Nachteule, obwohl ich eine Morgenlerche bin? Qualität vor Quantität, entscheide ich und kreuze wahrheitsgetreu an, dass ich zu denen gehöre, die warten, bis sie angesprochen werden, und die Party jeweils als Erste verlassen. Partymuffel statt Partylöwin.

Ganz dem Algorithmus der Vermittlungsagentur vertrauend, klicke ich mich durch die zweihundert Fragen und gebe alle meine Gewohnheiten, Eigenarten und Besonderheiten preis. Was man nicht alles für die Liebe tut. Gespannt drücke ich auf *auswerten*.

Das Ergebnis ist ein siebzigseitiger Analysebericht, der mir 61 Prozent verstandesbetonte, 27 Prozent gefühlsbetonte und 12 Prozent instinktive Verhaltenstendenzen bescheinigt und mir gleich noch den Tipp mit auf den Weg gibt, stärker den eigenen Bedürfnissen zu folgen und Dinge mehr zu genießen. Weiter erfahre ich, dass ich kritisch und unnahbar wirke, was auf meine verletzliche Seite zurückzuführen sei. In meiner Sensitivität liege aber zugleich mein Charme, mein gewisses Etwas! Zudem hätte ich einen sehr ausgeprägten Wunsch nach einem geregelten Leben und ein überdurchschnittliches Bedürfnis nach seelischer und körperlicher Nähe zum Partner.

Ich nicke bestätigend. Kein Wunder. Für diese Erkenntnis hätte ich keine zweihundert Fragen beantworten müssen.

Und zum Schluss steht da: *Sie brauchen einen Mann, der mit spontanen Ideen Ihren Alltag koloriert.*

Danke schön. Und wo finde ich den?

Darüber verliert der Bericht leider kein einziges Wort.

Ich scrolle zurück zu meinem Onlineprofil.

Da liegt meine Seele nun aufgeschlagen in einer Vitrine, und dann fordern sie eine so oberflächliche Angabe wie meinen Beruf. Und Fotos. Damit Mann *auf einen Blick* entscheiden kann, ob ich eine Traumfrau bin.

Dabei entsteht doch Liebe meist erst auf den zweiten Blick. Oder etwa nicht? Skeptisch prüfe ich meine vorher eingetippten Angaben. Die Partnersuche scheint mir ein klischeevermintes Gebiet. Genügen achtunddreißig Jahre, um einen Siebenunddreißigjährigen weiterklicken zu lassen? Schlage ich mit grünen Augen all jene in die Flucht, die die Wärme vertrauensvoller brauner Augen suchen? Ist ledig ein Vorteil, weil das auf keine Altlasten schließen lässt? Oder vermittle ich damit das Bild eines bindungsunfähigen ewigen Singles? Bei welchen Stärken wird Mann schwach? Bei welchen Schwächen fühlt er sich stark?

Mache ich mir zu viele Gedanken?

Ich tippe Marketingexpertin ins Berufsfeld ein und klicke auf *weiter*. Nun noch die Fotos. Ich schaue mir die Bilder an, die Tina letzte Woche von mir gemacht hat, und zoome sie näher.

Die Trennung hat eindeutig ihre Spuren hinterlassen. Meine hellen Augen wirken blass und traurig, die Wangen eingefallen. Die Schultern, um die ich meinen Mantel geschlungen habe, sind zu schmal. Selbst mein sonst volles dunkles Haar hängt lust- und glanzlos am Kopf herunter. Da helfen weder Kontrast- noch Farbfilter.

Ich stöbere in meinem Archiv und finde Fotos aus glücklicheren Tagen. Fünf Bilder lade ich hoch, die mich, so hoffe ich, im besten Licht erscheinen lassen. Ein letzter Klick, und es ist vollbracht.

Mein Profil und damit das Eintrittsticket in den Vergnügungspark der liebeshungrigen Singles ist online. Im Hintergrund wird sicherlich bereits gerechnet und die Datenbank nach der potenziell perfekten Übereinstimmung durchsucht. *Someone Out There!* Auch Rae Morris weiß das. Da draußen wartet jemand auf mich! Und ich werde ihn finden.

MARS

Suchend lasse ich meinen Blick durch die Menge wandern. Ich sehe mehrere Hundert Berater, die meisten von ihnen Männer. Leider. Gut sitzende Anzüge, sorgfältig geknüpfte Krawatten und nur hin und wieder ein elegantes Abendkleid von einer der viel zu spärlich anwesenden Damen.

Der Jahresanlass meines Arbeitgebers ist kein Highlight. Das Referat, das gleich folgen wird, ein kläglicher Lückenbüßer für ein buntes Unterhaltungsprogramm.

Zum Glück habe ich vorhin eine junge Blondine ausgemacht, deren sehr weiblicher Körperbau mit seinen markanten Rundungen an den richtigen Stellen meinen Jagdinstinkt geweckt hat. Der Abend könnte also doch noch spannend werden. Dummerweise habe ich sie aus den Augen verloren. Geduld ist angesagt. Ich schnappe mir ein Weinglas vom Tablett eines vorbeieilenden Kellners und versuche, den Schilderungen Brians zu folgen.

»Ich bin jetzt für die Betreuung der Social-Media-Kanäle zuständig«, berichtet er stolz von seinen neuen Aufgaben in der Marketingabteilung.

»Toll.« Ich versuche, mir meinen fehlenden Enthusiasmus nicht anmerken zu lassen, denn ich mag Brian.

Er ist Mitte zwanzig, ehrgeizig und mit einem anscheinend unermüdlichen Wissensdurst ausgestattet. Fast erinnert er mich an mich selbst, wie ich vor fünfzehn Jahren voller Motivation in die Beraterbranche eingestiegen bin. Heute Abend habe ich jedoch andere Prioritäten.

Brian neigt sich zu mir. »Ich habe eine klare Strategie für eine volle Lead Pipeline. Damit können wir ganz neue Kundensegmente erobern.« Mit weit geöffneten Augen wartet er auf eine Reaktion von mir.

Ob ich ihm von meinen privaten Eroberungsstrategien erzählen soll? »Lead Pipeline?«, frage ich stattdessen und lasse meinen Blick durch die Menge schweifen. Wo ist die junge Schönheit bloß geblieben?

»Maximale Visibilität und zielgerichtete Inhalte, mit denen ich neue Leads gewinnen will, die dann zu künftigen Kunden werden. Deinen Kunden bestenfalls.« Er schiebt sich seine Hornbrille, die ihm zehn Jahre mehr Erfahrung auf die Nase drücken soll, zurück.

Ich quittiere seine strategischen Pläne mit Kopfnicken und ändere unmerklich, aber stetig unsere Stehposition, sodass ich weitere Teile der Halle überblicken kann.

Brian folgt dem sich langsam drehenden Karussell, ohne es zu merken. Begeistert erzählt er mir, wie er mit Social Media unsere künftige Kundschaft von unseren Dienstleistungen überzeugen will.

Ich stelle auf Gesprächsautopilot, nicke hin und wieder und unterbreche mit kurzen Zwischenfragen. Endlich stehen wir optimal, ich habe die gesamte Festhalle im Blick.

Da gehen die Lichter aus. Das Referat beginnt.

DELA

Mein virtueller Liebesbriefkasten quillt über! Knapp zwei Stunden ist mein Profil online und zwölf Kontaktanfragen habe ich schon erhalten. Frisches Blut gilt im Online-Universum wohl als galaktische Delikatesse. Fasziniert überfliege ich die Nachrichten, die im Minutentakt auf meinem Handy aufleuchten.

Meine Kollegin Victoria stößt mich in die Seite. »Zeig mal, was machst du da?«

»Nichts«, flüstere ich, um nicht auch noch die Aufmerksamkeit weiterer Kollegen auf mich zu ziehen. »Zeige ich dir später.« Ich stecke mein Handy in die Handtasche zurück und versuche, mich wieder auf das Referat über Agilität in erfolgreichen Unternehmen zu konzentrieren, das vorn auf dem Podium vorgetragen wird. Wie ein zäher Kaugummi zieht sich der Anlass in die Länge. Ein Pflichttermin, sonst wär wohl heute keiner hier. An einem Samstagabend gibt es vergnüglichere Alternativen.

Mein Blick schweift durch den Raum, eine alte Industriehalle, die zum Vortragssaal umfunktioniert wurde und anschließend in einen Partyraum verwandelt wird. Rund fünfhundert Personen stehen an weiß gekleideten Bartischen und haben den Blick nach vorn auf die Leinwand gerichtet. Mehrheitlich Männer in Anzügen und ein paar wenige Frauen, die meisten sorgfältig zurechtgemacht für diesen Anlass. Ich beäuge mein eigenes graues, etwas langweiliges Kleid und blicke verstohlen zu Victorias wunderschön dunkelgrün schimmernder Abendrobe.

An der fehlenden Auswahl ist es bei mir nicht gescheitert. Ich habe mich in den letzten Wochen mit Shop-

ping mehr als verausgabt und meine Ankleide aufge-
rüstet. Ein neuer Mensch braucht schließlich eine neue
Garderobe. Siebenundzwanzig Kleider in vierzehn verschiedenen Farbtönen hängen in meinem Schrank; doch
Grau erschien mir für den trüben Novembermonat ganz
passend. Den November mag ich nicht. Zu viel Dunkelheit. Zu viele Abende zu Hause. Zu viel Zeit zum Nachdenken.

Ich blicke erneut durch den Raum. Der Männerüber-
hang ist typisch für die Beraterbranche, hier stehen definitiv mehr als neunzig Männer für die in der Studie
erwähnten nötigen Dates. Bei fünfhundert Kollegen ab-
züglich der circa zehn Prozent Frauen müssten somit
nicht nur einer, sondern fünf potenzielle Seelenverwand-
te für mich darunter sein. Ich verwerfe den Gedanken sofort wieder.

Der Vermischung von Beruf und Privatleben konnte
ich noch nie viel abgewinnen, das halte ich lieber auseinander wie zwei weit entfernte Inseln im Pazifik. Tobt ein
Tsunami auf der einen, bleibt die andere unversehrt. Ich
bin heilfroh, dass Robert nicht in derselben Firma arbeitet und in diesem Moment frisch-fröhlich zwei, drei Rei-
hen vor mir steht. Nein. Eine Beziehung am Arbeitsplatz
kommt nicht infrage. Da bin ich strikt.

Ich ziehe mein Handy wieder aus der Handtasche.

Allein seit Beginn des Referats sind siebzehn neue
Kontaktanfragen hinzugekommen. Siebzehn Männer, die
mich kennenlernen wollen. Das geht ja schneller und
einfacher als auf jeder Party. Keine vorsichtigen Annähe-
rungsversuche, die mit an Sicherheit grenzender Wahrscheinlichkeit in einem Fettnapf enden, kein verhei-
ßungsvoller Flirt, bei dem sich irgendwann herausstellt,

dass der Auserwählte verheiratet ist. Hier geht es – wenn auch wenig originell – direkt zur Sache.

Ich gehe die neuesten Nachrichten durch.

> **Unbekannt** 20:21
> Hallo! Dein Profil hat mich sofort angesprochen.
> Ich möchte dich gern näher kennenlernen. Wann hast
> du Zeit? LG, Raffael.

Ob Raffael mein Profil überhaupt angeschaut hat oder seine Anfragen einfach mal im Gießkannenprinzip an alle weiblichen Onlineprofile sendet?

> **Unbekannt** 20:22
> Hallo Dela. Hier ist Markus. Ich denke, wir könnten
> zusammenpassen. Schau dir doch mal meine Bilder an.
> Schaltest du mir deine ebenfalls frei? BG.

Immerhin hat Markus sich die Mühe gemacht, meinen Namen in die Nachricht einzufügen.

> **Unbekannt** 20:24
> Hey Dela, ich möchte gern einen neuen Anfang mit dir
> zaubern. Deine 61 Prozent verstandesbetonten und
> meine 39 Prozent gefühlsbetonten Verhaltenstenden-
> zen versprechen eine 100 Prozent wirksame Zauber-
> formel. Erzählst du mir ein wenig von dir? Vincent.

Wow! Ich lese die Nachricht ein zweites Mal. Und dann gleich noch ein drittes Mal.

Victoria schielt auf mein Display. »Ein heißer Flirt«, seufzt sie sehnsüchtig. »Das hätte ich auch mal wieder gern.«

Ich stecke das Handy ein. »Wir können tauschen, wenn du magst. Ich nehme dafür deinen Ehemann«, flüstere ich und beneide sie in diesem Moment um die Stabilität einer festen Beziehung.

»Aber nur, wenn du mir die beiden kleinen Racker ebenfalls abnimmst«, meint sie grinsend und wendet sich wieder dem Referat zu.

Ich lächle vor mich hin. Victoria ist eine Powerfrau, die den beeindruckenden Spagat zwischen Familie und Vollzeitjob anscheinend mühelos meistert. Beruflich haben wir oft miteinander zu tun, und ich mag sie sehr.

Applaus geht durch die Menge.

Das Referat ist zu Ende. Gott sei Dank. Ich muss sofort nach Hause, um zu prüfen, ob Vincent tatsächlich 39 Prozent gefühlsbetonte Verhaltenstendenzen hat.

»Dela!« Jemand klopft von hinten auf meine Schulter. Ich drehe mich um. Mein Chef.

»Komm, ich will dir Martin, unseren neuen Personalverantwortlichen, vorstellen«, durchkreuzt er meinen schönen Plan, mich unauffällig zu verdrücken. Er schnappt sich zwei Weißweingläser vom Tablett einer Kellnerin und drückt mir eines davon in die Hand.

Nun gut. Ein Glas Wein wird mir heute sicher guttun. Oder zehn. Ich verabschiede mich von Victoria und folge meinem Chef, der sich zielstrebig einen Weg durch die Menge bahnt.

Mit mir im Schlepptau bleibt er vor drei Kollegen stehen. Sie sind in Partylaune. Ich bin es nicht. Ungeduldig verlagere ich mein Gewicht von einem Fuß auf den anderen. Die neuen High Heels drücken an den Zehen. Mit acht Zentimeter hohen Absätzen habe ich es wohl etwas übertrieben, aber vier Zentimeter waren mir heute viel zu wenig erschienen, um mit der Welt auf Augenhöhe zu sein. Abgesehen davon, dass die Biester mir höllische Schmerzen bereiten, versagen sie jedoch ihren Dienst. Mein Selbstbewusstsein ist zu Hause geblieben, und auch ich will nach Hause. Mein Bedarf an Gesellschaft ist gedeckt, meine mittlerweile offiziell bestätigte beschränkte Kontaktfähigkeit ausgeschöpft. Bei der nächstbesten Gelegenheit werde ich verschwinden. Das wird niemandem auffallen.

MARS

Wieder scanne ich suchend die Menschenmenge. Unvermittelt bleiben meine Augen an zwei schlanken, in schwarze Strümpfe gehüllten Beinen hängen.

Unglaublich zierliche Waden präsentieren sich mir da. Filigran, elegant, weiblich!

Unmerklich kneife ich meine Augen zusammen. Im Gegensatz zu Brian habe ich meine Brille im Büro gelassen. Die zehn Jahre Erfahrung habe ich schon und zusätzliche zehn Jahre älter will ich auf keinen Fall aussehen. Ein jugendliches Erscheinungsbild erhöht die Chancen auf Erfolg bei jungen Frauen deutlich – und bei älteren auch.

Brians Blick ist meinem gefolgt. »Das ist meine Chefin.« Unmerklich stellt er sich aufrechter hin.

»Deine Chefin?« Nun hat Brian mein Interesse geweckt. Vielleicht hat er ein paar Insider auf Lager, kenne ich doch seine Vorgesetzte nur flüchtig. Bis jetzt. »Wie ist sie denn so?«, frage ich.

»Sie ist klasse! Sie hat super Ideen und bringt die Abteilung weiter. Deshalb wurde sie kürzlich auch befördert«, erklärt er stolz, als hätte er selbst die nächste Stufe auf der Karriereleiter erklommen.

Ich nicke anerkennend und schaue wieder zu ihr hin.

Sie ist im Gespräch mit vier Männern. Vier! Beraterbranche ... wäre ich eine Frau, würde ich es lieben. Ihre schwarzen High Heels stellen ihre schmalen Waden gekonnt zur Schau, das silberne Businesskleid umhüllt raffiniert ihre schlanken Schenkel. Es ist lang genug, um nicht billig zu wirken, und kurz genug, um dem Betrachter die Erkenntnis zu bescheren, dass es sich sehr wohl lohnen würde, dieses Beinpaar nicht nur mit den Augen zu erkunden.

»Eine Frau muss dominant sein, um sich in einem Umfeld von Alphamännern behaupten zu können«, versuche ich mehr über sie herauszufinden.

»Nein.« Brian schüttelt den Kopf. »Sie ist eben nicht die, die sich ständig in den Vordergrund stellt. Das überlässt sie uns Männern. Sie hört sehr genau zu und handelt schnell. Damit ist sie meist einen Zug voraus. Die Zahlen unserer Abteilung sprechen für sich.«

Ich mustere die grazile Gestalt erneut. »Würde man ihr so gar nicht zutrauen.«

»Ihr Äußeres täuscht. Sie weiß genau, was sie will«, schwärmt Brian mit glänzenden Augen.

Ich zwinkere ihm zu. »Auch bei den Männern?«

»In drei Worten?« Er neigt sich mir vertraulich zu. »Hard. To. Get. Da sind schon einige abgeblitzt.«

Dieser Anlass wird vielleicht doch noch ein Highlight. Ich muss es nur geschickt anpacken. »Wäre sie denn grundsätzlich zu haben?«, frage ich weiter.

»Sie hält ihr Privatleben sehr bedeckt. Keine Ahnung.« Brian zuckt mit den Schultern und blickt bewundernd zu ihr hin.

»Sie ist ein echter Hingucker«, ziehe ich ihn auf und überlege, wie ich sie ansprechen könnte. Mit *Suchst du den Notausgang* vielleicht? Während nämlich die Männer angeregt diskutieren, scheint sie selbst gelangweilt und schaut immer wieder zum Ausgang. Gern kann ich ihr behilflich sein, das Weite zu suchen. Am besten mit mir.

Brian nickt eifrig. »Ja, das ist sie. Und dabei ist sie schon fast vierzig!«

»Ein ausgezeichnetes Alter. Das spricht für viel Lebenserfahrung und Unabhängigkeit.«

»Sehe ich genauso. Reife Frauen haben durchaus ihre Vorzüge.« Er nestelt an seiner Hornbrille.

Ich nicke bestätigend und mutmaße, dass wahre Schönheit von den Beinen her kommen muss. Ich lasse meinen Blick an ihrem Körper nach oben wandern.

Ihr Kleid ist hochgeschlossen und lässt kleine, wohlgeformte Brüste erahnen. *Schau auf meine Beine, Kleiner. Und nicht auf meine Brüste,* scheint sie mit ihrem Kleidungsstil sagen zu wollen.

Eine Aufforderung, der ich gern nachkomme. Obwohl ich überzeugt bin, dass sie die Anziehungskraft ihrer zwei Rundungen deutlich unterschätzt. Ästhetik kommt vor Körbchengröße.

Wieder schaut sie zum Ausgang, dabei kreuzen sich unsere Blicke.

Sie hat ein zartes, schmales Gesicht. Die helle Haut und die grün schimmernden Augen stehen in starkem Kontrast zu dem fast schwarzen Haar. Ihr Gesichtsausdruck ist seltsam entrückt. Traurig und melancholisch irgendwie. Gepaart mit ihrer insgesamt zerbrechlichen Erscheinung, wirkt sie wie eine Fee, die ihren Zauberstab verloren hat. Statt eines verzaubernden Lächelns liegt irdische Langeweile in ihrem Blick. Damit nicht genug, kehrt sie mir nun auch noch den Rücken zu.

Ich starre auf ihren knackigen Po und frage mich, wie sie sich wohl halb entkleidet auf dem Konferenztisch im Sitzungszimmer machen würde. In meiner Fantasie lasse ich meine Hände an ihren Beinen entlang unter ihr Kleid gleiten. »Möchtest du einen Tipp von einem ebenso reifen Mann?«, frage ich Brian, bevor meine Fantasie mit mir durchbrennt.

»Ja«, sagt er eifrig.

»Bezeichne deine Chefin in ihrer Gegenwart nie als reife Frau.«

Brian nickt aufmerksam und schaut wieder zu ihr hin.

Beide beobachten wir, wie sie ihr Handy zückt. Ob ein Ehemann zu Hause auf sie wartet? Oder ein Lover? Vielleicht sogar beides.

Sie verabschiedet sich eilig von ihren Kollegen und verschwindet, ohne mich eines weiteren Blickes zu würdigen.

Verblüfft über ihre ablehnende Haltung schaue ich ihr nach. Desinteresse von Frauen bin ich nicht gewohnt. Das ist eine Kampfansage. Brians Chefin, Dela Kleeberg, gehört eindeutig auf meine Eroberungsliste.

Herrenbesuch

Stille. Dunkelheit.

Myrina spürt das seidene Tuch um ihre Augen, den raschelnden Kimono auf ihrer Haut, die weiche Massageliege im Rücken. Mit wachen Sinnen wartet sie auf Alexanders nächste Aktion. Sie hört seine Schritte im Raum, dann das Zischen eines Streichholzes. Kurz darauf nimmt sie den Geruch von Schwefel wahr. Weitere Schritte, bevor Musik erklingt.

Welche Überraschung hält er wohl heute für sie bereit?

Durch ihre Augenbinde erkennt sie einzig das schemenhafte Flackern der Kerzen. In ihrer Fantasie jedoch sieht sie, wie er sich mit einem Lächeln auf seinen schönen Lippen entkleidet, seine gepflegten Hände mit Massageöl einreibt, vielleicht seine Männlichkeit damit verwöhnt, bevor er sich ihrer Weiblichkeit widmet. Beim schieren Gedanken daran wird ihr Atem schneller.

Ohne Vorwarnung umschlingen seine Lippen die ihren. Es sind die Lippen eines Mannes, der nicht fragt, sondern einfach tut. Federleicht sind Alexanders Küsse, ein Versprechen auf mehr. Brennend heiß ist die Spur, die seine Zunge auf dem Weg von ihrem Hals bis zu ihrem Dekolleté zieht.

Der Kimono fällt zur Seite, ihre nackten Brüste bedeckt er mit zärtlichen Küssen.

Weltvergessen seufzt sie auf. Alexanders Lippen wandern zu ihrem Bauch, verwöhnen ihren Nabel und wecken die Sehnsucht in ihr, er möge dies auch mit ihrem Schoß tun.

Als hätte er ihr Verlangen gespürt, fasst er ihre Fußgelenke und öffnet ihre Beine.

Hitze schießt durch Myrinas Adern, ihr Atem beschleunigt sich.

Alexander hat keine Eile. Hingebungsvoll wendet er sich mit seinem Mund wieder ihrem Bauchnabel zu. Plötzlich löst er sich von Myrina, packt sie mit festem Griff und zieht ihr Gesäß an den Rand der Liege. Er fasst ihre Fesseln, küsst die sensible Stelle um ihre Knöchel, bevor er sie links und rechts an den Beinen der Liege festbindet.

Wie eine geöffnete Blüte liegt Myrina vor ihm. Mit klopfendem Herzen wartet sie darauf, was er mit ihr vorhat. Zentimeter um Zentimeter wandert Alexanders Mund von ihren Fesseln über ihre Waden zu ihren Schenkeln zurück. Sie fühlt seinen Atem an ihrer intimsten Stelle, bevor ihm seine Lippen folgen. Leicht und übermütig wie ein Schmetterling flattert seine Zunge an ihrer Knospe. Die Muskeln tief in ihrem Innern ziehen sich aufs Köstlichste zusammen. Selbst wenn Myrina es gewollt hätte, das leise Stöhnen hätte sie nicht unterdrücken können.

»Möchtest du mehr davon?«, haucht er und bläst auf ihr Geschlecht.

»Ja«, flüstert sie und zerfließt vor Sehnsucht nach ihm.

»Willst du geleckt werden?«

Sie reckt sich ihm entgegen; doch Alexanders Mund wandert nach oben, liebkost ihren Bauch, ihren Rippenbogen, widmet sich ihren Brüsten. Hingebungsvoll umkreist seine Zunge ihre Brustwarzen. Erregt seufzt sie auf.

»Möchtest du dasselbe zwischen deinen Beinen?« Sanft knabbert er an ihren Nippeln.

»Ja ... bitte.« Ihre Stimme ist dunkel vor Verlangen.

Fordernd und heiß fühlt sich seine Zunge zwischen ihren Schenkeln an. Vollkommen erregt krallt sie ihre Finger in die Liege.

Sie erstarrt.

»Lass es einfach geschehen. Vertrau mir«, flüstert Alexander, der an ihrer Brustwarze saugt.

»Wer ist das?«, keucht sie. Wessen Zunge hat sie da zwischen den Beinen?!

Alexanders Zunge umkreist ihren Nippel. »Shhh, lass dich fallen. Du wirst jede einzelne Minute davon genießen. Ich verspreche es dir.«

Wie zur Bestätigung leckt die fremde Zunge ihre Knospe.

Ihr Herz rast, ihr Puls trommelt. Ihr ganzer Körper versteift sich, während sich auf ihrer Haut eine verräterische Gänsehaut ausbreitet und sich ihre Brustwarzen zu empfindlichen Spitzen verhärten. Die Sensation fremder Hände auf der Haut und eines fremden Mundes in ihrem Schoß ist atemberaubend! Sie atmet tief ein und unterdrückt den Anflug von Panik, die sich in ihr breitmachen will. Alles Kopfsache, beruhigt sie sich. Es kommt nicht darauf an, wer dich verwöhnt, sondern wie er dich verwöhnt, und zwischen ihren Beinen ist ein Meister seines Fachs. Stück um Stück leckt er sie um den Verstand. Vollkommen unangebrachte feurige Hitze durchströmt sie.

Eine Welle der Lust erfasst sie, die sich schmutzig und himmlisch zugleich anfühlt.

Alexanders Hände – sind es überhaupt seine? – gleiten über ihre Arme und fassen sie an den Handgelenken. Willig lässt sie sich die Hände über dem Kopf fesseln, liefert sich Alexander und dem Fremden vollständig aus. Freiwillig. Sie will es mit jeder Faser ihres Körpers. Die Zunge unten kreist fordernd um ihre Öffnung, ihr wird heiß und kalt zugleich. Zwei kräftige Hände packen ihre Hüften, und sie stöhnt auf. Egal, wessen Hände oder wessen Zunge, sie will sie alle miteinander und noch viel mehr. Gierig schiebt sie sich der Zunge entgegen.

»Zeig uns, wie sehr es dir gefällt«, raunt Alexander.

Die eine Zunge schlängelt zwischen ihren Beinen, die andere an ihrer Brustwarze. Ihr Innerstes spannt sich an, bereit zu zerbersten. Als mit einer raschen Bewegung zwei Finger in sie eindringen, ist es um sie geschehen.

Nur eine kurze Zeit der Erholung gönnen sie ihr, dann wandern erneut vier Hände über ihren Körper. Myrina kann nicht unterscheiden, wem welche gehören. Als sie etwas Festes, Hartes zwischen ihren Beinen spürt, ist es eine Erlösung. Sie brennt darauf, gestoßen zu werden. Ausdauernd und kräftig.

Mit einer einzigen Bewegung dringt er in sie ein und verharrt in ihr.

»Mehr«, flüstert sie.

Langsam zieht er sich zurück und stößt wieder zu.

Sie spürt das Zucken seiner Erektion. Und mit jedem Zucken wird sie erregter. »Viel mehr«, fordert sie.

Ein zweites Zucken spürt sie unvermittelt an ihrem Mund, es streicht über ihre Lippen, die sich wie von selbst teilen. Sie saugt daran wie eine Verdurstende.

Ein heiseres Stöhnen ist zu hören.

Alexander?

Oder der Fremde?

Sie verwöhnt den einen mit dem Mund und empfängt die Stöße des anderen. Langsame, harte Stöße, die sie mitten in die Hölle reiten. Sie wölbt ihm ihre Hüften entgegen, worauf der Rhythmus schneller wird. Ihr leises Stöhnen vermischt sich mit dem Keuchen der Männer und mündet in einem Orgasmus, der sie mit einem heiseren Schrei vergessen lässt, wo sie ist und was sie hier tut.

Schwer atmend und erschöpft liegt sie da. Lerne zu vergessen, und du lernst zu leben, denkt sie vollkommen befriedigt.

Zwei männliche Körper umschließen sie und decken sie mit ihrer Wärme zu. Streichelnde Hände lassen sie in tiefe Entspannung gleiten.

Irgendwann löst sich einer der beiden von ihr. Sie hört das Ausblasen einer Kerze und die Tür, die ins Schloss fällt.

Alexander zieht ihr die Binde von den Augen und küsst sie zärtlich auf den Mund. Er streicht über ihre Arme und öffnet die Knoten an ihren festgebundenen Händen. Beugt sich vor ihr nieder. Streichelt ihre Fußfesseln, bevor er auch diese losbindet.

Myrina hat tausend Fragen. Und doch keine.

Schach im zweiten Zug

Freitag, 29. Dezember

♪ – *Sparks Fly, Taylor Swift*

MARS

Gesegnet sei die Weihnachtszeit, die uns zahlreiche Feierlichkeiten beschert. Mit viel Enthusiasmus stoße ich mit meinen Kollegen auf ein erfolgreiches Firmenjahr an.

Es ist erst früher Nachmittag, aber die Stimmung auf unserer Silvesterfeier ist so ausgelassen, als wäre es weit nach Mitternacht. Das Jahr ist gut gelaufen. Das wird nicht mit Brot und Wasser gefeiert. Unsere Kantine ist brechend voll, und meine Kollegen stürzen sich auf das Buffet, das mit zahlreichen Köstlichkeiten aufwartet und einen einladenden Duft nach würzigem Lachs und getoastetem Brot verströmt.

Ich habe noch keinen Bissen gegessen und werde es auch nicht tun; denn die eigentliche Köstlichkeit im Raum liegt nicht auf dem Buffet, sondern steht direkt daneben – Dela Kleeberg. Unauffällig mustere ich sie von Weitem.

Mit einem Champagnerglas in der Hand steht sie da und stiehlt mit ihrer grazilen Erscheinung dem Essen die komplette Show. Im Gegensatz zum Jahresanlass vor ein paar Wochen schaut sie diesmal gut gelaunt und zugänglich in die Runde.

Der ideale Zeitpunkt für einen Angriff, entscheide ich. Lockerlassen werde ich erst, wenn ich einen Anknüpfungspunkt für ein späteres Treffen habe. Ein Treffen zu zweit, wohlverstanden. Gespannt bahne ich mir einen Weg durch das Gemenge.

Nichts geht über die Macht der ersten Ansprache. Der erste Schachzug – sehr entscheidend für den weiteren Verlauf des Spiels. *Lust auf Sex mit mir?*, wäre die direkteste Eröffnung. Schach im ersten Zug. In einer Bar oder auf einer Partyinsel eine nicht unmögliche Strategie, doch hier und heute kaum aussichtsreich.

Ich entscheide mich daher für eine unauffällige Bauerneröffnung – für die bislang einzige gemeinsame Verbindung. »Bist du nicht die mit der Website?«, spreche ich sie mit festem Blick in ihre hellen Augen an.

Von Dela folgt erst einmal nichts. Sie starrt mich nur an. Mit ihren wachen, abwartenden Augen, ihrem zarten Gesicht und ihren langen Beinen wirkt sie fast wie ein Reh im Scheinwerferlicht – nicht sicher, in welche Richtung es springen soll.

Kann es sein, dass sie sich nicht an mich erinnert? »Wir haben doch vor einem Jahr an einem Web-Projekt zusammengearbeitet«, helfe ich dem Rehlein auf die Sprünge.

DELA

Ich schaue in ein dunkles Augenpaar.

Funkelnde, fast schwarze Augen. Schön wie ein geheimnisvoller See in der Nacht.

Unauffällig schiele ich zum leeren Champagnerglas in meiner rechten Hand; zwei Gläser dieser prickelnden Köstlichkeit waren wohl eindeutig zwei Gläser zu viel für mich. Natürlich erinnere ich mich. Mars – nicht aus dem Sonnensystem, sondern aus dem Beraterteam für Industrieimmobilien. Rasch sammle ich mich und suche nach einer cleveren Antwort. »Stimmt. Bist du nicht der mit dem Logistikkonzept?«, frage ich die zwei funkelnden Augen, die mich zu fixieren scheinen und keinen Fluchtweg offen lassen.

Er nickt bestätigend. »Ja, der bin ich. Und seit ich eine eigene Website dafür habe, überzeuge ich die Kunden reihenweise davon.«

Soso, denke ich.

Mars wollte letztes Jahr unbedingt eine Website für die Vermarktung eines superwichtigen Logistikkonzepts. Ich fand die Site absolut überflüssig, doch er setzte sich durch. Zähneknirschend habe ich sie für ihn erstellt.

Ich durchforste mein Hirn nach Zahlen. Heute wäre eine gute Gelegenheit, ihm den *Erfolg* seiner Website vor Augen zu führen. »Erstaunlich«, beginne ich. »Ich meine, mich dunkel zu erinnern, dass dein Online-Auftritt dieses Jahr ganze einhundertfünfzig Klicks verzeichnet hat ...«

»Sehr gut!«

»Das orthopädische Hundesofa im Onlineshop meiner Freundin erhält vierhundert Klicks.« Ich schaue ihn herausfordernd an. »Pro Woche.«

»Ganz offensichtlich gibt es mehr Hunde als Logistikunternehmen«, antwortet Mars unbeeindruckt. Seine Augen blitzen übermütig.

Flirtet er etwa mit mir? Er weiß genau, dass die Website unnötig ist, was ihn aber in keiner Weise zu stören scheint. Ich mustere Mars unauffällig, wie er vor mir steht. Selbstbewusst.

Dichtes, leicht gelocktes dunkles Haar umrahmt sein markantes Gesicht. Und dann diese intensiven, fast schwarzen Augen, die mich gefangen halten und direkt in meine Seele zu schauen scheinen. Unter seinem Poloshirt zeichnet sich ein trainierter Körper ab. Dezent, aber sichtbar – wenn man genauer hinschaut. Zwei gepflegte Hände spielen mit dem Stiel seines Champagnerglases.

Wenn er wollte, würde ich wieder eine absolut sinnlose Website für ihn machen. Er ist attraktiv! Wieso ist mir das bis jetzt nie aufgefallen?

»Komm, lass uns aufs neue Jahr anstoßen.« Er schnappt sich die geöffnete Champagnerflasche, die neben uns auf einem Tisch steht, und füllt mein Glas. Nummer drei, wie ich geistesgegenwärtig registriere.

Er prostet mir zu und grinst mich spitzbübisch an.

Ja. Doch. Mars flirtet mit mir. Eindeutig.

MARS

Als sich unsere Gläser treffen, fällt mein Blick auf Delas zierliche Finger. Ja, ich gehöre zu den Männern, die auf schöne Hände stehen und sich nur zu gern ausmalen, was ihre Besitzerin damit alles anstellen kann. »Wie wirst du Silvester feiern?«, leite ich den Spielzug ein, der mir offenbaren wird, ob sie mit jemandem zusammen ist.

»Ach, mal schauen. Mit Korkenknallen und Feuerwerk vermutlich«, gibt sie eine so vage Antwort, dass sie glatt von mir sein könnte. »Und du? Irgendwelche Vorsätze fürs kommende Jahr?«, schiebt sie auch noch eine Gegenfrage hinterher.

Das Reh scheint mit den gleichen Waffen zu spielen wie ich. Welche Geheimnisse sie wohl hat? »Ich fasse selten Vorsätze, die ich danach sowieso nicht einhalte«, lasse ich ihre Frage ins Leere laufen.

»Keine Vorsätze. Aber irgendwelche Pläne fürs kommende Jahr?«, hakt sie nach. Ihre Finger spielen dabei mit dem Stiel ihres Champagnerglases, und ich stelle sie mir auf meiner Haut vor.

Ein Plan steht direkt vor mir, denke ich und schaue in Delas Augen. »Ich werde einiges ins Visier nehmen. Mehr Klicks auf meiner Website gehören aber nicht dazu ...«

Mit ihrer freien Hand streicht sie sich durch die Haare. Sehe ich da ein erstes Flirtsignal?

»Bist du Sportschütze?«, ignoriert sie meine Provokation.

»Ich fotografiere.«

»Was fotografierst du denn?«

»Alles Mögliche. Im März mache ich einen Kurs in Street Photography. Aber auch Landschaften und Architektur haben ihren Reiz. Oder Menschen. Du scheinst sportlich zu sein«, lenke ich das Gespräch auf sie, bevor sie eine weitere Frage vom Stapel lassen kann. Natürlich verpasse ich es dabei nicht, Dela von oben bis unten anerkennend zu mustern. Ein erster offensiver Zug, der ihr zeigen soll, dass ich es auf dem Schachbrett des Lebens einzig auf die Dame abgesehen habe.

»Ich gehe regelmäßig laufen, ja«, antwortet sie.

Volltreffer! Zeit, ein paar Fragen mehr zu stellen und das Reh aus der Reserve zu locken.

DELA

So etwas habe ich selten erlebt.

Mars gibt mir das Gefühl, einzigartig zu sein. Er nimmt mich mit auf eine Gesprächsreise durch mein ganzes Leben – von der Lieblingslaufstrecke bis zur Uhrzeit, zu der ich normalerweise ins Bett gehe. Alles will er wissen. Als wäre ich ein Regenbogen, dessen sieben Farben er einzeln auf den Grund gehen will, um danach noch nach der achten Farbe zu suchen.

Ich rede viel zu viel. Schlimmer noch, ich rede über Themen, über die man besser schweigt: Exfreunde, ganz oben auf der Liste der Tabuthemen für erfolgreiche Dates. Irgendetwas läuft da schief, und ich finde sogar noch Gefallen daran.

»Dela? Wir ziehen weiter. Die Bar nebenan ist bereits geöffnet. Kommst du mit?«, unterbricht uns Brian.

Er nickt Mars zu, fragt ihn aber nicht, ob er mitkommen möchte.

Brians Beschützerinstinkt ist süß. Ich lächle in mich hinein und blicke mich um. Der Raum um uns herum hat sich inzwischen geleert, was ich bis jetzt gar nicht bemerkt habe. Zögernd stelle ich mein leeres Glas auf die Theke. Nur ungern löse ich mich von Mars, aber es gibt keinen Grund zu bleiben. Außer ihm selbst.

Mars sieht mich abwartend an.

»Lass mich wissen, falls du wieder mal eine Website benötigst ...«, mache ich einen ungeschickten Versuch, ihm mitzuteilen, dass ich ihn wiedersehen möchte. Verlegen fahre ich mir durch die Haare und streiche sie sofort wieder zurück über die Stirn. Hoffentlich hat Mars meine Babyhaare nicht bemerkt. Diese dünnen, kurzen

Haare, die in alle Richtungen stehen, sich nur nicht elegant an meinem Kopf anschmiegen wollen.

Mars schmunzelt. »Ich habe schon eine. Aber lass uns im neuen Jahr mal zusammen laufen gehen.«

Ich ziehe mit Brian und den anderen weiter, meine Gedanken bei Mars. Ob er eine Freundin hat? Kinder? Verheiratet scheint er nicht zu sein. Oder gehört er zu jener Spezies, die immer mal wieder ihren Ehering *verliert*, wenn es die Situation erfordert? Eiligst erinnere ich mich daran, dass Mars kein Date ist und ich auf gar keinen Fall eine Beziehung am Arbeitsplatz will. Das überaus intensive Gespräch ist vermutlich nur dem Begleitgetränk geschuldet. Trunkenheit und Anziehungskraft sind schon immer folgenschwere Verbündete gewesen.

Träume leben

Sonntag, 31. Dezember

♪ – Where It All Begins, Hunter Hayes

MARS

Silvester ist ein Feuerwerk! Und der größte Knaller steht hier im Studio direkt vor meiner Linse.

Sie nennt sich Daisy, ist hoch professionell und hat ihre Posen im Griff. Für ein Model ist sie eher klein. Im Gegensatz zum Laufsteg ist dies aber beim Fotoshooting nicht von Bedeutung – solange die Proportionen stimmen. Und bei Daisy stimmen sie eindeutig.

Ich nicke anerkennend. Sie hat nicht nur das Aussehen, sondern auch die nötige Erfahrung für anspruchsvolle Aktbilder und wird sich wunderbar in mein Fotokonzept für Papillon einfügen.

Mit einem professionellen Model wie Daisy kann das perfekte Bild einzig am Fotografen scheitern.

Das wäre dann ich.

Ich richte meine Aufmerksamkeit wieder auf die Kamera. »Achte auf einen gleichmäßigen Abstand zwischen deinen Fingern«, gebe ich Daisy einen Hinweis für ihre Handhaltung – ein Detail, aber entscheidend. »Und jetzt bitte wieder volle Körperspannung.« Ich blicke durch den Sucher.

Daisy hält die Pose einwandfrei, und ich drücke mehrmals ab.

Dann nehme ich eine andere Perspektive ein – eine winzige Änderung des Winkels mit einer beachtlichen Wirkung für den gesamten Bildeindruck. Nach mehreren Aufnahmen halte ich inne. Ein Blick auf das Histogramm zeigt mir, dass der Weißanteil in den Bildern zu hoch ist. Ich werde die Blitzleistung zurücknehmen müssen.

»Kurze Pause, Daisy.« Ich gebe ihr ein Zeichen, damit sie sich entspannen kann.

Sie beobachtet interessiert, wie ich mit der Blitzanlage hantiere. »Kann ich die Bilder sehen?«, fragt sie, nachdem ich mit den Einstellungen fertig bin.

»Klar.« Ich zeige ihr die Aufnahmen auf dem Kameradisplay und achte darauf, sie dabei nicht zu berühren. Alles zu seiner Zeit. Außerdem gilt: keine Berührung ohne Absprache. Ich deute im Bild auf eine Stelle auf ihrem Oberschenkel. »Dieser Bereich hier ist überbelichtet. Das geht auf mein Konto. An der Handhaltung könnten wir allerdings auch noch feilen, oder was meinst du?«

»Finde ich auch. Soll ich die Hand mal so halten?« Sie wirft sich in Pose und gibt ihrer Hand eine geschwungenere Form.

Als erfahrenes Model hat sie auf den Bildern sofort erkannt, was sie verbessern kann. Der Unterschied ist frappant.

In strukturierter Abfolge arbeiten wir uns durch die geplanten Bildszenen und Posen. Die Zusammenarbeit mit Daisy ist eine wahre Freude. Ich habe sehr viel Zeit in das Shootingkonzept investiert, es ist umfangreich. Ein unerfahrenes Model wäre damit überfordert, Daisy aber meistert die Aufgaben souverän. Sie ist top.

Immer wieder prüfe ich die Uhrzeit. Zwei weitere Locations warten heute noch auf uns, es wird ein langer

Tag. Könnte ich mich zu hundert Prozent der Fotografie widmen, dann ... Ich verdränge den Gedanken sofort. Darüber kann ich später wieder brüten.

Daisy zeigt zum Glück keinerlei Ermüdungserscheinungen, im Gegenteil, sie ist voll bei der Sache.

Die Studiobilder kaum im Kasten, machen wir uns auf den Weg ins Chez Louis.

Das Art-déco-Hotel dient oft als Fotolocation, und das Personal ist den Umgang mit Fotografen und Models gewohnt. Schnell erhalten wir unser Zimmer, das ich für zwei Stunden gebucht habe. Zwei Stunden für vier Bildszenen.

Wir starten auf dem Balkon. Bei fünf Grad Außentemperatur eine Herausforderung sowohl für Model als auch Fotograf.

Während ich mit frierenden Fingern die Kamera bediene, lehnt sich die nackte Daisy, ohne mit der Wimper zu zucken, an die Brüstung. Gekonnt präsentiert sie mir ihre schlanken Beine, da spaziert urplötzlich Dela vor mein inneres Auge. Überrascht halte ich inne. Wie sie sich wohl vor der Kamera machen würde? Ich fühle mich bestätigt in meiner Absicht, sie demnächst in meinen ganz persönlichen Sucher zu nehmen und abzudrücken. Dela würde ausgesprochen gut in meine private Galerie passen. Ich wende meine Aufmerksamkeit wieder Daisy zu. Sie soll nicht länger als nötig in der Kälte stehen. Auch sie friert, das sehe ich deutlich. Rasch und konzentriert mache ich meine Bilder.

Daisys anschmiegsame Silhouette und die geometrischen Motive des Mauerwerks bilden einen raffinierten Kontrast. Genau so, wie ich es mir vorgestellt habe. Ich bin in Hochstimmung.

Bereits im Vorfeld hat sich Daisy mit meiner Privatwohnung als dritte Shooting-Location einverstanden erklärt. Für die letzten Aufnahmen des Tages fahren wir deshalb zu mir. Ich führe nur wenige Models in mein Zuhause – immerhin ist das meine Privatsphäre. Entscheidend dafür sind ein guter Ruf des Models und die Antwort auf die Frage, ob ich mir einen One-Night-Stand mit ihr vorstellen kann. Bei Daisy trifft beides zu.

Unser Umgang ist inzwischen ausgesprochen vertraut. Neckisch präsentiert sie mir ihre Rundungen an meinen Fensterscheiben im Wohnzimmer. Zwischen den einzelnen Bildszenen zieht sie sich nichts mehr über, und ich lasse es bereitwillig zu, dass immer wieder eine ihrer Brustwarzen meinen Oberarm streift, wenn ich ihr die soeben entstandenen Bilder im Kameradisplay zeige. Ein Signal, auf das ich später gern zurückkommen werde.

Vorläufig halte ich mich jedoch zurück. Zuerst die Arbeit, dann das Vergnügen. Mit Letzterem habe ich keine Eile. Ich liebe das Spiel und will jeden einzelnen Zug davon voll auskosten. Deshalb fahre ich Daisy nach dem Shooting direkt zum Bahnhof – ohne Umweg über mein Bett.

Beim Abschied drückt sie sich innig an mich. »Hoffentlich ist bald wieder eine Zusammenarbeit möglich«, sagt sie.

»Gern. Ich habe noch ein paar spannende Ideen.« Ich streichle ihr sanft über den Rücken. »Ich melde mich.«

Zufrieden steige ich in mein Auto und fahre los zur Silvesterfeier bei meiner Schwester. Was für ein Tag. Was für eine wundervolle Arbeit. Kreativität, abwechslungsreiche Arbeitsorte, keine Bürozeiten und ein Überfluss an bildschönen Frauen. Die Frage ist nicht, ob, sondern

wann: So schnell wie möglich will ich die graue Bera-
terwelt gegen die bunte Fotowelt eintauschen. Ein aus-
gezeichneter Vorsatz für das neue Jahr. Doch wird es
klappen? Ich zweifle im selben Moment. Werde ich es
schaffen, mich mit Papillon zu etablieren? Will ich meinen soliden Beruf, den ich mir über Jahre erarbeitet habe,
einfach so aufgeben? Gedankenverloren starre ich durch
die Windschutzscheibe.

Manchmal fühle ich mich wie ein unentschlossener
Fahrgast in einem Taxi. Während der arme Taxifahrer
ständig neue Anweisungen erhält, wo die Reise hingehen soll – Papillon, auf dem schnellsten Weg bitte, oder
nein, doch lieber via Unternehmensberatung, bitte –
wird es dem Fahrgast ob der eigenen Richtungswechsel
immer übler. Wieso tue ich mich so schwer?

Entschlossen konzentriere ich mich wieder auf die
Straße und gebe Gas. Lebe deinen Traum, heißt es. Und
man hat doch nur ein Leben.

DELA

Ich ziehe meine Mütze tiefer ins Gesicht und vergrabe
die Hände in den Manteltaschen. »Silvester gehört abge-
schafft!«

»Soso …« Tina drückt Victorias Türklingel.

»Dieser ganze Zirkus wegen eines Jahreswechsels,
von dem der erste Tag des neuen Jahres genau so wie der
letzte Tag des alten Jahres sein wird. Und überhaupt. Ich
bin schlecht drauf heute.«

Tina dreht sich um und mustert mich belustigt. »Ach
nee, da wär ich jetzt echt nicht draufgekommen.«

»Was soll ich denn hier?« Ich hebe fragend die Hände. Sie zieht mir die Mütze vom Kopf. »Feiern? Spaß haben? Feuerwerk?«

Ich schnappe sie mir zurück und setze sie mir wieder auf. »Ich brauche kein Feuerwerk. Das Jahr war spektakulär genug. Vielleicht sollten wir uns kurzfristig abmelden, nach Hause gehen und Dinner for One gucken?«

»Nichts da. Wir werden uns amüsieren. Außerdem bin ich gespannt auf Victoria. Und auf das *inspirierende Unterhaltungsprogramm*, für das sie gesorgt hat«, entgegnet Tina und zwinkert mir vergnügt zu.

Ich nicke seufzend.

Victoria hat ihre eigene Vorstellung von einer perfekten Silvesterparty. Als Neujahrsgeschenk hat sie für Tina und mich zwei Single-Männer eingeladen und es nicht unterlassen, diese im Vorfeld mehrmals anzupreisen: der eine ein leidenschaftlicher Radler, der mit seinem Fahrrad schon alle Kontinente bereist und viel zu erzählen habe, der andere ein attraktiver Künstler, der seine Frauen häufiger wechsle als seine Pinsel und Farbtöpfe. Ein Geschichtenerzähler und ein Eye-Candy – genau das Richtige für eine Silvesternacht!

Ich reiße mich zusammen. Tina ist meinetwegen hier. Weil ich nicht auf eine Party gehen wollte, bei der ich abgesehen vom Gastgeberpaar niemanden kenne. Meinen Missmut hat sie nicht verdient.

»Dela!« Gut gelaunt fällt mir Victoria um den Hals. »Tina! Schön, dich kennenzulernen. Kommt gleich mit, die anderen sind schon da. Ich mache euch mit allen bekannt«, sagt sie eifrig und zieht uns ins Wohnzimmer, wo uns Stimmengewirr und fröhliches Lachen entgegenschlagen.

Ich sehe mich um.

Die meisten Gäste sind im Kombipaket da.

Mir graut jetzt schon vor dem Moment um Mitternacht, wenn sich alle küssen. Ich werde mich wohl mit dem Champagner trösten müssen.

»Flavio? Darf ich dir Dela und Tina vorstellen?« Victoria bleibt vor einem sportlich aussehenden Mann in den Fünfzigern stehen. »Dela hat vier Fahrräder.«

»Hallo, Flavio.« Ich schüttle ihm die Hand. »Freut mich, dich kennenzulernen. Ich habe ein Rennrad, zwei Mountainbikes und ein Citybike. Wie viele Fahrräder hast du?«

Flavio setzt eine entrüstete Miene auf. »Eines! Hermes würde es mir nie verzeihen, wenn ich ein zweites kaufen würde.«

»Hermes?«

»Mein Fahrrad. Fährt mit mir durch die ganze Welt. Der wäre echt eifersüchtig, wenn ich ihn einfach so austauschen würde, oder denkst du nicht?«

Victoria berührt mich am Arm. »Seht ihr, ich wusste, dass ihr euch hervorragend unterhalten würdet. Und sollte euch der Gesprächsstoff ausgehen, hättet ihr noch eine zweite Gemeinsamkeit – ihr sucht beide einen Mann.« Sie zwinkert mir zu, und ich entspanne mich sofort.

Flavio steht auf Männer. Er hat keine Erwartungen an die heutige Silvesternacht, die ich nicht erfüllen kann oder will.

»Erzähl Dela unbedingt von deinen Radreisen«, fordert Victoria Flavio auf, bevor sie mit Tina in der Menge verschwindet.

»Tina kriegt dann wohl den gutaussehenden Künstler ab«, murmle ich belustigt und schaue den beiden hinterher.

»William?«, fragt Flavio, der meine Bemerkung gehört hat. »Künstler, ja, aber gutaussehend? Das ist wohl Geschmackssache.«

Ich wende mich ihm zu. »Du meinst, ich habe heute das bessere Los gezogen?«, ziehe ich ihn auf.

Er strahlt übers ganze Gesicht. »Aber sicher. Du hast den Hauptgewinn abgekriegt.«

Ich lache beherzt auf. »Erzähl. Wo wart ihr denn schon überall, du und Hermes?« Ob Flavio mit dem Fahrrad auch Gespräche führt? Hermes, sollen wir da vorn links fahren? Das wäre eine Abkürzung. Oder nehmen wir die rechte Abzweigung? Die hat die schönere Aussicht. Hmmm. Was meinst du, Hermes? Ich beiße mir auf die Lippen und unterdrücke ein Grinsen. Wenn ich ehrlich bin, habe ich auch schon mit meinem Fahrrad geredet. Vielleicht sollte ich es ebenfalls taufen?

»Soll ich dir was zu trinken besorgen, bevor ich dir in allen Details von meinen rund siebzig Radreisen erzähle?«, fragt Flavio.

»Siebzig?«, antworte ich vorsichtig.

»Na ja, irgendwie müssen wir die Zeit ja rumkriegen bis Mitternacht, oder nicht?«

Flavio besorgt uns Champagner und entführt mich dann mit seinen Erzählungen einmal um die ganze Welt. Er ist ein brillanter Geschichtenerzähler, und ich langweile mich keine Sekunde. Im Gegenteil. Seine Tourenerlebnisse in China oder im Iran wecken die Lust und die Sehnsucht nach dem Reisen in mir.

»Wie lange liegt deine letzte Tour zurück?«, fragt er mich schließlich.

»Viel zu lange.« Wehmütig seufze ich auf.

»Warum denn?«

»Mein Exfreund mochte keine Radreisen. Nicht wissen, wo man am Abend ankommt, Gepäck einpacken, Gepäck auspacken. Zu unbequem. Zu viele Unbekannte. Meine letzte längere Tour habe ich vor unserer Beziehung gemacht.«

»Die Fesseln einer Beziehung ...« Er nickt wissend. »Du solltest es wieder tun. Auf was wartest du? Nutze es aus, dass du Single bist.«

Ich nippe an meinem Champagner und denke über Flavios Worte nach. Er hat recht. Ich bin frei und unabhängig. Mehr noch, mir wird plötzlich klar, dass mit Robert auch nicht immer alles perfekt gewesen ist. Ich habe unsere Beziehung in den letzten Monaten total verklärt. Vergangenheitsverliebt habe ich ihm hinterhergeweint und dabei großzügig übersehen, dass er mir in einigen Dingen auch im Weg gestanden hat.

»Weißt du was? Du hast recht«, sage ich.

»Erzähl mir was Neues.« Flavio streckt stolz seine Brust heraus.

Feierlich halte ich mein Champagnerglas in die Höhe. »Hiermit fasse ich offiziell meinen ersten Neujahrsvorsatz: Ich kaufe ein Tourenrad.«

»Ein Hoch auf Fahrrad Nummer fünf.« Flavio prostet mir zu. »Suchen wir dem Baby gleich noch einen Namen aus?«

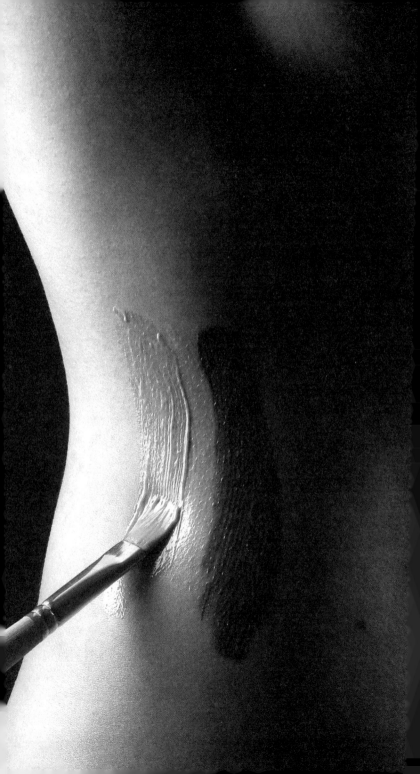

Picasso

Ungeduldig tritt Myrina von einem Bein auf das andere und beobachtet Alexander, wie er verschiedene Farben auf seiner Mischpalette verteilt. Das Champagnerglas, das er ihr gereicht hat, nachdem er sie aufreizend langsam ausgezogen hat, ist längst leer – sie will mehr. Nicht vom Champagner. Von ihm.

Unvermittelt hebt er den Kopf und blickt Myrina prüfend an – seine lebende Leinwand, aus der er heute ein Kunstwerk machen will. Er nimmt einen mittelgroßen Pinsel in die Hand. »Zuerst benutze ich diesen Flachpinsel. Damit lässt sich die Farbe am besten auf deiner zarten Haut verteilen.« Mit seinen Fingerspitzen fährt er über die rauen Borsten und legt ihn wieder beiseite.

Wie geschickt er wohl mit den Pinseln umzugehen weiß? Wird er aus ihrem Körper ein künstlerisches Werk erschaffen, das seinesgleichen sucht?

»Für die Detailarbeit brauche ich den Rundpinsel.« Er zeigt ihr einen zweiten, feineren Pinsel und tritt näher. Mit der Pinselspitze berührt er ihren Hals, streicht über ihr Schlüsselbein bis zu ihren Brüsten. Bedächtig umkreist er ihre Brustwarzen, die sich auf den ersten Strich hart aufrichten und der Spitze des Pinsels in nichts nachstehen.

Myrina unterdrückt ein Stöhnen.

»Es gibt eine Regel für heute Abend: Du musst stillhalten. Absolut still«, raunt er in ihr Ohr und knabbert mit den Zähnen an ihrem Ohrläppchen.

Hitze durchströmt sie, und sie drängt sich ihm entgegen. Das Zeitungspapier, auf dem sie steht, raschelt dabei leise.

»Was höre ich da?« Alexander hält inne und löst sich von ihr. »Keine Bewegung, habe ich gesagt.«

Myrina seufzt auf. »Natürlich, Picasso.« Stillhalten? Wie soll das bitte gehen, fragt sie sich, während er sie mit seinen Pinseln streichelt, sie mit den feinen Borsten kitzelt. Einmal mehr wird sie sich mit ihrer Steuerberechnung ablenken müssen. Oder mit dem Wäscheberg, der sich zu Hause in ihrem Badezimmer türmt.

»Es kann losgehen.« Er zündet zwei kniehohe Kerzen an, stellt diese neben Myrina und löscht das Deckenlicht.

»Leuchtfarben?«, ruft sie überrascht.

»Klar.« Er taucht den mittelgroßen Pinsel in die leuchtend knallorange Farbe. »Mein Kunstwerk soll strahlen.«

Hingerissen betrachtet sie die fluoreszierende Farbpalette. Genau deshalb hat sie sich in Alexander verliebt. Seine Ideen scheinen grenzenlos, seine Kreativität unerschöpflich. Die buntesten Farben bringt er in ihr Leben, das ihr ohne ihn plötzlich grau und fad erscheint.

»Denk daran, keine Bewegung«, flüstert er ihr ins Ohr und setzt den Pinsel unterhalb ihres Halses an. Langsam und bedächtig zieht er eine geschwungene Linie von ihrem linken Schlüsselbein zu ihrer rechten Brust.

Kühl fühlt sich die nasse Farbe an, lässt ihre Haut prickeln.

Alexander hält inne, um den Pinsel in Farbe zu tauchen, und setzt neu an. An der Innenseite ihrer Brust fährt er entlang, folgt ihrem Rippenbogen zu ihrem Bauch. Wieder taucht er den Pinsel in Farbe und streicht dann von ihrem linken Hüftknochen in einer Kurve über ihre Beine bis zu ihren Füßen.

Die Sicherheit, mit der er die Pinselstriche vollführt, gibt ihr einen Vorgeschmack darauf, dass er mit ebensolcher Sicherheit ihren Körper erkunden wird. Sie wünscht sich, er würde es tun. Jetzt sofort. Sie mit warmen Händen anfassen, mit heißen Lippen küssen und sie mit seinem eigenen Pinsel in Besitz nehmen.

Alexander tritt einen Schritt zurück und betrachtet sie zufrieden. »Die erste Farbe hätten wir.«

»Wie viele sind es denn?«, fragt sie ungeduldig.

»Fünf.« Er legt den mittelgroßen Pinsel zur Seite und greift sich einen zweiten, kleineren, welchen er in die leuchtend gelbe Farbe taucht. Das Spiel beginnt von vorn – langsam und präzise. Mit der gelben Farbe folgt er der orangefarbenen Linie. Die feine Spitze kitzelt.

Reflexartig beugt sie sich ihm entgegen.

»Shhh …«, flüstert er. »Was ist unsere Abmachung?«

»Wir haben keine Abmachung«, protestiert sie atemlos. »Du hast mir einen Befehl erteilt.«

»Sieh es, wie du willst, aber halt still.« Mit der Pinselspitze neckt er ihre Brüste. »Du vergisst, dass ich ein Künstler bin. Wenn du mich verärgerst, muss ich mir ein anderes Modell suchen.« Sein Pinsel gleitet von ihrer Brustwarze zum Bauchnabel und verharrt über ihrem Venushügel, von wo sich kleine Schauer über ihren ganzen Körper ausbreiten. »Willst du das? Muss ich mir jemand anderen suchen?«

»Auf gar keinen Fall!« Sie zerfließt vor Erregung, verharrt jedoch reglos.

Unbeirrt setzt Alexander sein Spiel mit den Pinseln fort, trägt die dritte und die vierte Farbe auf. Kitzelt sie, spielt mit ihr und lässt seiner Kreativität freien Lauf.

Still steht sie da, innerlich hingegen reagiert sie auf jede winzige Berührung wie ein hochsensibler Seismograf auf jede Welle und Schwingung. Ein Erdbeben bahnt sich an, dessen ist sie sich sicher. Die erste, orange Farbe trocknet langsam, zieht sich wie eine zweite Liebkosung auf ihrer Haut zusammen und lässt sie leise aufseufzen.

Alexander hält inne und betrachtet sie fasziniert. »Denk daran, stillhalten«, flüstert er und greift zu einem neuen, unbenutzten Pinsel. Anstatt diesen in seine Farbpalette zu tauchen, kniet er vor ihr nieder. Mit festem Blick in ihre Augen lässt er die Borsten langsam durch seine Finger gleiten, bevor er die Pinselspitze auf ihren Venushügel setzt. Sanft streicht er darüber, zeichnet hingebungsvoll die geschwungene Form nach. Warm bläst sein Atem über ihre empfindliche Knospe.

Ein Schauer überläuft sie.

»Stillhalten«, haucht er an ihre intimste Stelle und steht wieder auf. »Nun noch die letzte Farbe.« Er taucht den Pinsel in ein fluoreszierendes Violett.

Das quälende Spiel beginnt von Neuem: Schlüsselbein, Schultern, Brüste, Bauch, Beine, Füße – sie hält es kaum mehr aus.

»Fertig.« Nach viel zu langer Zeit tritt Alexander zurück und betrachtet sein Werk. »Jetzt fehlt nur noch die Veredelung.«

Sie nickt ergeben.

Er nimmt einen neuen Pinsel zur Hand und kniet sich wieder vor ihr nieder. Streichelt ihren Venushügel, umkreist ihre Knospe, die sehnsüchtig jede Bewegung in sich aufsaugt. Sanft drückt er mit der Pinselspitze auf ihre empfindlichste Stelle.

Rasend schnell bahnt sich der Orgasmus in ihr an.

Genauso schnell zieht Alexander den Pinsel zurück. »Noch nicht«, raunt er.

Sie stöhnt auf. »Ich will es aber. Und zwar jetzt.« Ach, nur eine Sekunde länger, und sie wäre gekommen. Er weiß genau, dass er sie um einen Sekundenbruchteil um ihren Höhepunkt gebracht hat. Wieso kann er ihr nicht einen Vorsprung gönnen? Einen winzigen Orgasmus nur? Sie kommt danach gern noch ein- oder zweimal mit ihm.

Alexander steht auf. »Die Farbe muss erst trocknen. Zudem will ich mein Kunstwerk bestaunen, bevor ich es verzehre. Bleib da stehen.« Er holt einen Stuhl, setzt sich darauf und betrachtet sie.

Was sie in diesem Moment für ihn empfindet, als sie das Feuer für sie in seinen Augen sieht, ist so intensiv, dass es schmerzt.

Ohne den Blick von ihr abzuwenden, öffnet er den Verschluss seiner Hose.

Ihr Herz hämmert heftig, als er mit seiner kräftigen Hand sein hartes Glied hervorholt. Es scheint zu pochen in seinem Griff. Mit dem Daumen fährt er über die Spitze. »Gefällt dir das?« Einladend sieht er sie an.

»Ja.« Sie macht einen Schritt auf ihn zu.

»Stop. Wie lautet der Befehl?« Seine Stimme ist rau.

Mitten in der Bewegung hält sie inne und schaut fasziniert auf seine Hand, die bearbeitet, was doch eigentlich in sie gehört. Steif reckt es sich in ihre Richtung, feucht schimmert es von seiner Lust. Sein Verlangen macht sie ganz heiß. Befehl hin oder her, sie braucht Erleichterung. Fast trotzig berührt sie sich und streichelt ihre Mitte.

»Stopp! Heute bestimme ich, wann du kommst«, hält er sie zurück.

»Tust du nicht.« Mutig gleitet sie tiefer mit ihren Fingern.

Mit einer raschen Bewegung steht Alexander auf, der Stuhl kippt nach hinten. Er packt ihre Hand und drückt sie ihr hinter den Rücken. Leidenschaftlich küsst er sie.

Allein schon mit diesen Küssen wird sie gleich zum Höhepunkt kommen. Hungrig vergräbt sie ihre Finger in seinem Haar und saugt an seinen Lippen.

Alexander löst sich von ihr und kniet vor ihr nieder, leckt über ihre Knospe, die elektrisierende Wellen durch ihren ganzen Körper sendet. Mit der Zungenspitze umkreist er Myrinas empfindlichste Stelle. »Bist du bereit, mich in dir zu spüren?«, raunt er.

Seine Stimme ist berauschend, betörend, erregend. »Was für eine Frage ...«, antwortet sie.

Er dreht sie um, umfasst ihren Hintern, knetet ihn und hebt ihn gegen seine kreisenden Hüften.

Voller Gier, ihn endlich in sich zu spüren, beugt sie sich vor, bevor er mit einer einzigen fließenden Bewegung in sie gleitet. Das ist alles, was sie braucht. Wie ein kochender Kessel mit Überdruck zerbirst sie. Sie wirft den Kopf zurück und schreit in den Raum, in dem nur die flackernden Kerzen stille Zeugen ihres entfesselten Höhepunkts sind.

Ihre Beine drohen wegzusacken, Alexanders Griff jedoch ist fest. Beharrlich stößt er weiter in sie. Er zieht sich aus ihr zurück, gleitet wieder hinein und lässt seine Hüften kreisen. Immer wieder beginnt er dieses Spiel von vorn und treibt sie damit in den Wahnsinn.

Die Muskeln in ihrem Innern ziehen sich zusammen, ihr ganzer Körper zittert vor Anspannung. Der nächste Orgasmus durchflutet sie in einer langsamen Woge aus heißem Entzücken.

Alexanders Arme umschlingen sie. »Ich begehre dich«, keucht er. Fest presst er sie an sich, sodass sie kaum atmen kann. Immer schneller stößt er zu, bis er sich mit einem heiseren Stöhnen in ihr entlädt.

Online-Traummann

Samstag, 6. Januar

♪ – Behind the Scenes, Francesca Battistelli

DELA

In meiner Wohnung gibt es fünf Spiegel. In diesem hier gefalle ich mir am besten. Trotzdem, um meine Augen und den Mund sind Fältchen sichtbar, und auch an der Stirn hält sich neuerdings eine hartnäckige Sorgenfalte. *Sie ist jung und voller Lebensfreude,* bestätigt sie mir augenscheinlich Roberts Abschiedsworte.

Ich schaue genauer hin.

Schon wieder neue graue Haare! Es lässt sich nicht verleugnen, der Zahn der Zeit nagt an mir. Rasant steuere ich auf die Bestyears zu, wie es die Kosmetikindustrie nennt. Dennoch vermag diese nicht darüber hinwegzutäuschen, dass das Leben mit vierzig nicht mehr ganz rosa, nicht mehr ganz blühend, glatt und gebügelt ist. Und ich bin bald vierzig!

Ich streiche die Haare auf die andere Seite und mache mir eine mentale Notiz, demnächst beim Friseur einen Termin für eine Generalüberholung zu vereinbaren.

Erst kürzlich habe ich den Begriff *Frauen um die 40* gegoogelt. Diese Zielgruppe scheint nicht nur an einer neuen Frisur, sondern auch an Hyaluronsäure, Faltencremes, Datingtipps, perfekter Diät, besserem Sex, einem komplett neuen Leben und einer Aktion für ein Pfannen-set interessiert zu sein.

Themen, bei denen ich mich durchaus angesprochen fühle – wie ich zugeben muss. Einzig die *perfekte Diät* würde ich im Google-Ranking durch *Anti-Aging-Food* ersetzen. Um überflüssige Kilos muss ich mir glücklicherweise, guten Genen sei Dank, keine Sorgen machen, eher über zu wenige an gewissen Stellen. Bekümmert betrachte ich meine kleinen Brüste im Spiegel. Genau genommen müsste ich auch *besseren Sex* durch *überhaupt wieder mal Sex* ersetzen.

Ich blicke zur Uhr. Langsam muss ich mich beeilen. Rasch greife ich zu Lidschatten und Wimperntusche, um meinen Augen einen unwiderstehlichen Blick und meinen Wimpern einen verführerischen Schwung einzuhauchen; denn in zwei Stunden treffe ich meinen Online-Traummann. Vincent. Meine 61 Prozent verstandesbetonte und seine 39 Prozent gefühlsbetonte Verhaltenstendenzen scheinen tatsächlich ein *Perfect Match!* zu sein.

Mist, dieser Lidstrich ging daneben. Ich bin nervös. Ob mich Vincent der Kategorie attraktive, erfahrene Königin oder doch dem Trostpreis – dem alten Pfannenset – zuordnen wird? Vielleicht bräuchte ich zusätzlich zu den *Datingtipps* eine Eroberungsanleitung. Ein paar Sextipps könnten ebenfalls nicht schaden – und ein Hafenkran, der mein Selbstbewusstsein aufrichtet.

Das Restaurant, in dem Vincent einen Tisch reserviert hat, ist stilvoll in Weiß gedeckt. Die Bedienung führt mich an einen Ecktisch.

Vincent ist noch nicht da. Perfekt. Ich will ihn sehen, wenn er reinkommt. Wie er geht, wie er sich bewegt – anmutig wie ein Tiger oder schwerfällig wie eine Schildkröte. Mit Blick zur Tür nehme ich Platz und bestelle ein Wasser. Meine Nervosität beruhige ich damit, dass Vincent schließlich nicht mein erstes Date ist. Zwei habe ich bereits durch.

Da war Jonas, ein Risiko-Analyst, der mir auf meine Frage, ob er die Risiken einer Partnerschaft schon alle genau analysiert habe, erklärte, dass er noch nie eine Beziehung hatte. Er müsse sich nun sputen, spätestens in einem Jahr wolle er unter der Haube sein. Im Schnitt habe er daher fünf Dates pro Woche. Um Verwechslungen zu vermeiden, kategorisiere er sie im Kopf nach Vorname, Alter, Beruf. Delas gäbe es mehrere. *Dela, achtunddreißig, Marketingexpertin* jedoch nur eine.

Guter Tipp – hab ich mir gemerkt. Für *Jonas, neununddreißig, Risiko-Analyst* bleibt zu hoffen, dass am Ende nicht doch die Falsche vor dem Traualtar steht.

Mario, achtunddreißig, Projektleiter redete wie ein Wasserfall. Ich weiß nun, dass er in der Grundschule trotz ungenügender Noten zum Klassensprecher gewählt wurde, dass er Pfadfinder war und eine Sickergrube bauen kann, dass er mit Wodka-Redbull auf Kriegsfuß steht, weil er als Teenager mal eine ganze Nacht lang wegen des Zeugs gereihert hat, und dass er morgens ohne drei Tassen Kaffee nicht in die Gänge kommt. Schwarz. Mit Zucker. Fragen an mich? Keine.

Ich schiebe die ernüchternden Erinnerungen beiseite. Die zwei Dates hatten ihren guten Zweck – Warmlaufen für *Vincent, zweiundvierzig, Elektroingenieur*.

Vincent ist vielseitig interessiert, war in seinem Profil zu lesen. So beschreiben sich alle, aber er ist es. Er kocht gern, die nordafrikanische Küche hat es ihm angetan, und er hat eine Vorliebe für die japanische Kultur. Außerdem mag er Geschichte und Kunst. Im Sommer läuft er Triathlon, im Winter macht er Bergtouren und Langlauf. Eine romantische Ader hat er auch. So hat er ein Gedicht für mich geschrieben, das er mir bei einem unserer zahlreichen Gespräche am Telefon vorgelesen hat. Ein Mann, der alles kann.

Pünktlich betritt er das Restaurant.

Ich erkenne ihn sofort, seine Fotos haben nicht zu viel versprochen: sportlich attraktiv, ein selbstbewusstes Lächeln und ... ein Gang wie ein Tiger. Das könnte mein Traummann sein. Meine Kehle ist plötzlich trocken wie die Sahara. Rasch trinke ich einen Schluck Wasser.

»Schön, dich endlich persönlich zu treffen.« Vincent drückt mich zur Begrüßung kurz an sich.

Wir nehmen Platz und mustern uns. Vorübergehend scheint unser beider Sprachzentrum ausgefallen zu sein. Die Bedienung springt in die Bresche und bringt die Speisekarte. Vincent und ich studieren das Menü, als wäre es ein Crashkurs für erfolgreiche Dates. Ich bestelle einen Weißwein, Vincent ein Wasser. Ob er einen klaren Kopf bewahren will?

»Deine Augenfarbe ist in natura noch viel grüner als auf den Fotos«, beginnt er das Gespräch, sein Blick sucht den meinen.

»Ja, so genau weiß man ja trotz Bildern nie, was einen erwartet«, erwidere ich, unsicher, ob seine Bemerkung als Kompliment gemeint war.

»Wem sagst du das. Dating will gelernt sein, da kann ich dir einige Geschichten erzählen. Ich mische da schon eine Weile mit. Es gibt Frauen, die live zehn Jahre älter oder zwanzig Kilo schwerer sind als auf ihren Fotos. Jemanden zu treffen ist deshalb immer wie ein Blind Date. Wie lange datest du schon? Du scheinst ganz schön beschäftigt zu sein, ich musste noch bei keiner zwei Monate warten, bis ich sie endlich treffen durfte. Und was möchtest du essen? Das ist ja bei Frauen auch immer ein heikles Thema. Die einen essen abends gar nichts, die anderen schnappen einem das Dessert vom Teller.«

»Möchten Sie das Essen gleich bestellen?«, unterbricht die Bedienung Vincents Redeschwall und stellt unsere Getränke auf den Tisch.

»Gern«, antworte ich. Ich habe die Karte ja inzwischen ausgiebig genug studiert. »Für mich das Rinderfilet an der Morchelrahmsauce. Ohne Vorspeise bitte.« Das Wasser läuft mir schon jetzt im Munde zusammen. Ich gehöre definitiv nicht zu denjenigen Frauen, die abends nicht essen – erst recht nicht in einem Restaurant wie diesem.

»Trinken wir Rotwein?«, frage ich Vincent.

Er schüttelt den Kopf und deutet auf sein Glas. »Ich bleibe beim Wasser. Wein mindert meine sportliche Leistungsfähigkeit. Ich trainiere auf einen Triathlon hin. Du treibst ja auch Sport und weißt deshalb sicherlich, wie Alkohol deine Leistung negativ beeinflussen kann.«

»Ach, ich bin da nicht so ambitioniert«, entgegne ich.

Vincent bestellt einen grünen Salat als Vorspeise und eine Kürbissuppe als Hauptspeise.

»Müssen Triathleten nicht richtig viel Kohlenhydrate essen?«, frage ich ihn.

Er nickt bestätigend. »So ist es. Ich hatte Pasta zum Frühstück. Je früher am Tag man die Kohlenhydrate zuführt, desto besser.«

»Ach so.«

Ein romantisches Dinner und Frühstück im Bett scheinen bei ihm wohl Fehlanzeige zu sein, denke ich enttäuscht. Hoffentlich braucht er dafür umso mehr Luft und Liebe, um satt zu werden.

Vincents Salat kommt, und er beginnt zu essen – im Zeitlupentempo. Blatt für Blatt bearbeitet er fein säuberlich mit Messer und Gabel, schiebt den Salat mal auf die linke, mal auf die rechte Seite.

Nach vierzig Minuten schaut die Bedienung zum dritten Mal nach uns. »Soll ich die Hauptspeise auftragen?«, fragt sie mit einem mitleidigen Seitenblick zu mir. Mein Rinderfilet dürfte inzwischen more-than-well-done sein.

Vincent winkt ab. »Wir haben keine Eile.« An mich gewandt, setzt er fort, wie essenziell es sei, als Paar auch ein Team zu sein. »Gemeinsam Bäume ausreißen, das ist es, was es in einer guten Partnerschaft braucht. Kennst du den General Sherman Tree?«, fragt er und schneidet ein Salatblatt akribisch in die richtige Größe.

»Den in Kalifornien? Der größte lebende Baum der Erde«, antworte ich, und mein Magen knurrt.

»Genau. Den will ich mit meiner Partnerin ausreißen können. Er ist rund fünfundachtzig Meter hoch. Und zweitausend Tonnen schwer!«, sagt er und schiebt sich das federleichte Salatblatt in den Mund.

»Wieso ist deine letzte Beziehung in die Brüche gegangen?«, will ich wissen. Ob die Wurzel des General Shermann Tree zu kräftig war?

»So eine richtige langjährige Partnerschaft – mit allem Drum und Dran – hatte ich noch nie. Während meiner Zeit in Japan war ich zwei Jahre mit einer Japanerin zusammen. Unsere Liebe aber war nicht stark genug, als dass sich jemand von uns beiden fest in der anderen

Kultur hätte niederlassen wollen.« Vincent verspeist sein letztes Salatblatt.

Fast zeitgleich steht die Bedienung am Tisch mit dampfender Suppe und dem Rinderfilet. Endlich.

Das Filet ist ein Genuss und entschädigt für die lange Wartezeit. Ich bin keine Schnellesserin, aber als mein Teller leer ist, ist Vincent gerade mal knapp bei der Hälfte seiner Suppe angelangt. Seine ganze Aufmerksamkeit liegt auf den Geheimnissen einer glücklichen Beziehung. Der richtige Mix aus Freiheit und Vertrauen mache es aus, erklärt er mir. Er redet und redet.

Ich unterdrücke ein Seufzen. Warum tun sich Männer mit dem Zuhören so schwer? Offensichtlich weiß Vincent eine ganze Menge, nur nicht, dass Hinwendung und Anziehungskraft eine Symbiose bilden: Die aufmerksamen Männer haben den größten Erfolg bei den Frauen. Sehnsüchtig blicke ich zum Ausgang. Mein Rinderfilet ist längst verspeist, der Hunger ist gestillt und mein Bedürfnis nach Zuhören ebenfalls. Ungeduldig warte ich, bis Vincent seine Suppe ausgelöffelt hat.

Er besteht darauf, mich zum Bahnhof zu bringen.

»Wie hat dir der Abend gefallen? Hast du Lust, mal gemeinsam was Sportliches zu unternehmen?«, fragt er mich beim Abschied.

»Ich muss unser Date erst mal sacken lassen«, antworte ich ausweichend. »Ich melde mich.« In fünf Minuten fährt meine Bahn, und ich mag ihm jetzt nicht erklären, dass das mit uns nicht passt. Dass ich sein schönes Gesicht gern anschaue, aber nicht darin lesen möchte. Vincent ist wie ein hübscher Buchumschlag, dessen Inhaltsangabe mich jedoch nicht zu fesseln vermag.

Er umarmt mich zum Abschied und bleibt am Bahnsteig stehen, bis die Bahn sich in Bewegung setzt.

Als er winkt, winke ich traurig zurück. So viele Nachrichten und so viel Vorfreude – in der virtuellen Welt haben wir uns gefunden, nur scheint Online-Attraktivität kein Gradmesser für Offline-Gefühle zu sein. Langsam dämmert mir, wie die neunzig Dates zustande kommen.

MARS

Josefa steht in ihrer Küche und kocht.

Ich schaue ihr dabei zu. Beim Kochen überlässt sie nichts dem Zufall. Meine Aufgabe – das Zwiebelschneiden – war schnell erledigt.

Der Platz auf der Zuschauertribüne stört mich nicht weiter, hat es doch etwas sehr Erotisches an sich, einer Frau beim Kochen zuzuschauen.

Unvermittelt dreht sich Josefa um und hält mir den Kochlöffel hin. »Ich hol die Champagnergläser. Du musst nur umrühren, nicht zu schnell und schön gleichmäßig.«

Ich rutsche vom Küchenhocker und packe sie um die Hüften. »Keine Sorge. Ich weiß, wie man Dinge zum Kochen bringt.«

Sie entwindet sich kichernd meinem Griff. »Eben nicht kochen! Nur umrühren. Es darf auf keinen Fall Klumpen geben.« Vehement drückt sie mir den Kochlöffel in die Hand und schiebt mich vor den Herd. Wohl wissend, dass ich ihr hinterherschaue, schwenkt sie auf dem Weg ins Wohnzimmer ihren runden Hintern übertrieben hin und her und blickt keck über ihre rechte Schulter zurück. »Bin gleich wieder bei dir«, zwitschert sie. »Nimm schon mal den Champagner aus dem Kühlschrank.«

»Aber Josefa, du überforderst mich. Männer sind nicht multitaskingfähig.«

»Du schaffst das. Auto fahren und gleichzeitig an deinem Handy rumtippen ist ja auch kein Problem für dich.«

Ich drehe mich um, um die Flasche aus dem Kühlschrank zu holen. Es gibt etwas zu feiern. Josefa ist befördert worden, und sie ist mächtig stolz darauf. Auch ich freue mich über ihren Erfolg. Sie hat es verdient.

Sie kommt, die Champagnergläser über ihrem Kopf schwingend, zurück in die Küche getänzelt. »Lass uns anstoßen«, sagt sie strahlend und hält mir auffordernd die beiden leeren Gläser hin.

Ich lasse den Champagner mit viel Schaum hineinsprudeln.

Hinter uns blubbert es im Kochtopf gemächlich vor sich hin. Vorsorglich habe ich die Temperatur ein paar Stufen runtergedreht, um den Kochprozess zu verlangsamen.

Josefa streckt mir eines der beiden Gläser entgegen. Anstatt ihr das Glas aus der Hand zu nehmen, fahre ich mit meinen Händen unter ihre weiße Bluse, die einen unwiderstehlichen Kontrast zu ihrer samtenen Haut bildet. »Halt die Gläser still. Und pass auf, dass nichts auf den Boden tropft«, mahne ich und streife mit den Fingern ihren Bauch entlang nach oben zum Verschluss ihres BHs.

Quietschend trippelt sie auf und ab und wirft den Kopf zurück. »Nein, nicht! Hör auf!«

Bevor die Gläser in hohem Bogen durch die Luft fliegen, drücke ich sie lachend an mich. »Gratulation, Miss Senior Associate. Ich bin sehr stolz auf dich.«

Sie umarmt mich mit beiden Gläsern in der Hand. Dann übernimmt sie wieder das Zepter und kümmert sich um den Kochtopf. »Du hast die Temperatur niedriger gedreht!«, stellt sie vorwurfsvoll fest. »Es ist nicht gut für das Fleisch, wenn es zu lange kocht. Es wird zäh. Du übernimmst wohl besser die weniger verantwortungsvolle Aufgabe des Tischdeckens.« Mit dem Kochlöffel scheucht sie mich aus der Küche.

»Das war richtig lecker. Gar nicht zäh.« Ich strecke die Hand aus und fahre mit meinen Fingerspitzen Josefas Arm entlang. »Und zum Nachtisch vernasche ich dich.«

»Warte«, hält sie mich zurück. »Ich möchte zuerst etwas mit dir besprechen.«

»Das klingt aber sehr geschäftlich, Frau Anwältin«, scherze ich, ziehe jedoch meine Hand zurück.

Sie sieht mich ernst an. »Was denkst du über uns?«

»Über uns?«

»Ja, über unsere Vereinbarung.«

Ich rücke näher zu ihr. »Friends-with-benefits war eine deiner besten Ideen«, flüstere ich und knabbere an ihrem Ohr.

Josefa entzieht sich mir und schlägt die Augen nieder. »Ich bin mir nicht mehr so ganz sicher.«

»Wie meinst du das?«

Sie spielt mit ihrer Serviette. Faltet sie zusammen und wieder auseinander. »Mars, Freundschaft Plus habe ich dir damals nur vorgeschlagen, weil ich weiß, dass du keine Beziehung willst. Aber ich bin nicht glücklich damit. Ich will mehr.«

»Mehr?«

»Ja, mehr. Ich will dich nicht weiter teilen. Ich will keine Affären mehr, die bei dir rein- und rausspazieren. Und glaube mir, ich weiß mehr davon, als dir lieb ist. Jedes Mal, wenn du Besuch hast, steht danach meine Zahnbürste am falschen Ort, und meine Unterwäsche ist nicht ordentlich glatt gestrichen«, sagt sie leise, ohne mich dabei anzusehen.

»Oh. Das tut mir leid«, antworte ich betroffen.

Sie hebt den Blick. »Kannst du dir denn keine Beziehung mit mir vorstellen? Eine richtige Beziehung, meine ich. Wäre das so schlimm? Deine Scheidung ist doch bald fünf Jahre her.«

Unmerklich weiche ich zurück. Eine Beziehung? Ich denke an das Treffen mit Daisy.

Nach unserem letzten Shooting hat sie mich zu sich nach Hause zum Essen eingeladen – als Revanche für die Bilder, die ich von ihr gemacht habe. Ihre Wohnungstür war nur angelehnt, als ich bei ihr ankam. Auf mein Klopfen und mein *Hallo* hin erfolgte keine Reaktion. Ich stieß die Tür auf, und da stand sie. Sie stand einfach nur da. In Unterwäsche. Ihr ganzer Körper drückte ein einziges Verlangen nach mir aus. Sie wollte mich, mich als Mann, und nichts anderes. Mit einem unbändigen Hunger nahm ich mir diese köstliche Speise. Das Abendessen gab es sehr viel später: Um zwei Uhr morgens teilten wir uns eine Banane. Das war Leidenschaft pur.

So was wäre in einer Beziehung wohl kaum mehr möglich. Will ich das? Kann ich das?

»Mars? Wäre eine Beziehung mit mir so schlimm?«, holt mich Josefa in die Realität zurück.

»Nein«, antworte ich zögernd. »Du bist wunderbar.«

Sie fasst meine Hand. »Dann lass es uns doch einfach probieren.«

»Du weißt ...«

»... dass du nie wieder eine Beziehung möchtest, ja. Aber einen Versuch ist es doch wert. Oder willst du in trauter Einsamkeit alt werden?«

Ich schüttle den Kopf. Einsam bin ich nicht, meine Eroberungsliste ist gut bestückt. Aber das ist wohl die schlechteste aller Argumentationen Josefa gegenüber.

»Mars? Probieren tut nicht weh. Und ich werde dir keinen Stress machen, wenn du merkst, dass es wirklich nicht geht – eine Ausstiegsklausel ohne rechtliche Folgen.« Lächelnd fährt sie mir durch die Haare.

»Das ist in der Tat ein unschlagbares Angebot«, antworte ich zögernd.

Sie steht auf und zieht mich hoch. »Wunderbar. Und jetzt darfst du mich vernaschen.«

Nachricht von Mars!

Montag, 15. Januar

♪ – You & I (Forever), Jessie Ware

MARS

Mit einem Auge schiele ich zum Wecker. 4:49 Uhr – 10 Minuten später als vorhin.

Ärgerlich starre ich zur dunklen Zimmerdecke hoch. Seit einer Woche wälze ich Nacht für Nacht Gedanken, statt dass ich ins Traumland fliege. Trotzdem habe ich auch diese Nacht keine Antwort auf die Frage gefunden, ob ich das Richtige tue. Josefa ist eine Frau, die vieles hat und noch mehr gibt. Eine Frau zum Ankommen und Bleiben, und doch zieht mich alles von ihr fort. Warum?

Ich drehe mich zu ihr um und streichle ihr behutsam übers Haar. »Ich muss los«, flüstere ich.

Sie hebt den Kopf. »Jetzt schon?«, fragt sie schlaftrunken und kuschelt sich an mich.

»Ja.« Sanft löse ich mich von ihr und knipse die Nachttischlampe an. »Ich muss mein Referat vorbereiten.«

»Das ist dir wichtig – ich weiß.« Josefa drückt das Kopfkissen an ihre Brust und beobachtet mich. Die Art, wie sie mich ansieht, verrät mir, dass auch sie über uns nachdenkt. »Willst du nicht wenigstens mit mir frühstücken?«, fragt sie und richtet sich auf.

Ich schüttle den Kopf. »Ich hol mir unterwegs einen Kaffee. Schlaf ruhig noch eine Weile.« Während ich mich ankleide, spüre ich ihren Blick auf mir. Ich setze mich zu ihr auf die Bettkante und streichle ihr Haar. »Ich ruf dich am Abend an.«

Sie nickt. »Viel Erfolg heute.«

Ich küsse sie zum Abschied und mache mich auf den Weg ins Büro. Den Felsbrocken in meinem Magen ignoriere ich. Ich muss mich um mein Referat kümmern. Damit will ich heute überzeugen.

DELA

»Im vergangenen Jahr konnten wir eine beachtliche Anzahl Neukunden gewinnen. Die Grafik hier zeigt die geografische Verteilung sowie die Branchenzugehörigkeit der Firmen. Besonders auffällig – das sehen Sie hier – ist der stark wachsende Anteil in den Schwellenländern.«

Mein Blick bleibt an den schön geformten Händen des Referenten hängen, die soeben auf Brasilien zeigen. Mars' Hände. Rasch schaue ich wieder auf die Grafik und studiere die Länderverteilung.

Seit fast dreißig Minuten schon höre ich Mars zusammen mit meinen Kollegen zu, nicke an den richtigen Stellen und mache Notizen, wenn es die anderen tun. Sind es in diesem Moment die Hände, die mich vom Referat ablenken, war es vorher seine souveräne Stimme, die mich in ihren Bann gezogen hat. Hinzu kommen die unergründlichen Augen, seine selbstbewusste Körperhaltung, die energischen und doch geschmeidigen Bewegungen und sein charmantes Lächeln, mit welchem er mit dem Publikum spielt.

Ich beobachte wieder seine Hände, die nun einen sanften Bogen von Brasilien zu Argentinien beschreiben. Wie sie sich wohl anfühlen würden auf meiner Haut? So fordernd und selbstsicher, wie es sein Auftritt nahelegt? Ob er auch eine sanfte Seite hat? Verstohlen blicke ich mich um.

Der Rest des Publikums scheint ungerührt ob Mars' Fingerakrobatik. Kopfnicken und eifriges Notizenmachen zeigen, dass er auch mit Inhalten zu überzeugen weiß. Ich scheine die Einzige zu sein, die seiner Expansionsstrategie wenig Begeisterung abgewinnen kann.

Versonnen lege ich meinen Notizblock beiseite. Vielleicht sollte ich Mars' vagen Abschiedsworten auf der Firmensilvesterfeier, mal gemeinsam laufen zu gehen, eine konkrete Verabredung folgen lassen. Beim Laufen könnte er mir doch die Länderverteilung dann noch einmal im Detail erklären, oder nicht?

Nein, ich frage Mars nicht. Entschieden schließe ich die leere E-Mail wieder und ziehe den Ausdruck der neuen Verkaufsstatistiken aus der Ablage. Er soll den ersten Schritt tun. Als Frau muss man sich rar machen, um erstrebenswert zu werden.

Das leise Pling meines E-Mail-Programms reißt mich aus den Zahlen heraus. Eine Nachricht von Mars! Ich lese die Mail. Sie richtet sich an alle Teilnehmer seines Referats, er bittet um Feedback.

Soll ich ihn doch fragen? Kurz entschlossen verfasse ich eine Antwort.

Seine E-Mail könnte man schließlich als ersten Schritt bezeichnen, und direkt gefragt habe ich auch nicht. Nur eine Feststellung gemacht.

MARS

Angenehm überrascht lese ich den auffordernden Zusatz *PS: Langsam wäre Joggingwetter* in Delas E-Mail. Eine Frau, die Initiative hat und sich nicht auf traditionellen Dating-Rollen ausruht, denke ich erfreut. Wie fortschrittlich sie wohl in anderen Liebesdingen ist? Ich klicke auf den Antwort-Button. Obwohl aktuell genügend Frauen meine Aufmerksamkeit erfordern, möchte ich mir diese Gelegenheit auf keinen Fall entgehen lassen, zu verlockend ist die Vorstellung der nur mit schwarzen Strümpfen bekleideten Dela auf dem Konferenztisch. Meine Antwort ist deshalb kurz und sehr konstruktiv.

Ihr Vorschlag ist ebenfalls aufs Wesentliche beschränkt und lässt kein Lesen zwischen den Zeilen zu:

Von: D. Kleeberg	Mo. 15. Jan. · 10:36

Donnerstag in einer Woche. 12 Uhr.

DELA

Am Abend auf dem Nachhauseweg in der Bahn blättere ich durchs Handelsblatt, ohne darin zu lesen. Ob die Zeit mit Mars beim Laufen genauso schnell verfliegen wird wie beim Champagnertrinken? Lächelnd lege ich das Handelsblatt beiseite, stecke mir die Kopfhörer ins Ohr und träume mit *You & I (Forever)* von Mars' sportlichem Körper in Laufhose und eng anliegendem T-Shirt.

Da summt mein Handy.

Vincent	18:19

Hi Dela, hattest du genügend Zeit, unser Date zu verdauen? Ich würde dich sehr gern wiedersehen. Vincent

Ich seufze auf. Seit Tagen schiebe ich meine Nachricht an ihn vor mir her. Das hat er nicht verdient. Bedrückt tippe ich eine Antwort.

[An Vincent]   18:34

**Hey Vincent, es war ein interessanter Abend mit dir.
Vielen Dank dafür. Du bist ein sehr vielseitiger und attraktiver Mann. Ich glaube aber, dass wir beide weiter-
suchen müssen. Du suchst jemanden, der Bäume mit
dir ausreißt, ich jemanden, der Wurzeln mit mir schlägt.
Ich wünsche dir von Herzen alles Gute und hoffe, dass
du deine Traumfrau bald findest.**

Seine Reaktion kommt sofort.

Vincent   18:36

Darf ich dich heute Abend anrufen?

Am Abend in meiner Wohnung tigere ich hin und her.
Ich mag es nicht, Menschen zu enttäuschen. Vincent hat
mir nichts angetan und trotzdem muss ich ihm wehtun.

Um drei viertel zehn klingelt mein Handy.

»Störe ich?« Vincent klingt unsicher.

»Nein, ich bin zu Hause«, antworte ich ebenso unsicher
und wünsche mir, das Telefonat läge bereits hinter mir.

»Ich wollte dich einfach noch einmal hören, Dela.
Und dir sagen, dass ich glaube, dass wir beide nicht wirklich wir waren bei unserem Date. Wir hatten beide eine
Maske auf, haben versucht, uns von der besten Seite zu
zeigen. Dabei versteckt sich dahinter doch so viel mehr.
Vor lauter Nervosität hatte ich überhaupt keinen Hunger und hab geredet wie ein Buch. Trotzdem: Bei den
wenigen Worten, die du gesagt hast, habe ich genau hin-

gehört. Mir ist bewusst, dass du tief verletzt worden bist, und vielleicht bist du noch nicht darüber hinweg. Ich will dir sagen, dass ich Zeit habe und dass ich dich gern wiedersehen würde. Ohne Verpflichtungen, ohne Druck. Gemeinsam was unternehmen. Wandern in der Natur, ein Museum besuchen. Oder ein Konzert? Ach, ich rede schon wieder zu viel. Ich will einfach nicht, dass der missglückte Start das Ende bedeutet«, schließt er leise.

Stille Tränen laufen über mein Gesicht. Vincents Worte haben mich mitten ins Herz getroffen. Er hat recht, ich habe es vor mir selbst verleugnet – ich bin noch immer verletzt. Abgrundtief verletzt.

»Vincent ...« Ich versuche, ihn meine Traurigkeit nicht spüren zu lassen. »Ich glaube, ich bin noch nicht bereit für jemand Neues. Ich wäre es gern, doch es geht nicht ...« Meine Stimme bricht.

Er räuspert sich. »Du musst dich nicht sofort entscheiden. Nimm dir die Zeit, die du brauchst. Tiefe Verletzungen heilen nicht so schnell, wie man sich das wünscht. Und ich glaube auch nicht, dass die Zeit alle Wunden heilt. Man muss den Verlust akzeptieren, damit leben lernen und ihn als Tor in eine neue Welt betrachten.«

»Danke, Vincent. Ich melde mich bei dir, versprochen«, presse ich hervor und beende den Anruf.

Tränenüberströmt bleibe ich auf dem Wohnzimmerteppich sitzen.

Wie lange dauert es, bis gebrochene Herzen wieder zusammenwachsen? Tun sie es je? Liebeskummer greift tief und tut weh. Verdammt weh. Wenn die Liebe für den Lebenspartner plötzlich ins Leere fällt, ist da einfach nichts, was sie wieder auffangen kann. Kein Ort, an den man sie bringen, niemand, dem man sie geben kann. Seit Wochen, nein, seit Monaten versuche ich, mein Leben wieder zu füllen; doch der Trauer kann ich damit nicht davonlaufen. Aushalten muss ich sie und warten, bis sie vorübergeht.

Ich greife zu meinem Laptop und google *Trauer*. Unzählige Ratschläge und Diagramme zu Trauerphasen finde ich, aber keine einzige Seite, die mir sagt, wie lange es dauert, bis es mir besser geht.

(K)ein Date

♪ – Unstoppable, Sia

MARS

Zwölf Uhr, umgezogen bei der Autowaschanlage – so der Treffpunkt zu meinem Date. Es ist kalt und regnerisch, keinen einzigen Fuß würde ich normalerweise bei diesem Sudelwetter vor die Tür setzen. Für heute habe ich jedoch zwei Ziele von großer Tragweite: Ich will den aktuellen Stand von Delas Datingaktivitäten erfahren und herausfinden, ob sie für Vergnügungssex zu haben ist.

Von Weitem schon erblicke ich sie – mein erstes Date, das geradewegs auf mich zuläuft. Federleicht wie eine Gazelle. Delas Sportdress akzentuiert, was ich bisher von ihr gesehen habe. Sie ist eine äußerst grazile Frau mit beeindruckend schlanken Beinen und schmaler Taille. Mit Bedauern registriere ich, dass ihre Brüste durch die eng anliegende Jacke unschön flach gedrückt werden.

Sie begrüßt mich mit einem Lächeln und reibt sich frierend die Hände. Augenscheinlich hat sie ihre Handschuhe zu Hause vergessen.

»Zieh diese an. Wir werden nicht schon in fünf Minuten wieder zurück sein.« Ich reiche ihr meine eigenen vorgewärmten Handschuhe.

»Brauche ich die denn? Ich dachte, du läufst schnell genug, dass ich ins Schwitzen komme«, antwortet sie neckisch, nimmt sie jedoch dankbar entgegen.

Ein erster Flirtversuch? Auf jeden Fall ein guter Anfang. Ich unterdrücke ein Grinsen. Dich werde ich schon noch ins Schwitzen bringen, Süße, allerdings nicht wegen des Lauftempos. »Wenn du das willst?«, antworte ich stattdessen. »Als Gentleman würde aber ich dich heute das Tempo machen lassen.«

Dela stülpt sich die viel zu großen Handschuhe über, und in einem ordentlichen Tempo laufen wir los – sie mit viel Enthusiasmus voraus und ich mit nicht weniger hinterher. Zielgerichtet steuert sie den nahe gelegenen Wald an.

Ihr Pferdeschwanz schwingt rhythmisch über ihren Schultern und ihr knackiger Po kommt in ihrer Laufhose ausgesprochen gut zur Geltung.

Manchmal ist die zweite Reihe die eigentliche Poleposition, denke ich zufrieden. Gebannt beobachte ich, wie ihr ganzer Körper anmutig über den Boden gleitet, und frage mich unweigerlich, ob sie auch beim Sex so geschmeidig ist. Mein Ziel direkt vor Augen, schieße ich eine erste Salve Fragen auf sie los.

DELA

Mars benötigt keine Aufwärmphase, was das Gespräch anbelangt. Kaum im Wald und damit bei Kilometer eins angelangt, haben wir das Thema Umzug und neue Wohnung hinter uns gelassen und steuern im Eiltempo auf mein neues Leben und meine Dates zu. Treffsicher schießt er Frage um Frage ab, und ich bin mir sicher, dass er mir dabei immer wieder auf den Hintern guckt.

Vorhin habe ich mir nichts anmerken lassen, meiner Erfahrung nach jedoch gibt es genau zwei Gründe, wieso ein Mann einer Frau beim Laufen unbedingt den Vortritt gewähren will. Er ist entweder nicht fit genug oder er interessiert sich für die weibliche Kehrseite. Mars' Fitness scheint ganz in Ordnung zu sein.

Leider kann sich mein Auge nicht direkt davon überzeugen, da sein Körper temperatur- und wetterbedingt in mehreren Schichten Funktionsbekleidung steckt. Es ist kalt heute! Und es regnet Katzen und Hunde. Aber mein Kein-Date-nur-Laufen mit Mars wollte ich mir deswegen nicht entgehen lassen.

So laufen wir durch den Regen, und ich gebe Antwort um Antwort zu all den Themen, bei denen eher Zurückhaltung geboten wäre. Von allen meinen mittlerweile elf Dates erzähle ich ihm. Eine Entschuldigung dafür gibt es nur eine: Männerdates mit einem Mann zu durchleuchten ist mindestens genauso spannend, wie einen Krimi mit dem Autor zu besprechen – wertvolles Insiderwissen, mit dessen Hilfe die kniffligsten Fälle gelöst oder die komplexesten Flirtsignale aufgedeckt werden können.

»Was hat denn bei deinen Dates bis jetzt nicht gepasst? Was muss ein Mann haben, damit du dich in ihn verliebst?«, will Mars wissen.

Eine Frage, die mich kurz aus dem Konzept bringt. Darüber habe ich noch nie im Detail nachgedacht. Hmmm. Ich versuche unauffällig, einen Blick auf ihn zu erhaschen. Was muss ein Mann haben? Vielleicht deine Augen, Mars? Deine geheimnisvollen Augen, in denen ich versinken möchte. Von denen ich mir wünsche, dass sie mich einhüllen und nicht mehr freigeben. Oder deine schönen Hände, die jetzt bestimmt frieren, aber sicher meine Haut unsäglich zärtlich streicheln könnten. Rasch schaue ich wieder auf den nassen Waldboden und weiche im letzten Moment einer Pfütze aus. »Wenn ich das wüsste. Ich weiß eher, was ich nicht will«, antworte ich. »Aber für gewöhnlich weiß ich sehr genau, was ich will«, schiebe ich sofort hinterher. Auf keinen Fall soll bei Mars der Eindruck entstehen, ich könnte mich nicht zwischen einer grünen oder einer blauen Handtasche entscheiden.

»Was darf denn ein Mann auf keinen Fall haben?«, will er wissen.

»Ebenfalls eine schwierige Frage. Partnerwahl ist eine wichtige Sache, da ist kein Fehler erlaubt. Wenn ich die Onlineprofile der Männer anschaue, ertappe ich mich dabei, dass ich sie nach Eigenschaften durchsuche, wie Robert sie hatte – solide, zuverlässig, sportlich. Einer, der Fallschirm springt? Der muss lebensmüde sein. Will ich nicht. Einer, der eine Modelleisenbahn zu Hause hat? Viel zu kindisch. Will ich nicht. Einer, der Bierdeckel sammelt? Kann nur ein Säufer sein. Will ich nicht. Aber vielleicht passt eben doch ein fallschirmspringender Eisenbahnliebhaber, der abends gern ein Bierchen trinkt, perfekt zu mir.«

Mars lacht auf. »Klingt ziemlich überlegt, wie du an die Sache rangehst.«

»Klar«, antworte ich stolz, denn Frauen wirft Mann ja immer vor, sie wären zu emotional. Ich jedoch – so steht es schwarz auf weiß – treffe meine Entscheidungen zu 61 Prozent verstandesbetont.

»Der eine oder andere Mann ist aber sicher dabei, oder?«, hakt Mars nach. »Wenn nicht fürs Leben, dann doch zumindest für eine Nacht?«

Laufen wir plötzlich schneller? Oder wieso schlägt mein Puls wie ein Vorschlaghammer? Bietet er sich mir etwa gerade an? Ich schaue zu ihm rüber. Mars ist undurchschaubar, und ich gebe mir Mühe, es auch zu sein. Unauffällig drossle ich das Tempo. »One-Night-Stands sind nicht mein Ding.«

»Wieso denn nicht?«, fragt er verblüfft.

»Weil der Sex dann meistens enttäuschend ist«, antworte ich und versuche, mich an die seltenen Male zurückzuerinnern, bei denen ich mich vor meiner Beziehung mit Robert dazu habe hinreißen lassen. »Die Nacht verheißt oft sehr viel mehr, als sie dann tatsächlich mit sich bringt. Man unterhält sich, trinkt zu viel, und wenn der Mut für das Überschreiten der unsichtbaren Linie endlich groß genug ist, bewegen sich die fremden Hände, die vorher noch so verheißungsvoll ausgesehen haben, klamm und unbeholfen auf der eigenen Haut. Die Empfindungen sind vom Alkohol gedämpft und die Männer auf ihre Performance fokussiert.«

»Willst du damit sagen, dass du bei One-Night-Stands keine Orgasmen hast?«, hakt Mars nach, als würde er fragen, ob wir bei der nächsten Abzweigung links oder rechts laufen sollen.

»Ja, das könnte man so zusammenfassen. Eher Tiefals Höhepunkte. Also nur bei One-Night-Stands, wohlverstanden. Normalerweise habe ich kein Problem mit Orgasmen«, antworte ich und verpasse mir in Gedanken einen Maulkorb. Ich rede mich um Kopf und Kragen! Warum spreche ich mit Mars über meine Höhepunkte? Der Endorphinausstoß scheint mein Mundwerk zu Höhenflügen zu verleiten. Acht Kilometer gelaufen, und ich weiß nichts von ihm. Es wird Zeit, dass nun ich meine

brennenden Fragen loswerde. Zum Beispiel, ob er vergeben ist.

MARS

Wie die allermeisten Frauen antwortet auch Dela ausgesprochen offen auf meine Fragen.

Großartig! Vertrauen ist die beste Basis für einen guten One-Night-Stand. Leider scheint sie damit schlechte
Erfahrungen gemacht zu haben. »Dann ist es jetzt aber
höchste Zeit, positive Erfahrungen in Sachen One-Night-
Stands zu sammeln«, fordere ich sie auf. Wenn ich ihr dafür geeignet erscheine, umso besser. Gern zeige ich ihr,
dass es nicht nur schnelle sexuelle Nullnummern gibt.

»Ja, schauen wir mal, was sich ergibt. Den Weg bis
zum One-Night-Stand finde ich eigentlich viel span-
nender. Das gegenseitige Umtanzen. Mein Höhepunkt
ist meist der Augenblick, in dem ich weiß, dass ich den
Mann haben kann. Der effektive Akt als logische Folge
ist dann weit weniger aufregend«, klärt sie mich über ein
wichtiges Detail auf.

Das schreib ich mir hinter die Ohren. Ich darf auf
keinen Fall uninteressant werden, weil sie merkt, dass
sie mich haben könnte. Meine Aussichten auf raschen
Erfolg schmelzen dahin, obwohl momentan kein einziger Sonnenstrahl auf unsere Haut trifft. Ich denke kurz
nach. Planänderung. Die Eroberung von Dela könnte länger dauern. Ich muss wissen, ob ich auch noch Chancen
habe, wenn sie in der Zwischenzeit vergeben ist. »Warst
du in all den Jahren mit Robert immer treu?«, frage ich.

Sie wirft mir einen kritischen Seitenblick zu. »Klar. Wieso hat man eine Beziehung, wenn man sich nicht treu sein will?«

Ich könnte ihr da einige Gründe nennen. »Kein anderer Mann, der dich auch nur im Geringsten interessiert hätte?«, hake ich stattdessen nach.

»Doch, klar. Versuchungen gibt es immer. Aber ich habe stets gewusst, wohin ich gehöre«, vermittelt sie mir weiter ein solides Bild von sich. »Was ist eigentlich mit dir? Du hast noch gar nichts von dir erzählt«, unterbricht sie mein Sperrfeuer an Fragen mit Gegenfragen, denen ich mich bis jetzt neun Kilometer lang erfolgreich entziehen konnte. »Gibt es jemanden in deinem Leben?«

Eine äußerst heikle Frage, wenn man bedenkt, dass sie einen Bogen um Männer in Beziehungen macht. Und ich bin neuerdings in einer Beziehung! Leider gibt sich Dela nicht mit dem ersten Knochen zufrieden, den ich ihr hinwerfe – meine Exfrau.

Sie nimmt zwar interessiert zur Kenntnis, dass ich verheiratet war und seit bald fünf Jahren geschieden bin, bohrt dann aber genauso hartnäckig weiter, wie ich es vorher bei ihr getan habe. »Und jetzt? Gibt es eine Frau in deinem Leben?«, will sie wissen.

Streng genommen könnte ich verneinen; es gibt ja nicht eine, sondern mehrere. »Ja, ich habe eine Freundin«, entscheide ich mich für die Wahrheit. Aus taktischen Gründen schiebe ich nach, dass die Beziehung schwierig ist und nicht klar ist, wohin das Ganze führt.

Dela scheint trotzdem enttäuscht zu sein, was ich als Interesse an mir interpretiere.

Inzwischen sind wir wieder bei der Autowaschanlage angekommen. Obwohl wir uns damit geografisch am selben Ort wie zu Beginn befinden, habe ich in der letzten Stunde einen Meilenstein erreicht und die Basis für weitere Aktivitäten gelegt. Mit unserem ersten Date zufrieden, nehme ich die Handschuhe wieder entgegen und verabschiede mich von ihr.

Unter der Dusche lasse ich das Gespräch noch mal Revue passieren. Dela glaubt, sie wisse genau, was sie will. Sie wäre die erste mir bekannte Frau, bei der das so ist. Ich glaube nicht, dass der Mensch in Herzensdingen mit dem Kopf entscheidet. Nie. Zu sehr sind wir durch Hormone gesteuert. Wir wissen es jedoch gekonnt, unsere unbewusst emotional getroffenen Entscheidungen mit Fakten zu rechtfertigen. Um Delas inneren Kampf zwischen Verstand und Gefühl nicht weiter zu strapazieren, habe ich sie noch damit verschont, neben dem fallschirmspringenden Biertrinker einen unternehmensberatenden Aktfotografen ins Feld zu führen. Trotzdem. Dela ist ein Kopfmensch, der Verstand redet bei ihr mit. Eine wichtige Erkenntnis für etwaige Aktivitäten auf dem Konferenztisch. Da werden einige Tricks vonnöten sein, um sie ihre rationale Seite vergessen zu lassen.

DELA

Mars hat eine Freundin. Enttäuscht setze ich mich an den Arbeitsplatz. Bei meiner Frage danach hat er sich gewunden wie ein aufgescheuchter Aal. Ob es nun gerade schwierig ist oder nicht, Fakt ist: Es gibt jemanden in seinem Leben. Gedanklich ziehe ich ihn aus dem Topf potenzieller Liebhaber heraus – das war sowieso eine endorphinbedingte Schnapsidee – und stecke ihn zurück in die Kategorie Arbeitskollege. Attraktiver Arbeitskollege.

Als könnte ich damit meine Gedanken vertreiben, schüttle ich den Kopf und versuche, mich auf die Reichweiten unserer Marketingmaßnahmen des letzten Monats zu konzentrieren. Es ist zwecklos; Mars taucht schon wieder in meinem Kopf auf. Wieso hat sich die Laufrunde vorhin so besonders angefühlt? Wieso sind meine Worte wie aus einer frischen Quelle herausgesprudelt, obwohl ich doch zu den stillen Wassern gehöre? Ich war *Unstoppable,* wie es Sia singen würde. Die Welt fühlte sich weit entfernt an, als ich mit Mars zusammen war. Es gab nur ihn und mich. Stundenlang hätte ich mit ihm durch den nassen Wald laufen und ihm dabei mein ganzes Seelenleben offenbaren können.

Mars ist zwar keines meiner Dates, aber die Laufrunde mit ihm war die schönste, die ich je erlebt habe. Trotzdem. Abhaken. Der Nächste bitte. Und diesmal bitte ohne verbale Orgasmusgefahr.

Ich schiebe Mars erneut aus meinem Kopf und schaue mir die Weiterempfehlungsraten unserer Social-Media-Kanäle an, da rauscht eine Nachricht von ihm in meine Mailbox.

Eine Terminanfrage für nächste Woche mit dem Betreff *Zweite Runde.*

Mein Puls rast plötzlich genauso schnell wie vorhin beim Laufen. Er will mich wiedersehen! Ich verharre mit der Maus über dem Antwort-Button. Soll ich zusagen? Eine Freundin ist und bleibt ein absolutes No-Go. Ich will keine nette Abwechslung sein und schon gar kein Grund für eine Trennung. Oder gehen hier gerade wilde Gedankenpferde mit mir durch? Verliere ich mich im Wunschdenken eines meiner Märchen? Mars will laufen gehen, nicht mich zum Dinner ausführen. Außerdem scheint er ein ehrlicher Mensch zu sein, keiner, der seine Freundin betrügt. Er ist sogar sehr sensibel bei diesem Thema. In Sachen Treue wollte er es nämlich genau wissen. Ob er betrogen worden ist? Läuft es deshalb nicht so gut zwischen ihm und seiner Freundin? Ein gutes Thema für den nächsten gemeinsamen Lauf, denke ich und klicke auf *Zusagen*.

Myrinas Abenteuer

Spielplatz
der Sinne

Alexander setzt den Blinker und verlässt die Schnellstraße. »Gleich sind wir da.«

»Was? Hier?« Myrina blickt durch die Windschutzscheibe, registriert eine Molkerei, Storchennester auf den Dächern und eine Tankstelle mit einer einzigen Zapfsäule und den Lottozahlen, die im Wind schaukeln. »Unter einem *Spielplatz der Sinne* habe ich mir ein klein wenig was anderes als dieses Kaff vorgestellt.«

»Wart's nur ab«, antwortet er und biegt in eine Nebenstraße ein.

Die mit gehobenen, etwas bieder wirkenden Einfamilienhäusern gesäumte Straße wirkt an diesem Sonntagnachmittag wie ausgestorben. Die Gardinen vor den Fenstern sind zugezogen, die gepflegten Vorgärten menschenleer.

Vor der Nummer 12 hält Alexander an und schaut in die Einfahrt.

Sie tut es ihm gleich.

Das Garagentor steht weit offen, ein Mercedes ist draußen geparkt.

»Hier sind wir«, sagt er und fährt direkt in die Garage des großzügigen Wohnhauses.

Hinter ihnen schließt sich das Tor wie von Zauberhand.

Myrina schaut ihn mit weit geöffneten Augen an. »Sag nur, das ist dein eigentlicher Wohnsitz, den du mir bis jetzt verschwiegen hast.«

»Baby, ich habe viele Geheimnisse, aber dieses Haus gehört nicht dazu.«

»Schade ... Also ist das ein Überfall?«

»Ja, und wir warten auf Instruktionen«, antwortet er todernst und stellt die Zündung ab.

Myrina verdreht die Augen, verkneift sich aber ihre brennenden Fragen. Sie wird es früh genug erfahren.

Einen Augenblick später erscheint eine Frau in der Verbindungstür zum Haus. Neugierig mustert Myrina die auffällige Person, die ungefähr in ihrem Alter sein könnte: kurzes, eng anliegendes schwarzes Kleid; keine Schuhe, dafür feuerrot lackierte Zehennägel; ihre Arme, mit denen sie ihnen bedeutet, aus dem Auto auszusteigen, mit unzähligen Tattoos übersät.

»Herzlich willkommen, ihr zwei. Ihr könnt mich Lila nennen«, sagt sie zur Begrüßung und führt sie beide durch die Verbindungstür ins Kellergeschoss des Hauses. Vor einer massiven Holztür bleibt Lila stehen und schließt sie auf. »Kommt rein in die gute Stube.«

»Oh wow!« Myrina verharrt wie angewurzelt auf der Türschwelle. »Das ist ja wie in *Fifty Shades of Grey*!«

Lila lacht auf. »Nur viel besser. Ihr werdet bestimmt viel Spaß haben heute.«

»Alexander, deine Überraschungen werden immer pikanter«, sagt Myrina schwach.

Er grinst. »Und du hast noch längst nicht alle erlebt.«

Zögernd betritt sie den Master Room. Mit einer Mischung aus Faszination und Unbehagen sieht sie sich um – Peitschen, Gerten, Seile, Andreaskreuz, Liebesschaukel, Sklavenkäfig. Alles da. Ihr Blick bleibt an einer Bank hängen. Eine Streckbank vielleicht? Sie wird ihren Wortschatz erweitern müssen.

Der Raum versprüht trotz bedrohlicher Ausstattung viel Stil und Ästhetik. Die dunkelroten Wände und die zahlreichen Spiegel sind in gedämpftes Kerzenlicht getaucht, im Hintergrund spielt leise Musik.

»Es gibt ein paar wenige Dinge, die ihr nicht tun sollt«, beginnt Lila. »Sicherheit steht bei uns an erster Stelle.« Sie deutet an die Zimmerdecke. Als präsentierte sie das ausgeklügelte Dunstabzugssystem ihrer neuen Küche, erklärt sie Myrina und Alexander das Hakensystem und die zugehörigen Sicherheitshaken und Karabiner für die Hand- und Fußfesseln.

Vor einer Glasvitrine bleibt Lila stehen. Fein säuberlich reiht sich hier nicht das Sonntagsgeschirr auf, sondern eine stattliche Menge Dildos.

»Alle Toys sind keimfrei verpackt. Bei Gebrauch bitte immer ein Kondom benutzen. Toilette und Dusche sind hier hinten, frische Frotteewäsche hier«, beendet sie ihre Ausführungen. »Ich lass euch jetzt allein. Spielt schön und habt ganz viel Spaß dabei.« Und schon ist sie durch eine Tür hinter einem schwarzen Samtvorhang verschwunden.

Wie hypnotisiert steht Myrina mitten im Raum, unsicher, ob sie auf diesem ausgefallenen Spielplatz für Erwachsene tatsächlich ganz viel Spaß haben wird.

Alexander legt seine Hand auf ihren Rücken und schiebt sie zu einem roten Sofa. »Setz dich«, sagt er und öffnet die Champagnerflasche, die auf dem kleinen Tischchen bereitsteht.

»Randvoll bitte.« Sie hält ihm ihr Glas hin.

Er schenkt sich beiden großzügig ein. »Hast du Angst?«, fragt er sie.

»Nein. Ich vertraue dir.« Ihre Antwort klingt wie eine Drohung. Sie gönnt sich einen großen Schluck.

Alexander nimmt ihr das Glas weg und umfasst mit beiden Händen ihr Gesicht. »Lass uns heute auf eine Expedition gehen. Vielleicht entdecken wir dabei, dass Schmerzen auch Lust bereiten können.« Mit seinem Daumen streicht er über ihre Lippen. »Ich verspreche dir, ich tue nichts, was du nicht magst.«

Sie nickt und fährt mit ihrer Zungenspitze über seine Daumenkuppe. Ihre Neugier war schon immer stärker als ihre Angst. Irgendwann wird sie das noch ins Verderben führen. Sie kann nicht leugnen, dass sie erregt ist. Sie presst ihre Lippen um seinen Daumen und saugt daran.

Alexander zieht sie näher zu sich und küsst sie. Seine Zunge schlingt sich um ihre. Rasch befreit er Myrina von ihrem Kleid und ihrem BH, nimmt ihre Nippel zwischen Daumen und Zeigefinger und zieht sanft daran. »Ich werde dich an das Kreuz fesseln und dir die Augen verbinden. Du wirst mir komplett ausgeliefert sein, kannst jedoch jederzeit Stopp sagen«, flüstert er. »Willst du das?«

»Ja. Tu es.« Sie nickt, nicht sicher, welche Erlaubnis sie ihm hiermit erteilt.

Alexander nimmt ihre Hand und führt sie zum Andreaskreuz, an dessen vier Enden Fesseln angebracht sind. Er hebt ihre Arme in die Höhe, legt die Ledermanschetten um ihre Handgelenke und zieht sie fest. Langsam fährt er mit seinen Händen an den Innenseiten ihrer

Arme entlang nach unten, kniet vor ihr nieder, spreizt ihre Beine und umfasst ihr linkes Fußgelenk. Mit seinem Daumen streicht er über ihren weichen Innenrist, hebt den Fuß an und küsst ihn sanft, bevor er ihn festbindet. Mit dem zweiten Fuß tut er dasselbe. Dann steht er auf.

»Sieh dir an, wie sehr du mich erregst.« Seine Stimme ist heiser vor Begehren. Er öffnet seine Hose.

Sie schließt die Augen und genießt die Erregung, die seine deutlich sichtbare Lust in ihr auslöst.

»Schau mich an«, fordert er.

Sofort tut sie, wie ihr geheißen.

Ohne den Blick von ihr abzuwenden, entkleidet Alexander sich, bis er nackt vor ihr steht.

Selbstbewusst und stolz – was für ein Prachtexemplar von einem Mann, denkt sie und verschlingt ihn mit ihren Augen.

Er tritt näher, küsst ihre Augenlider, bevor er ihr eine Maske aufs Gesicht legt und sie der Dunkelheit und ihrer Fantasie überlässt. »Jetzt gehörst du mir«, raunt er in ihr Ohr und presst sich an sie.

Hart und schwer spürt sie sein Glied an ihren Hüften. Sie würde es anfassen und verwöhnen, wenn sie nur könnte.

Alexander löst sich von ihr.

Sekunden später hört sie das Knallen einer Peitsche in der Luft und zuckt zusammen.

»Shhhh, ich tu nichts, was dir nicht gefällt«, beruhigt er sie.

Sie spürt das Leder, das über die Konturen ihres Körpers streicht.

An ihrem Oberschenkel verharrt Alexander. »Ich höre sofort auf, wenn du mich darum bittest.«

Als die weichen Enden ein erstes Mal auf ihren rechten Schenkel treffen, unterdrückt sie einen Schrei und japst nach Luft. Scheiße, das tut weh!

Alexander gönnt ihr eine kurze Pause. Wartet, bis ihr Atem wieder regelmäßig geht. Dann schlägt er ein zweites Mal zu – auf ihren linken Schenkel, fester diesmal.

Sie beißt sich auf die Lippen, unterdrückt einen weiteren Aufschrei. Wo bleibt die Lust? Der süße Schmerz? Ihre Schenkel brennen heißer als die Hölle!

Die Peitsche saust auf ihre Hüften.

»Stopp«, wispert sie und würde sich zusammenkrümmen, wenn sie könnte.

Sofort hält er inne.

»Ich kann das nicht. Tut mir leid«, entschuldigt sie sich, über sich selbst enttäuscht. »Ich bin nicht stark genug.«

Mit beiden Händen umfasst er ihre Hüften und bedeckt die brennenden Stellen mit lindernden Küssen. »Nichts muss dir leidtun. Du bist eine starke Frau«, murmelt er. »Dabei ist es die verletzliche und weiche Seite hinter deiner taffen Fassade, die mich immer wieder überwältigt.« Zärtlich leckt er die Innenseite ihrer Schenkel. »Sowieso liebkose ich Frauen lieber, als dass ich sie schlage. Unwiderstehlicher Mr Grey hin oder her.«

Langsam nähert sich seine Zunge dem Zentrum ihrer Lust. Prickelnd ist das Versprechen, das ihr vorauseilt. Myrina erschauert, vergessen ist der Schmerz.

»Man soll nur das tun, was Freude bereitet«, flüstert er an ihrem Geschlecht.

Als seine Zungenspitze auf ihre Knospe trifft, ballt sie ihre Hände zu Fäusten. Das leichte Schlagen seiner

Zunge macht sie verrückt. Sie presst sich ihm entgegen, doch er löst den Mund von ihr und überlässt Myrina ihrer Sehnsucht nach mehr. Das weiche Leder, das plötzlich über ihren Innenschenkel streift, lässt sie erzittern. Er will sie doch nicht etwa wieder schlagen, oder? Die Peitsche trifft auf ihre Haut. Ganz sanft nur. Es tut nicht weh, erinnert sie einzig daran, dass er jederzeit härter zuschlagen kann. Das Leder streift über ihren Bauch, ihre Brüste. Die Angst vor dem Peitschenhieb versetzt ihre Nervenenden in Alarmbereitschaft. Hochsensibel senden sie Lustschauer durch ihren ganzen Körper. Sie hält den Atem an.

»Willst du, dass ich damit aufhöre?«, fragt er.

»Nein«, flüstert sie sehnsüchtig, und ihre Brustwarzen werden sofort hart, als er mit der Peitsche darüberfährt. Sachte schlägt das Leder auf, sie stöhnt.

»Erregt dich das?«

»Ja.«

»Ich werde mit dem rauen Leder deine kleine Perle streicheln. Willst du das?«

»Ja.« Ihre Stimme klingt fremd in ihren eigenen Ohren.

Er streift über ihre empfindlichste Stelle, klopft mit dem weichen Ende darauf, wie er es zuvor mit seiner Zunge getan hat.

Der Atem versagt ihr kurz, und ihr Bauch spannt sich an. Als er es wieder tut, drängt sie sich ihm entgegen, die Peitsche mit einem Mal ihr allerliebster Gespiele, nach dem sie sich verzehrt.

Alexander spielt mit ihr, neckt sie mit dem Leder und stürzt sie mit den sanftesten aller Schläge in einen süßen, qualvollen Orgasmus.

Mit einem heiseren Stöhnen fällt sie in ihren Fesseln zusammen, fasziniert, wie eine winzige, federleichte Berührung ausreicht, einen Menschen zu überwältigen.

»Ich kann es kaum erwarten, dich endlich zu nehmen«, raunt Alexander. Seine Hände gleiten über ihre Beine zu ihren Fußfesseln, die er rasch losbindet. Er nimmt ihr die Maske vom Gesicht. »Du hast verdammt noch mal keine Ahnung, was du mit mir anstellst.« Gierig küsst er sie und dringt mit einer einzigen Bewegung in sie ein.

Die Hände immer noch in den Fesseln, schlingt sie ihre Beine um seine Hüften, um ihn tiefer in sich aufzunehmen.

Er stöhnt auf, verschließt ihren Mund mit seinem und stößt kraftvoll und stetig in sie hinein. »Du machst mich wahnsinnig«, keucht er.

»Ich liebe es, wenn du die Kontrolle verlierst«, flüstert sie. Viel zu selten tust du das, denkt sie für sich. Sie selbst ist so erregt, dass sie glaubt, allein von ihrem eigenen Zucken kommen zu müssen. In einer gewaltigen Welle erfasst der Orgasmus ihren ganzen Körper. Heiß und krampfartig ziehen sich ihre innersten Muskeln um Alexanders Glied zusammen.

»Baby!« Seine Stimme ist kehlig und heiser und mit einem weiteren harten Stoß entlädt auch er seine ganze Begierde in ihr.

Nägel einschlagen

Gründonnerstag, 29. März

♪ – *Shadows, Stefanie Heinzmann*

MARS

Ich blicke mich um.

Die Arbeitsplätze haben sich bereits merklich geleert, alle sind sie auf dem Sprung ins Osterwochenende.

Ob Dela noch im Office ist? Seit zwei Monaten gehen wir nun schon gemeinsam laufen. Bevor ich als Sportsbuddy-without-benefits ende, muss ich langsam aktiv werden. Die bevorstehenden freien Tage wären eine gute Gelegenheit. Ich suche Dela im internen Telefonbuch. Da ist sie. Das grüne Lämpchen hinter ihrem Namen zeigt mir, dass sie noch online ist. Sofort schicke ich ihr eine E-Mail.

An: D. Kleeberg	Do. 29. März · 16:02

Was machst du noch im Office? Solltest du nicht auf Hasenjagd sein?

Sie antwortet nur einen kurzen Moment später.

Sie hat also immer noch niemanden!

Wie immer bin ich sehr interessiert an dem, was sie über ihre Verabredungen erzählt. Schließlich ergeben sich daraus wertvolle Informationen, was Mann tun sollte, um bei ihr zu landen.

Handwerkliche Fähigkeiten wären gut. Ich habe ein
Bild, das aufgehängt, und ein Mückengitter, das montiert werden müsste.

Ha! Das ist eine Einladung! Zum Glück habe ich sie beim
Laufen nicht nur einmal über die positiven Seiten eines
One-Night-Stands aufgeklärt.

Meine Finger fliegen über die Tastatur. Die Stunde
ist gekommen, ich werde Bilder aufhängen bei Dela. Und
wenn ich schon mal bei ihr zu Hause bin, werde ich nicht
nur Nägel in die Wände schlagen.

Ich kenne da einen geschickten Handwerker. Hier seine
Handynummer, falls dein Date doch keine freudige
Osterüberraschung ist.

Ich tippe meine Nummer rein, wünsche ihr frohe Ostern
und fahre dann den Computer runter. Dela wird sich bei
mir melden. Da bin ich zuversichtlich.

DELA

»Wie viele Dates waren es diese Woche?«, fragt Vincent, der neben mir in meiner Küche steht, beiläufig.

»Vier«, antworte ich zögernd, weiß ich doch, dass er das nicht gern hört.

»Was Spannendes dabei?«

»Nicht wirklich. Nur außergewöhnlich ... Bastian heißt er, und wir hatten ein richtiges Blind Date.«

Vincent sieht mich verständnislos an.

»Wir waren im Dunkeln laufen. Mit Stirnlampe.«

»Was? In der Nacht?«

»Ja.«

»Dela! Das ist gefährlich! Du kennst den doch gar nicht. Stell dir vor, was er alles mit dir hätte machen können!«

Ich nehme Vincent den Kartoffelschäler aus der Hand. Die Kartoffel, die er in der anderen Hand hält, hat er gerade sehr gründlich auf zwei Zentimeter Durchmesser kleingeschält. »Ich passe auf mich auf. Mach dir keine Sorgen«, beschwichtige ich ihn.

Er nimmt den Kartoffelschäler energisch wieder an sich. »Ich verstehe dich einfach nicht.«

»Ich mich ja selbst manchmal auch nicht«, murmle ich und gehe zum Backofen, um ihn vorzuheizen. Dabei spüre ich Vincents Blick im Rücken.

»Eine Laufrunde mitten in der Nacht mit einem fremden Date ist wirklich keine clevere Idee«, beharrt er.

Ich drehe mich um und sehe ihn an. »Aber sie ist originell, oder etwa nicht?«

»Verrückt ist sie!«

»Ich will wieder leben, Vincent. Mich lebendig fühlen.« Nicht wie eine leere Hülle, die nur existiert, füge ich in Gedanken an.

Der Sturm, der vor ein paar Monaten über mich hinweggefegt ist, hat tiefe Spuren hinterlassen, alles platt gewalzt, was an Emotionen in mir gewesen ist. Deshalb kann ich aber doch mein Herz nicht einfach in der Sturmschneise liegen lassen, bis irgendwann die ersten Sonnenstrahlen wiederkommen. Nein. Mein Herz soll im Regen tanzen lernen. Selbst wenn es nur ein schwermütiger Tango ist.

»Wenn du dich schon unbedingt mit möglichst vielen Dates verausgaben musst, um dich lebendig zu fühlen, können die nicht wenigstens normal sein?«, fragt Vincent.

»Was ist normal?«

»Phase 1: Man trifft sich auf einen Spaziergang oder Drink. Phase 2: Bei Sympathie geht man was essen«, zählt er auf.

»Solche Dates sind ja auch dabei.« Ich nehme eine Gratinform aus dem Küchenschrank.

»Ach, Dela ...« Seufzend wendet er sich wieder dem Kartoffelberg zu.

Was essen gehen ist nicht genug, aber wie soll Vincent das verstehen, frage ich mich.

Begegnungen, wie das Blind Date mit Stirnlampe sind es, nach denen ich wirklich hungrig bin. Oder die mit dem Tourenleiter, der mich auf eine Schneeschuhtour mitgenommen hat. Da war auch ein Tierpfleger, der mir eine Exklusivführung durch einen Tierpark bot, Fledermausfütterung inklusive. Ich war bei einem Poetry Slam, in der Oper und auf einem Pianokonzert mit dem schönen Namen *Wenn Klavier die Seele berührt*. Ich aß bei null Grad ein heißes Fondue auf einer Dachterrasse und war auf kulinarischer Weltreise auf einem Winter-Street-Food-Festival. Und ich sah mir die Ausstellung des Glücksmuseums an, die gerade in unserer Kunstschule in der Nähe gastierte. Glück ist keine Glückssache, sondern viel Arbeit, konnte ich dort lernen. Es gibt nicht den einen Weg zum persönlichen Glück, sondern viele,

die für jeden anders sind und die jeder für sich herausfinden muss. Auch wenn mein Museumsbegleiter keine
Glücksgefühle in mir ausgelöst hat, habe ich mich dennoch auf meinem Weg bestätigt gefühlt. Nun muss mir
nur noch mein Froschkönig über den Weg hüpfen. So
aufregend die Dates auch sind, keiner der Männer hat es
bislang vermocht, mein Herz aus der Eiszeit zu befreien.
Von einer Heißzeit in meinem Bett ganz zu schweigen.

Das Datingkarussell dreht sich immer schneller. Die
einzige Konstante ist Vincent. Vincent, der mit meinem
Kartoffelschäler in der Hand neben mir in der Küche steht.

Ich schaue ihn von der Seite an, wie er sich konzentriert über eine Kartoffel beugt. Eine Strähne fällt ihm
dabei in sein attraktives Gesicht. Beinahe bin ich versucht, sie ihm zurückzustreichen.

Obwohl wir in den letzten Wochen einiges gemeinsam unternommen haben, sind wir uns bis auf eine Umarmung zur Begrüßung und zum Abschied nicht nahe
gekommen. Ich weiß, Vincent will mehr, als Kartoffeln
schälen, Museen besichtigen und den Erzählungen von
meinen Dates zuhören. Nur aus Rücksicht zu mir hält er
sich zurück, schließlich habe ich ihm vehement genug
signalisiert, dass ich Zeit brauche. Mein Gewissen plagt
mich, jedoch hatte ich bislang einfach nicht das Bedürfnis, mit ihm zu schlafen.

Ich habe Bammel davor, wenn ich ehrlich mit mir
selbst bin. Ob ich das exotische Territorium Mann nach
acht Jahren überhaupt noch zu erobern weiß? Bei Robert
wusste ich genau, was ihm gefällt und welche Knöpfe zu
drücken waren. Der Sex mit ihm ist über die Jahre zu einer vertrauten Sache geworden – vielleicht auch zu einer
etwas langweiligen Routine, wie ich zugeben muss. Die

anfängliche Leidenschaft ist sehr schnell einem effizienten Termin innerhalb der Tagesplanung gewichen. Und jetzt? Blindflug. Mitten durch unbekanntes Gebiet.

Ich mustere Vincent, wie er die Kartoffeln minutiös in feine Scheiben schneidet. Das Küchenmesser sieht winzig aus in seinen kräftigen Händen. Er steht gebeugt und sein Shirt spannt sich über dem muskulösen Rücken.

Unvermittelt hebt er den Kopf und schaut mir in die Augen.

Ertappt greife ich zur Gratinform und beginne, die Kartoffeln genauso präzise anzuordnen, wie er sie eben geschnitten hat.

»Was ist es, das dir fehlt, wenn wir zusammen sind?«, fragt er. »Was suchst du, was ich dir nicht geben kann?«

Ich halte inne und starre auf die Kartoffel in meiner Hand. »Ich weiß es nicht. Ich bin gern mit dir zusammen. Aber mein Herz hüpft nicht, wenn wir uns sehen«, beginne ich.

Vincent legt das Küchenmesser beiseite und geht zum Ofen. Verdutzt schaue ich ihm zu, wie er die Temperatur ausdreht.

»Was machst du da?«, frage ich. »Der Auflauf benötigt 180 Grad.«

»Wir essen später.«

»Später?«

Er macht einen Schritt auf mich zu. »Ich glaube, du stehst dir selbst im Weg«, sagt er, fasst mich um die Taille, zieht mich an sich und küsst mich.

Erschrocken weiche ich zurück und starre ihn an.

Vincent starrt zurück. Dann nimmt er mein Gesicht in seine Hände und küsst mich erneut. Sanft streicht seine Zunge über meine Lippen.

Die plötzliche intime Nähe zeigt mir in spürbarer Deutlichkeit, was mir seit Monaten fehlt. Zuneigung. Wärme. Liebe. Und wie so oft in letzter Zeit öffnen sich sämtliche Schleusen. Unzählige Tränen fließen über meine Wangen.

Vincent küsst jede einzelne weg. »Dela, komm raus aus deinem Schneckenhaus. Oder lass wenigstens die Welt zu dir hinein«, flüstert er an meiner Wange.

Eine Ewigkeit stehen wir so da, bis die Tränen versiegt sind. Vincents Hände streicheln sanft über meinen Rücken und spenden mir Trost.

Ich entspanne mich und lehne mich an ihn. Der maskuline Duft nach Zedernholz steigt mir in die Nase und lässt eine tiefe Sehnsucht in mir aufsteigen, den Körper eines Mannes zu berühren, die rohe Kraft harter Muskeln zu fühlen, die unter meinen Händen butterweich und willenlos werden. Zögernd fahre ich mit meinen Fingern Vincents Rücken entlang, hebe sein T-Shirt und streichle seine Haut. Leise stöhnt er auf, als ich zuerst über seinen flachen Bauch und dann über seine Brust streiche.

Plötzlich sind Vincents Hände überall. Sie fliegen über meinen Körper, als hätte er Angst, ich könnte es mir wieder anders überlegen. Meine Kleider fallen zu Boden. »Ich will dich so sehr«, flüstert er, hebt mich hoch und trägt mich in mein Schlafzimmer.

In diesem Moment will ich ihn mindestens genauso sehr wie er mich. Seine Hände und seine Zunge ziehen in heißen Wellen über meinen Hals, meine Brüste und meinen Bauch und begrüßen mich zurück in der Welt der Sinnesfreude und Liebeslust. Oh, wie gut es sich anfühlt und wie sehr ich es vermisst habe!

Runde Kugel

Ostersonntag, 1. April

♪ – *What Are You Waiting For?, Nickelback*

MARS

Kaum habe ich den Garten meiner Schwester betreten, stürmen mir mein Neffe und zwei Nichten entgegen.

»Onkel Mars! Schau mal, ich kann den Floss!«, jubelt der siebenjährige Ben aufgeregt und beginnt wild vor mir zu tanzen.

Die fünfjährige Hanna zieht mich am Ärmel. »Onkel Mars! Schau mal, ich habe Bilder gemalt!«

»Nein, schau hier! Wiggle kann ich auch tanzen!« Ben gibt eine neue Fortnite-Choreografie zum Besten.

Ich nicke beeindruckt. »Klasse, das muss ich mir alles nachher ganz genau anschauen, aber wo habt ihr denn eure Eltern gelassen?«, frage ich in das quirlige Getümmel und hebe die kleine Lilly hoch, die sich bis jetzt hinter ihren älteren Geschwistern versteckt hat.

»Hier! Komm mit!« Ben und Hanna hüpfen in den hinteren Teil des Gartens, und ich folge ihnen.

Meine Schwester Patrizia kommt mir lächelnd entgegen und umarmt mich. »Schön, dass du da bist. Ich hoffe, du hast Hunger mitgebracht. Linus steht schon am Grill, ich bereite noch schnell den Salat zu. Du kennst dich ja aus.«

Linus winkt mit der Grillzange in der Hand. »Bin gleich bei euch«, ruft er.

Ich setze mich an den gedeckten Tisch und lasse mich von der fröhlichen Familienidylle berieseln.

Patrizia und Linus sind meine engsten Vertrauten, obwohl unsere Leben unterschiedlicher nicht sein könnten. Bei ihnen steht die Familie voll und ganz im Zentrum. Drei Kinder haben sie, und ich weiß, dass sie noch ein viertes wollen. Nichts für mich. Die Lustschreie von Frauen sind mir hundertmal lieber als Babyschreie. Trotzdem bin ich gern hier. Das unbekümmerte Durcheinander lässt mich meine eigene rastlose Welt jeweils für kurze Zeit vergessen. Hier fühle ich mich aufgehoben und zugehörig.

»Guck mal, das habe ich für dich gemacht.« Hanna streckt mir eine Zeichnung hin und klettert auf meinen Schoß.

»Oh, wie schön. Sind das du und dein Freund?«, necke ich sie und zeige auf den Mann und die Frau, die sie mit roten Herzchen umrahmt hat.

Sie wirft die Hände in die Luft. »Iiih, nein! Ich hab keinen Freund. Jungs sind doof!« Entrüstet zieht sie mir das Blatt wieder aus den Händen und läuft zum Kindertischchen. Langsam und konzentriert schreibt sie etwas auf die Zeichnung. Als sie mir ihr Kunstwerk erneut zeigt, prangt da in großen Buchstaben ONKEL MARS & MIA über den beiden Figuren.

»Das sind du und Mia«, erklärt sie stolz.

Ich nehme ihr die Zeichnung aus der Hand und ziehe Hanna wieder auf meinen Schoß. »Schätzchen, Mia und ich sind doch schon lange nicht mehr zusammen.«

»Vielleicht heiratet ihr ja noch mal?«, fragt sie hoffnungsvoll.

»Hanna will damit sagen, dass sie sich wünscht, dass du wieder mit einer Frau glücklich wirst«, schaltet sich Linus ein, der die Unterhaltung mitbekommen hat und nun mit dem Grillgut am Tisch steht. »Mit *einer* Frau«, betont er vielsagend. »Patrizia, Kinder? Essen ist fertig! Kommt ihr alle, bitte?«, ruft er in den Garten.

Ich greife zur Salatschüssel, froh, aus der Schusslinie zu sein.

Das Ende meiner über vierzehnjährigen Beziehung ist an meiner Familie nicht spurlos vorübergegangen. Sie merken sehr wohl, dass ich seit der Scheidung keinen soliden Hafen mehr ansteuere. Aber das kann ich nicht ändern. Und bald werden ohnehin Hannas und Bens erster Schwarm mein Liebesleben in den Schatten stellen und die Familie weit mehr beschäftigen.

Ich nehme mir eine Wurst und bestreiche sie mit verschwenderisch viel Senf. Lecker!

Ben kommt verschwitzt an den Tisch gerannt. »Onkel Mars! Nach dem Essen suchst du Schokohasen mit mir, oder?«

»Klar«, antworte ich und beobachte, wie auch er großzügig Senf auf seiner Wurst verteilt.

Wer weiß, in ein paar Jahren kann ich ihn bei ganz anderen Hasenjagden unterstützen. Apropos Hasenjagd. Beiläufig prüfe ich die eingegangenen Nachrichten auf meinem Handy. Immer noch nichts. Ostersonntag und keine Antwort von Dela.

Nach ausgiebiger Hasensuche mit Ben falle ich erschöpft in die Gartenlounge.

Linus gesellt sich zu mir. »Wie läuft's mit Josefa?«, fragt er und starrt dabei auf das vor ihm stehende Glas –

fast als wollte er, dass ich mich nicht beobachtet fühle. Er weiß, es ist ein heikles Thema.

»Es läuft ...«, antworte ich so vage wie möglich.

»Möchtest du sie nächstes Mal nicht mitbringen? Patrizia und ich würden sie gern kennenlernen.«

»Vielleicht.«

Linus hebt seinen Blick und sieht mich schweigend an.

»Seid ihr überhaupt noch zusammen?«, fragt er nach einer Weile.

»Ja.«

»Du bist ja sehr gesprächig heute.«

Ich zucke mit den Schultern. »Ach, es gibt einfach spannendere Themen.«

Er lacht auf. »Seit wann gibt es für dich ein spannenderes Thema als Frauen?«

»Über Frauen in der Mehrzahl rede ich nach wie vor sehr gern.«

»Ach Mars ...«, seufzt mein Schwager.

Abwehrend lehne ich mich in die Lounge zurück. »Engt dich das alles hier nicht ein?«, frage ich und mache eine allumfassende Geste. »Ein Haus, drei Kinder, eine Frau ... musst du nicht auf unendlich viel verzichten?«

»Auf einsame, verkaterte Sonntagmorgen und peinliche Singleurlaube meinst du?«

»Sind Sonntage mit Kindergeburtstagen und Urlaube am Planschbecken oder im Sandkasten so viel besser?«, kontere ich. »Du lebst nach den Bedürfnissen anderer. Fehlt dir deine Freiheit nicht?«

Linus schüttelt den Kopf und schaut lächelnd zu Hanna, die mit Zeichnen beschäftigt ist. »Was bedeutet Freiheit für dich?«, fragt er.

»Jeden Tag neu entscheiden zu können, was ich tun und neben wem ich am nächsten Morgen aufwachen will«, antworte ich ohne Zögern.

»Puh, das klingt nach Stress«, winkt Linus ab. »Viel schöner ist es doch, abends geborgen einzuschlafen und zu wissen, wohin man gehört. Jemanden zu haben, mit dem man das Leben meistern und die ganze Welt entdecken kann.«

»Ich habe lieber mein eigenes unabhängiges Leben, wo ich bestimmen kann, wer mit mir welche Teile der Welt entdeckt. Zudem kann ich in meinem Zuhause die Socken rumliegen lassen, die bunte Wäsche zusammen mit der schwarzen waschen und Tiefkühlpizza essen, wann immer ich will.«

Linus beugt sich vor und sieht mich eindringlich an. »Lassen wir das. Da werden wir uns nie einig. Aber auf die Gefahr hin, mich jetzt unbeliebt zu machen: Nur weil du Schwierigkeiten hast, dich emotional auf andere einzulassen, heißt das nicht, dass es bei Josefa genauso ist. Je länger du herumeierst, desto schwerer wird es für sie, wenn du die Notbremse ziehst.«

»Ja, du hast recht«, seufze ich. »Ich muss handeln. Ich zögere schon zu lange.«

Er nickt bestätigend. »Viel zu lange.«

»Ich rede mit ihr«, sage ich und stehe auf. »Und du bist und bleibst mein Lieblingsschwager.«

»Ich bin der einzige, den du hast.«

»Eben«, antworte ich grinsend. »Und jetzt schau ich mir noch Bens neueste Fortnite-Künste an.«

Während Ben stolz einen Siegestanz nach dem anderen vollführt, grüble ich über das Gespräch mit Linus nach.

Er hat einen wunden Punkt getroffen – meine oberflächlichen Beziehungen zu Menschen. Aber wer kann es mir verübeln? Je weniger ich jemanden an mich heranlasse, desto weniger kann mir diese Person wehtun. Im täglichen Miteinander fällt dies kaum auf, mein Friseur, mein Chef und mein Arzt können gut damit leben. Aber die Liebe ist komplizierter.

Voll und ganz in die Gefühlswelt von Josefa eintauchen wollte ich, meinen Mangel an Empfindungen mit ihrem Überschwang an Emotionen kompensieren. Dabei habe ich großzügig übersehen, dass es nicht nur mich gibt, sondern auch sie. In dem Bemühen, meine eigenen Gefühle zu schützen, verletze ich ihre. Josefa sollte mir Stabilität geben, obwohl ich selbst ihr keinerlei Stabilität bieten kann. Nicht mehr, die Zeiten sind vorbei. Es ist besser, wenn ich frei bleibe. Für mich. Und für die Frauenwelt auch.

Ich raufe mir die Haare. Verlassen zu werden ist grausam genug, jemand anderen zu verlassen ist allerdings noch viel schlimmer. Vor allem, wenn man die Person gern mag. Aber ich muss es tun. Morgen spreche ich mit Josefa.

DELA

Ein Freund ist ein Mensch, der die Melodie deines Herzens kennt und sie dir vorspielt, wenn du sie vergessen hast. Albert Einsteins Worte kreisen durch meine Gedanken, als ich mit Tina um unseren kleinen Baggersee spaziere und mit ihr ein Thema bespreche, das mir komplexer erscheint als die Relativitätstheorie: Thema Vincent. Die Nacht mit ihm hat ein paar unaufgeräumte Ecken in meiner Gefühlsordnung hinterlassen, dabei ist das schon drei Tage her.

An diesem Ostersonntag liegt Frühling in der Luft, vereinzelt tanzen Fischerboote auf dem Wasser. Die Vogelwelt zwitschert um die Wette und ist eifrig bemüht, sich zu paaren und Nester für ihre Brut zu bauen.

Ich schaue dem Treiben fast neidisch zu. So simpel und einfach geht die Partnersuche, wenn man ein Vogel ist. »Vincent will mit mir ans Mittelmeer radeln«, erzähle ich Tina von seinem Wunsch, mich auf meiner ersten Reise mit meinem neuen Tourenrad zu begleiten.

Voller guter Vorsätze und Tatendrang habe ich das Rad im Januar sofort gekauft.

»Eine schöne Idee«, findet sie. »Beim Reisen lernt man sich erst richtig kennen.«

»Ja, das glaube ich auch.« Ich beobachte eine Stockente im Wasser, die das Balzgehabe zweier schillernder Erpel in Augenschein nimmt.

»Du bist gern mit ihm zusammen, nicht?«, fragt Tina.

»Ich mag ihn. Vincent tut mir gut, irgendwie.«

»Bist du verliebt?«, stellt sie mir die Frage, die mich seit vorgestern schwerst beschäftigt.

»Nächste Frage bitte«, antworte ich.

»Hast du Schmetterlinge im Bauch?«

»Tina!«

»Hast du?«

»Nein«, seufze ich. »Aber braucht es das überhaupt?«

»Darauf gibt es nur eine Antwort: Ja.«

Ich sehe sie zweifelnd an. »Ist es denn nicht viel wichtiger, eine Partnerschaft auf Vernunft und Gemeinsamkeiten zu gründen als auf einen Bauch voller Schmetterlinge?«

Tina denkt eine Weile nach. »Hängt davon ab, was du in Zukunft wirklich willst. Mit Vincent erhältst du eine solide Beziehung. Aber du wirst mit ihm nicht erfahren, wie es ist, wenn du abends nicht einschlafen möchtest, weil die Realität schöner ist als jeder Traum.«

»Wie meinst du das?«

»Er wird dir Stabilität geben, aber kein Abenteuer. Er wird jedes Wochenende mit dir radeln kommen. Er wird dir zu Weihnachten einen Pyjama schenken und zum Geburtstag ein Foto von euch, das du auf dein Nachttischchen stellen kannst. Mit Vincent würdest du genau da weitermachen, wo du vor acht Monaten mit Robert aufgehört hast.«

»Vielleicht kommen meine Gefühle für ihn ja noch? Auch Schmetterlinge müssen fliegen lernen«, sage ich hoffnungsvoll und verkneife mir dabei die Bemerkung, dass mir der solide Robert zwar Pyjamas und Fotos zu Weihnachten geschenkt hat, jedoch genauso für Abenteuer zu haben war. Wenn auch nicht mit mir.

»Glaube ich nicht. Die ersten zwanzig Sekunden des Kennenlernens entscheiden über die Liebe. Ist da nichts, bleibt auch nichts.« Tina sieht mich vielsagend an. »Du triffst Vincent nun seit drei Monaten ...«

»Vincent hat doch alles, was ich suche«, entgegne ich.

»Bist du sicher? Ich glaube, da wartet noch mehr auf dich. Aber setz dich nicht unter Druck, radle mit Vincent ans Mittelmeer und finde heraus, was da wirklich zwischen euch ist. Nimm dir Zeit. Du musst ihn ja nicht gleich heiraten«, meint sie pragmatisch.

Ich nicke.

»Wie steht es eigentlich mit Mars?«, wechselt sie übergangslos das Thema.

Tina bringt mich damit zu einem weiteren ungelösten Rätsel. Ich freue mich auf jeden Lauf mit Mars, genieße es, wie er Fragen auf mich abfeuert, mit deren Antworten ich mich selbst überrasche. Ich mag die Art, wie er mich ansieht, auch wenn ich verschwitzt und ausgepowert vor ihm stehe. Wenn wir gemeinsam laufen, wird aus einer Stunde eine Sekunde und das Universum schrumpft auf uns zwei zusammen. Nur, leider gibt es eben nicht bloß uns zwei, sondern auch noch seine Freundin.

»Dela? Hallo ... Erde an Dela?« Tina wedelt mit ihren Händen vor meinem Gesicht herum und unterbricht meine Träumereien.

»Von Mars liegt eine ungelesene Nachricht in meiner Mailbox«, sage ich.

»Wie meinst du das?«

»Er hat mir angeboten, dieses Wochenende die Bilder in meinem Schlafzimmer aufzuhängen. Die Nordlicht-Bilder, die schon eine Weile bei mir rumstehen.«

»Was?« Tina bleibt abrupt stehen und unterbricht damit unseren gemächlichen Spaziergang. »Da reden wir eine geschlagene Stunde über Vincent und die wirklich heißen News erfahre ich erst jetzt? Wann kommt er?«

Ich schlendere unbeirrt weiter. »Gar nicht.«

»Was? Wieso denn nicht?« Mit zwei langen Schritten holt sie mich wieder ein und sieht mich an, als wäre ich ein einbeiniger Tausendfüßer.

»Tina, die Mail liegt ungelesen in meiner Inbox. Ich habe sie nicht beantwortet. Mars dürfte davon ausgehen, dass ich sie nicht mehr gesehen habe, bevor ich ins Osterwochenende gefahren bin.«

»Warum denn das?«

»Er will Bilder aufhängen in meinem Schlafzimmer?«

»Sehr schön! Genau die richtige Location.«

»Was soll ich denn mit Mars in meinem Schlafzimmer?«

»Na ja, mit Vincent wusstest du, was da zu tun war.«

»Das ist was anderes.«

»Richtig! Und Mars ist vielleicht genau der Mann, der dir zeigt, dass die Welt mehr ist als nur eine runde Kugel.«

Ich sehe sie verständnislos an.

»Die Welt hat so viel zu bieten, Dela. Es wäre schade, aus Angst davor einfach nur einen zweiten Robert zu suchen.«

Verdutzt bleibe ich stehen und schaue auf den See.

Die zwei balzenden Erpel scheinen sich nicht einig geworden zu sein, sie stürzen sich alle beide auf das Entenweibchen, das rasch ins Schilf flüchtet.

Hat Tina recht?, frage ich mich. Versuche ich, Robert zu ersetzen? »Mars kommt mir trotzdem nicht ins Schlafzimmer«, sage ich entschieden. »Er hat eine Freundin. Ich will keine Affäre sein, kein flüchtiges Abenteuer auf Kosten einer anderen Frau, die ihn liebt.«

»Ja, das verstehe ich«, meint Tina mitfühlend. »Nichts Neues also, was seinen Beziehungsstatus anbelangt?«

»Wir haben nicht mehr darüber geredet. Ich denke aber, ich würde es sofort erfahren, wenn er keine Freundin mehr hätte. Mit einer solchen Information sind Männer in der Regel wenig zurückhaltend. Ganz im Gegensatz zu der Information, dass sie eine haben.«

»Dann lässt du wohl besser die Finger von ihm. Konsequenterweise dürftest du unter diesen Umständen aber auch nicht mehr mit ihm laufen gehen.«

Ich nicke bestätigend. »Ja, ich denke darüber nach.«

Angeschossenes Reh

Donnerstag, 19. April

♪ – Diamonds, Rihanna

MARS

»Möchtest du einen Schluck Rosé?«, fragt mich Dela.
»Gern.« Ich halte ihr mein Glas hin. Fasziniert betrachte ich die Flasche zwischen ihren zarten Fingern, die wirkt, als würde sie von einer Kinderhand umklammert.

»Ich mach uns was Kleines zu essen.« Dela verschwindet wieder in der Küche.

Ich koste den Moment aus, auf ihrem Balkon zu stehen. Wenn ich ihren Worten Glauben schenken darf, haben bisher nur wenige Männer vor mir diesen Erfolg vermelden können. Auf das Balkongeländer gestützt, fühle ich mich wie ein Feldherr auf seiner soeben eroberten Burg. Stolz nehme ich mein neues Terrain in Augenschein in der Gewissheit, als Nächstes das Turmzimmer der Prinzessin einzunehmen.

Die Zeichen stehen auf Erfolg, bislang ist mein Plan aufgegangen, die Routine der wöchentlichen Laufrunden – die wir weiterhin ohne erotisches Intermezzo betreiben, schlimmer noch, die sie nun plötzlich nicht mehr weiterführen will! – zu meinen Gunsten zu durchbrechen.

Angriffslustig stand ich vorhin sozusagen vor den Toren Roms, und Dela machte auf. Nach einem wie immer anregenden Lauf auf ihrer Heimstrecke, bei dem ich es nicht versäumte, ihr mitzuteilen, dass ich mittlerweile wieder solo bin, durfte ich sogar bei ihr duschen. Gespannt ließ ich mich durch ihre Wohnung führen, würde mir diese schließlich wichtige Informationen über Delas Persönlichkeit offenbaren.

In Gedanken gehe ich noch einmal alle Räume durch. Das Schlafzimmer ist schlicht und lässt einigen Deutungsspielraum zu. Zentrum und einziges großes Möbelstück im Raum ist das Bett, und nur ein Nachttischchen steht daneben. Deutlicher kann sie nicht zu verstehen geben, dass Mann nach dem Vergnügen wieder abziehen und sich ja nicht häuslich einrichten soll. Kein Problem für mich. Ich habe heute weder eine Bettlektüre noch Pantoffeln mitgebracht. Über dem Bett thront das dreiteilige Bild eines Nordlichts. Welches Date hier wohl seinen Hammer geschwungen hat? An den Fenstern hängen bordeauxrote Vorhänge, doch werde ich insgesamt den Eindruck nicht los, dass das Zimmer mehr Farbe vertragen könnte – welcher Art auch immer, da kann ich gern nachhelfen.

Neben dem Schlafzimmer liegt ein separates Ankleidezimmer, funktional eingerichtet mit zwei Spiegelschränken sowie Wäsche- und Kleiderständern. Das ist sie also, die Werkstatt, in welcher jeden Morgen die optische Marke Dela entsteht. Hier verwandelt sich das Burgfräulein mithilfe von figurbetonten Businesskleidern, Strümpfen, High Heels, Seidenschals und Handtaschen in eine elegante, unnahbare Businessfrau.

Unverkennbares Herz der Wohnung ist die offene Wohnküche. Die Küche selbst ist sauber und ordentlich, diverse griffbereite Kochutensilien verraten, dass tatsächlich auch gekocht wird. Beim Anblick des hölzernen Esstisches hatte ich sofort ein Bild vor Augen, weiß ich doch, dass auf solchen Tischen längst nicht nur das Essen serviert werden kann.

Im Wohnzimmer zeigen die Kissen auf dem Sofa, die Teppiche und die Bilder an den Wänden ein eigenes Farbkonzept, alles wirkt sehr einladend. Pflanzen beleben den Raum, darunter sogar ein Baum. Was für ein Kontrast zur Flora in meiner Wohnung, die einzig durch eine kleine Aloe besticht.

Abgerundet wird Delas Reich durch den begrünten Balkon, auf welchem ich nun stehe. Frisch geduscht und nach ihrem Haarshampoo riechend, beuge ich mich übers Geländer. Ich hoffe, Dela weiß es zu schätzen, dass ich ihr Glatt&Seidig-Shampoo verwendet habe, wenn sie mir später das Haar zerzaust. Ich sehe Bäume und Wiesen, Hausdächer und ruhige Nebenstraßen.

Es gibt Frauen, die es lieben, wenn ihnen die Nachbarn beim Sex nicht nur zuhören, sondern auch zuschauen können. Dela gehört wohl nicht dazu. Ihr Ruf ist ihr sehr wichtig. Das muss ich berücksichtigen, wenn ich nicht Gefahr laufen will, im entscheidenden Moment vom Balkon gestoßen zu werden.

Der Außenposten der Wohnung erscheint mir ausreichend blicksicher. In meinem Kopfkino tauchen erste Bilder einer splitternackten Dela auf – wie sich ihr Busen frech über die Balkonbrüstung reckt und warme Sonnenstrahlen auf ihrer Haut spielen.

DELA

Mars steht auf meinem Balkon! Dabei gehört er doch ins Büro oder auf die Laufstrecke in den Wald und nicht in mein Zuhause. So ungewöhnlich nah – so privat. Ich vergewissere mich nochmals mit einem kurzen Blick nach draußen. Ja, da steht er. Wie eine exotische Pflanze bereichert er meine Thujahecke. Ihm selbst scheint seine Anwesenheit die normalste Sache der Welt zu sein. Entspannt lehnt er sich ans Balkongeländer.

Rasch schiebe ich den Flammkuchen in den Ofen, damit ich möglichst schnell wieder bei ihm bin. Zeit mit Mars ist kostbar, und Privatzeit zählt doppelt.

In überzeugender Selbstverständlichkeit hat er vorhin in geschnürten Laufschuhen und Sportklamotten vor meiner Haustür gestanden. Donnerstag sei unser Lauftag. Wenn ich neuerdings über Mittag keine Zeit mehr dafür fände, so müssten wir dies nun halt abends nachholen. Auf die Schnelle fand ich keinen Grund, der dagegen sprach. So schnürte auch ich meine Schuhe, um gleich, nachdem wir losgelaufen waren, zu erfahren, dass er keine Freundin mehr habe. Den Ausführungen, wieso und weshalb das so ist, folgte ich nicht mehr lückenlos, beschäftigte mich ab diesem Zeitpunkt doch nur noch die eine Frage: Kann ich ihn wieder aus dem Topf attraktiver Arbeitskollege herausnehmen und ihn als potenziellen Lebenspartner einordnen?

Mist. Hastig eile ich zum Ofen und ziehe den Flammkuchen raus. Die Zwiebeln sind schon angebrannt. Ich atme tief durch. Immer locker bleiben, Dela, sonst verbrennst du dich noch an deiner eigenen Flamme für

Mars. Mit einer Gabel picke ich die dunkelsten Zwiebeln vom Kuchen. Sieht gar nicht mehr so schlimm aus.

Unser Essen balancierend gehe ich zurück auf den Balkon und wappne mich innerlich für die nächsten Stunden, in denen alles oder nichts passieren kann. »Möchtest du den ganzen Abend am Geländer stehen?«, frage ich betont gelassen und setze mich auf die Lounge. Mars setzt sich neben mich, und ich reiche ihm ein Stück Flammkuchen. Unauffällig streife ich dabei seinen Arm. Nur um sicherzugehen, dass er echt ist und keiner meiner Träume.

»Schön hast du's hier. Sehr viel Privatsphäre«, sagt er.

»Ja, vor neugierigen Blicken der Nachbarn bin ich bestens geschützt.« Insgeheim bin ich ziemlich stolz auf die Thujen und Kräuter, die ich eigenhändig vor ein paar Wochen angepflanzt habe – in der Hoffnung, mit dem Erblühen der Pflanzen würden auch meine Frühlingsgefühle sprießen, jedoch ohne die leiseste Ahnung, dass Mars bald hier neben mir sitzen und der Blütenpracht nachhelfen könnte.

»Auch deine Wohnung ist sehr geschmackvoll eingerichtet. Sehr weiblich, mit all den Pflanzen und Dekorationen«, sagt er.

»Nun ja, ich baue auch schon acht Monate an meinem Nest«, antworte ich und bin immer wieder erstaunt, wie schnell die Zeit verfliegt.

Mars nippt an seinem Rosé. »Möchtest du eigentlich Kinder?«, fragt er.

Beinahe verschlucke ich mich an meinem Stück Flammkuchen. Habe ich das gerade richtig gehört? Während ich noch verdaue, dass er keine Freundin mehr hat, scheint er schon konkrete Zukunftspläne zu schmieden. So oder so, Kinder sind ein heikles Thema. Da rede ich mit ihm doch lieber über meine Orgasmen. »Äh, ich werde diesen Sommer neununddreißig«, versuche ich das Thema zu umschiffen.

»Ja, ich weiß. Und?«, bohrt er dennoch nach.

»Eine kleine, glückliche Familie ist kein realistisches Szenario mehr. Wieso hast du eigentlich keine Kinder?« Ich habe inzwischen gelernt, Mars mit Gegenfragen von mir abzubringen.

Etwas flackert in seinen Augen auf. Verletzlichkeit? Doch genauso schnell, wie es aufgetaucht ist, ist es wieder aus seinem Blick verschwunden. »Das Leben ist dazwischengekommen. Und jetzt ist das Thema abgeschlossen«, erhalte ich eine typisch vage Mars-Antwort.

»Und was ist mit einer Beziehung? Möchtest du wieder eine oder hast du darunter ebenfalls einen Schlussstrich gezogen?«, teste ich ihn in Bezug auf meine Pläne mit ihm.

»Da habe ich mich noch nicht festgelegt«, lässt er alle Optionen offen.

Ich greife nach einem weiteren Stück Flammkuchen. Merkwürdig. Mars hat die Fähigkeit, ein Gespräch in Gang zu bringen, ohne viel von sich preiszugeben. Nur hin und wieder wirft er mir einen kleinen Brocken hin. Gerade groß genug, damit nicht auffällt, wie einseitig das Gespräch tatsächlich ist. Was er wohl zu verbergen hat?

»Wenn du nur einen einzigen Gegenstand einpacken könntest, was würdest du auf eine einsame Insel mitnehmen?«, fragt Mars mich irgendwann.

»Meine Musik«, antworte ich ohne Zögern.

Interessiert beugt er sich vor. »Du magst Musik? Was hörst du?«

»Alles, was mich berührt.«

Er sieht mich fragend an.

»Ich mag Songs, die eine Geschichte erzählen«, setze ich fort. »Songs, in deren Texten und Melodien ich meine eigene Geschichte wiederfinde. Das sind meine Essentials, die ich in Playlists für jedes Jahr anlege.«

»Eine Art musikalisches Tagebuch?«

»Genau. Meine Musiksammlung erzählt mein Leben. Welche Musik magst du?«, lenke ich von mir ab, bevor Mars auf die Idee kommt, in mein Tagebuch hineinhören zu wollen. So tief in meine Seele will ich ihn dann doch nicht blicken lassen.

»Ich mag Rihanna«, antwortet er. »Eine selbstbewusste, starke und erfolgreiche Frau und trotzdem sehr verletzlich. *Diamonds* ist mein Lieblingssong von ihr. Würdest du mir deine aktuellen Essentials vorspielen?«

»Die sind momentan eher von der schwermütigen Sorte«, wehre ich ab und schenke ihm Rosé nach.

»Spielst du sie mir trotzdem vor?«

MARS

Natürlich möchte ich hören, welchen Songs sich Dela hingibt. Vielleicht wird sie sich im Klang ihrer Musik auch mir hingeben.

Bislang verläuft der Abend nach meinen Vorstellungen. Mit persönlichen Themen komme ich ihr näher, und haben sich ihre Gefühle erst einmal für mich entschieden, folgt der Körper automatisch, da bin ich sicher. Ihren gefährlichen Gegenfragen zu Kindern und Beziehung bin ich erfolgreich ausgewichen. Emotionale Nähe in allen Ehren, aber so viel dann doch nicht.

Nach kurzem Zögern lässt Dela ihre aktuelle Playlist im Hintergrund laufen und gibt mir damit einen Einblick in ihr Seelenleben.

Die Songs sind traurig und melancholisch. Sie lassen keine Zweifel offen, dass Dela eine schmerzhafte Trennung verarbeitet. Je länger wir der Musik lauschen, desto mehr krümmt sich ihr Körper auf der Lounge zusammen.

Bedenken übergießen mein brennendes Verlangen nach ihr wie ein Eimer eiskaltes Wasser. Dela hat einen tiefgreifenden Vertrauensverlust erlitten. Sie braucht jemanden, der ihr Halt gibt, jemanden, auf den sie sich verlassen kann. Ein Mann wie ich, der es kultiviert hat, zwei bis drei Sexualpartnerinnen gleichzeitig zu haben – und diese meist nicht allzu lange –, ist Salz in ihrer Wunde. Ich kann ihr das nicht antun.

»Weißt du, ich möchte keine Beziehung am Arbeitsplatz«, äußert auch Dela plötzlich Zweifel, als hätte sie meine Gedanken gelesen.

Sie verdeutlicht damit, dass sie ebenfalls weit intensiver über uns nachdenkt, als es für eine Laufgemeinschaft üblich wäre. Während meine Ziele sie und mich betreffend kurzfristiger Natur sind, scheinen ihre eindeutig langfristig zu sein. Ein Zielkonflikt, der üblicherweise kein Problem für mich darstellt – aber nicht heute. Ich kann Dela nicht erobern. Nicht, wenn sie ausnahmsweise mal nicht wie die selbstbewusste Frau wirkt, die ihr Leben im Griff hat, sondern verloren. Und allein.

Ich antworte deshalb nicht, wie ich es sonst täte, mit: *Das macht die Sache doch erst richtig spannend!* Stattdessen sage ich ihr, was ich wirklich denke. »Ich glaube, dein Problem hat nichts mit unserem Arbeitgeber zu tun, Dela. Du bist tief verletzt. Und das braucht Zeit.«

Sie seufzt auf. »Dabei möchte ich doch volle Fahrt und ungebremst durchs Leben düsen. Aber ich schaffe es nicht, dafür die Handbremse zu lösen.«

Ich schaue in ihre hellen Augen, die von Trauer verschleiert sind. »Du bist ein angeschossenes Reh ...«, wähle ich sanfte Worte.

»Ein angeschossenes Reh, das vor allem und jedem flüchtet, was ihm nur im Ansatz gefährlich werden könnte.« Sie zieht ihre Knie an ihren Körper – fast als hätte sie Bauchschmerzen. Aus ihrer anfänglich lang gestreckten Haltung ist mittlerweile eine nahezu embryonale Körperstellung geworden.

»Weißt du, auch ich habe Altlasten. Die sind besser verarbeitet als deine, und trotzdem nage ich manchmal noch heute daran. Es braucht eine ganze Weile, bis solche Verletzungen heilen«, versuche ich sie mit einem ungewohnten Zugeständnis zu trösten. Behutsam berühre ich ihr angezogenes Knie. Nicht aufdringlich. Nicht einnehmend. Nur tröstend.

Aus der attraktiven Dela, die ich heute Nacht zu gern stürmisch geliebt hätte, ist ein verletztes Mädchen geworden, das in keiner Weise für eine Begegnung mit mir geeignet ist.

Wehmütig blicke ich zum Balkongeländer. Da ist er nun, der Feldherr, vor dem Turmzimmer der Prinzessin; doch statt einer liebeshungrigen Aphrodite, die er nach allen Regeln der Kunst verführen kann, findet er ein vom Kummerfieber geplagtes Häufchen Elend vor. Wie es sich für einen edlen Ritter geziemt, der einzig den ebenbürtigen Kampf sucht, steckt er sein Schwert wieder ein. Trotzdem verlasse ich die Burg nicht. Ich möchte noch eine Weile bei Dela bleiben, denn ich fühle mich ihr seltsam nah. Ihre Verletzlichkeit und ihr Schmerz ziehen mich in ihren Bann.

Erst als sie irgendwann andeutet, dass es Zeit für mich ist zu gehen, stehe ich auf und verabschiede mich mit einer kurzen Umarmung von ihr.

»Danke«, sagt sie leise, bevor sie mich ins Treppenhaus entlässt.

Verdutzt bleibe ich kurz stehen und höre, wie sie die Wohnungstür abschließt. Meistens bedanken sich Frauen bei mir für einen geschenkten Orgasmus. Dass sich eine Frau, mit der ich Sex haben wollte, dafür bedankt, dass ich eben keinen mit ihr gehabt habe, ist eine ganz neue Erfahrung. Langsam steige ich die Treppe nach unten und nehme mit jeder Stufe Abschied von dem Gedanken an eine prickelnde Affäre mit Dela. Entschlossen ziehe ich die Haustür ins Schloss.

Selten drehe ich mich um oder gehe gar zurück, so wird das auch diesmal sein. Trotzdem kann ich meine Enttäuschung über diesen Ausgang nicht leugnen.

DELA

Mars verschwindet im Treppenhaus – wie ein paar Abende zuvor Vincent, nur verspüre ich diesmal Bedauern anstatt Erleichterung. Bedauern, dass er zum letzten Mal bei mir war.

Ich gehe zurück auf den Balkon. Es ist noch ein klitzekleiner Rest Rosé in der Flasche, den ich in mein Glas fülle. Ich setze mich auf die Lounge, nehme mein Handy und google nach *Diamonds*. Ein Song, der mir unter die Haut geht. Ich füge ihn meiner aktuellen Playlist hinzu, als Erinnerung an heute Abend, wo so vieles möglich gewesen und nichts passiert ist. Mich fröstelt, ohne Mars ist mir plötzlich kalt.

Vorhin jedoch – von ihm nur einen Herzschlag entfernt – hat mich plötzlich die Angst gepackt. Die Bahn wäre frei, seine Freundin ist weg; doch meine Musik im Hintergrund erinnerte mich leise an die vielen einsamen Abende der letzten Monate. Freya Ridings, Lady Gaga und Co. warnten mich mit vereinten Stimmkräften davor, mein Herz leichtsinnig zu verschenken.

Ich greife zur Wolldecke, die auf der Lounge liegt, und wickle mich darin ein.

Es stimmt. Ich bin ein angeschossenes Reh. Mars dagegen ist ein Wolf, ein reißender Wolf im Schafspelz. So zahm er heute war, hat er doch etwas Wildes und Unberechenbares an sich. Ein Raubtier, das mit seiner Beute spielt, bevor er sie zerlegt. Seine Spielregeln sind eindeutig eine Nummer zu groß für mich. Ich muss erst meine alten Wunden lecken, ehe ich wieder mitspielen kann – das hat auch Mars richtig erkannt.

Und doch ist er eine ganze Weile noch bei mir geblieben. Als wollte er mich beschützen, denke ich lächelnd. Beide haben wir dagesessen und sind in unsere eigenen Gedankenwelten versunken. Hin und wieder hat er mich mit seinen intensiven dunklen Augen angeschaut, sachte mein Knie berührt. So fühlt sich Abschied an. Abschied von einer Versuchung, die mir über die letzten Wochen immer süßer erschien.

Wehmütig stehe ich auf und gehe in die Wohnung. Heute Nacht werde ich mir sehr viele Märchen ausdenken müssen, damit ich einschlafen kann. Vielleicht auch eines mit einem Prinzen. Oder zweien.

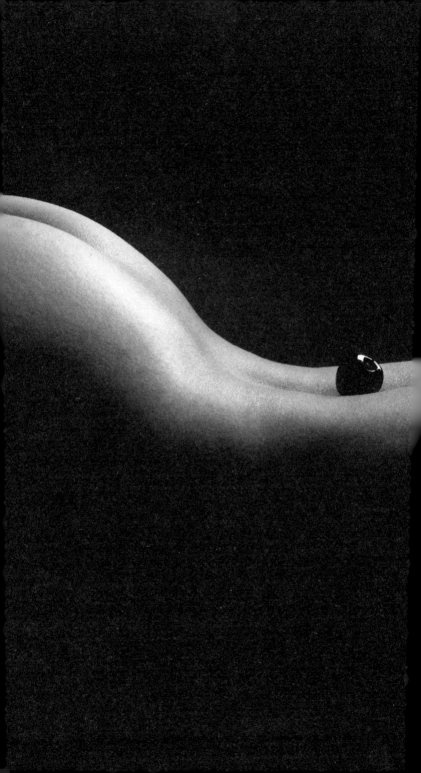

Dinner
for two

Alexander erwartet sie bereits an seiner Wohnungstür, ein geheimnisvolles Lächeln auf seinen schönen Lippen. Was er wohl heute damit anstellen wird? Sofort ruft sie ihre Gedanken zurück, die auf gewagten Abwegen spazieren gehen.

»Baby«, begrüßt er sie und zieht sie eng an sich. »Ich hoffe, du bist hungrig …«

»Und wie!« Neugierig schielt sie über seine Schulter in die Wohnung.

Es ist dunkel. Das Flackern an den Wänden deutet auf Kerzen hin.

Unvermittelt schiebt er sie von sich. »Genug gesehen.« In seiner freien Hand baumelt eine Augenbinde. »Heute Abend wirst du schmecken und fühlen.« Er zieht sie in die Wohnung, schließt die Tür hinter ihr und verbindet ihr die Augen. »Heb deine Arme hoch.«

Sie folgt seiner Anweisung und spürt, wie er ihr mit einer einzigen Bewegung ihr Kleid über den Kopf streift. Gänsehaut überzieht ihren ganzen Körper.

Mit seinen geschickten Händen öffnet er in Sekundenschnelle ihren BH. Ungleich langsamer rollt er ihre Strümpfe von den Beinen, nicht ohne jede frei werdende Stelle mit Küssen zu bedecken. »Das Höschen darfst du anbehalten«, raunt er. »Ich werde dir einen Kimono anziehen. Damit du nicht frierst.«

»Mir war selten heißer als jetzt.«

Alexander lacht leise. Sie hört das Rascheln von Seide, dann spürt sie den kühlen Stoff auf ihrer erhitzten Haut.

Er nimmt ihre Hand und zieht sie durch die Wohnung, sie müssten jetzt im Wohnzimmer sein. »Willkommen bei deinem Erlebnisdinner«, flüstert Alexander in ihr Ohr, begleitet von seinen Lippen, die über ihren Hals zu ihrem Mund wandern. Sanft küsst er sie. »Setz dich.« Er zieht sie herunter auf den Boden, auf eine weiche Plüschdecke. »Bin gleich wieder da.«

Sie hört das Öffnen einer Kühlschranktür, das leise Knallen eines Korkens und kurz darauf das Schäumen des Getränks. Dann spürt sie, wie er sich neben sie setzt.

Mit seinem Daumen fährt er über ihre Lippen. »Ich werde dich heute füttern, bis du satt bist.« Sanft teilt er ihre Lippen und schiebt etwas dazwischen.

Es schmeckt salzig auf der Zunge, zuckersüß im Biss. Die zuckerige Würzigkeit aktiviert jede einzelne Geschmacksknospe in ihrem Mund.

»Mmmh. Gebackene Feige im Speckmantel?«, fragt sie.

»Richtig.« Er schiebt ihr ein weiteres Stück in den Mund. »Feigen haben eine aphrodisierende Wirkung.«

»Nicht dass das heute nötig wäre. Aber schaden tut's sicher auch nicht«, murmelt sie und schluckt die Leckerei genussvoll hinunter.

Er lacht auf und führt ihr das Glas an die Lippen. Vorsichtig nimmt sie einen Schluck und lässt die prickelnde Flüssigkeit zuerst ihren Mund und dann ihren Gaumen liebkosen.

Das nächste Häppchen löst ein wahres Feuerwerk auf ihrer Zunge aus. Frischkäse mit Chili! Ihr Blut rauscht, und eine erregende Hitze steigt in ihr auf.

Alexander umfasst ihre Kehle mit beiden Händen, umschließt ihren brennenden Mund mit seinem. Seine eine Hand gleitet zu ihrer Taille und mit einer raschen Bewegung zieht er den Gürtel ihres Kimonos weg. Mit dem Finger der anderen Hand fährt er von ihrer Kehle über ihre Brust, fährt s-förmig über ihren Bauch, als verfolge er die glühende Spur der Chili auf ihrem Weg durch ihren Körper.

Die Traube, die er ihr nun an die Lippen führt, ist wohltuend kühl. Gierig saugt sie das erfrischende Fruchtfleisch aus der Schale und lässt es über die Zunge gleiten, bevor sie es hinunterschluckt. Wieder zeichnet Alexander mit dem Finger den Weg der Traube nach und seine Lippen folgen der vorgezeichneten Linie.

Myrina seufzt tief auf und will ihn an sich ziehen.

»Nicht so ungeduldig«, flüstert er und führt ihr das Champagnerglas an den Mund.

»Was ist mit dir? Isst du nichts?«, fragt sie atemlos.

»Die köstlichste aller Speisen sitzt vor mir. Davon werde ich später ausgiebig kosten, das verspreche ich dir.«

Sie erschauert am ganzen Körper.

Als Nächstes folgen Artischockenhäppchen. Dann wieder Chili. Erdbeeren in Honig. Schokolade. Häppchen für Häppchen füttert und umsorgt er sie. Seine Zärtlichkeiten sind abwechselnd süß wie der Honig, den sie am Gaumen spürt, weich wie die Schokoladenmousse, deren kleine Reste er ihr von den Lippen leckt, oder heftig wie das Chili, das ihr Blut zum Kochen bringt. Seine Hände streicheln sie, bis sie davon ebenso trunken ist wie vom

Champagner. Alles ist ein einziges aphrodisierendes Fest der Sinne, doch wird sie mit jedem Bissen nicht satter, sondern hungriger. So lange kennt sie Alexander schon, und nie kriegt sie genug von ihm. Ihr Verlangen nach ihm wird sie irgendwann in den Abgrund treiben.

Eigenmächtig zieht sie sich die Augenbinde vom Gesicht, nimmt seinen Kopf in ihre Hände und küsst ihn. Sie will, dass der immer beherrschte Alexander seine Kontrolle verliert und mit ihr in die Tiefe stürzt. Provozierend knabbert sie an seiner Unterlippe und fordert seine Zunge heraus, reibt ihre nackten Brüste an ihm. Ihre Finger fahren unter sein T-Shirt, streichen über seinen Bauch.

Jegliche Zurückhaltung fällt von Alexander, und er begegnet ihr mit demselben unbändigen Hunger.

»Ich habe noch längst nicht alles gekostet«, flüstert sie. »Ich will wissen, wie dein kostbarster Nektar schmeckt.«

Verlangen flammt in seinen Augen auf, und er unterdrückt ein Stöhnen.

Sanft fasst sie ihm in den Schritt und streichelt durch die Hose hindurch seine Erektion, die unter ihrer Hand sofort größer wird. Sie öffnet den Knopf und zieht den Reißverschluss nach unten. Geschickt hilft er ihr, ihn seiner Kleider zu entledigen, ohne seine Lippen von den ihren zu lösen.

»Willkommen zu *deinem* Erlebnisdinner«, flüstert sie an seinem Ohr und stößt Alexander auf die weichen Decken hinunter. Sie legt ihre Handflächen auf seine Oberschenkel und streicht mit der Wange an seinem Glied entlang, überzieht es mit ihrem warmen Atem, bevor sie die Spitze leckt.

Alexanders Hüften drängen sich ihr entgegen.

»Mmmh. Salzig, mit einem Versprechen eines süßen Nachgeschmacks«, raunt sie und fährt mit der Zungenspitze über seine empfindlichste Stelle.

Ein tiefes Stöhnen entringt sich Alexanders Brust, und er krallt seine Finger in ihr Haar.

Sie wölbt die Lippen und beginnt zu saugen. Sie will ihm Lust bereiten, wie er es schon unzählige Male für sie getan hat. Sie will ihn stöhnen, nein, sie will ihn schreien hören. Als er sie mit einem heißen Lusttropfen belohnt, erschauert sie vor Erregung. Seine Hüften beginnen sich rhythmisch zu bewegen, und sie saugt fester, züngelt über die Spitze seiner Erektion. Sie umfasst seine prallen Hoden, rollt sie sanft, fühlt, wie sie sich zusammenziehen.

»Baby, wenn du so weitermachst, kann ich mich nicht mehr beherrschen«, keucht Alexander.

»Das sollst du auch nicht.« Sie lässt ihre Zunge an der Unterseite seines Glieds entlangflattern.

»Setz dich auf mich.« Er packt sie um die Taille. »Ich will dir zusehen, wie du mich reitest.« Mit dem Daumen gleitet er ihre feuchte Mitte entlang. »Ich habe dich nicht berührt«, flüstert er. »Und trotzdem bist du bereit für mich.«

Voller Verlangen kniet sie sich über Alexander, senkt sich langsam auf sein steinhartes Glied hinab.

Er legt seinen Daumen auf ihre Knospe und massiert sie mit sanftem Kreisen.

Sie schließt die Augen und spürt seinen Blick auf sich. Selbstbewusst wiegt sie ihre Hüften zum Takt seines Daumens auf der Suche nach einem erlösenden Höhepunkt. Irgendwo auf dem Weg dorthin vergisst sie, wo sie ist, lässt sich wegtragen von dem berauschenden Gefühl, Alexander und sich selbst höchste Lust verschaffen zu können. Sie beginnt zu zucken. Zuckungen, die sich von ihrem Innersten über ihren ganzen Körper ausbreiten. Lustvoll bäumt sie sich auf und fühlt, wie auch er seine Beherrschung verliert. Mit einem gewaltigen Stoß und einem heiseren Aufschrei entlädt er sich in ihr.

Erst als ihr Atem ruhiger wird, nimmt sie das Wohnzimmer wahr. Eine rote Plüschdecke liegt mitten im Raum, umgeben von kleinen Schälchen, von denen die Hälfte leer gegessen ist. Eine beachtliche Auswahl an Speisen, wenn man Alexanders sonst übersichtlichen Kühlschrankinhalt kennt.

Er ist ihrem Blick gefolgt. »Für den Hunger danach...« Zärtlich küsst er sie auf ihren nimmersatten Mund.

Sie ist gerührt. Alexander hat keinen Aufwand gescheut. Und das alles nur für sie. Dafür gibt es bloß eine einzige Erklärung: Es hat mit Liebe zu tun.

Oder etwa doch nicht?

Zwei Stunden

♪ – *The Time of My Life, David Cook*

DELA

Ein kräftiger Tritt in die Pedale, und los geht's. Ich atme tief ein und sauge den warmen Frühsommertag in mich auf.

Achthundertzwanzig Fahrradkilometer liegen vor mir. Achthundertzwanzig Kilometer, von denen ich nur weiß, dass sie heute am Genfer See in der kleinen Schweiz beginnen und in zehn Tagen am Mittelmeer in la Grande France enden. Dazwischen will ich spontan und frei sein. Mich überraschen lassen von Erlebnissen, die man nicht planen, sondern höchstens im Keim ersticken kann, wenn man einem starren Zeitplan folgt.

»Schön, dass wir das gemeinsam machen.« Vincent, der hinter mir geradelt ist, schließt zu mir auf und lächelt mich an. »Nur du und ich. Wohin der Wind uns trägt.«

»Windschattenfahren ist einfacher, als allein der Witterung zu trotzen«, antworte ich leichthin. Auf keinen Fall will ich rosarote Stimmung aufkommen lassen, indem ich in Vincents Hochgefühl eines Nur-wir-zwei einstimme.

»Ja. Zu zweit kommt man weiter. Auch im Leben.« Er sieht mich vielsagend an.

»Vincent, wir wollten das Thema doch ruhen lassen.«

»Ja, sorry. Ich will dir einfach sagen, wie glücklich ich bin, dass wir das zusammen machen. Schau mal da vorn! Eine Schiffsschleuse!« Er radelt voraus und lässt mich mit dem Grübeln zurück, ob es falsch war, ihn mitzunehmen.

Vincent sieht in der Reise eine Chance, meine Gefühle für ihn anzukurbeln, ist er doch überzeugt, man müsse sich außerhalb der gewohnten Bahnen bewegen, um sich wirklich kennenzulernen. Vielleicht hat er recht.

Ich stoppe neben ihm. Mein Blick gilt jedoch nicht der Schleuse, sondern dem Flusslauf, der uns die nächsten zehn Tage den Weg weisen wird – die Rhône. Still und träge liegt sie da. Unsichtbar die Kraft, mit der sie die Wassermassen auf ihrem Weg ins Meer vorantreibt. Ehrfurcht ergreift von mir Besitz. In den kommenden Tagen werde ich es dem Fluss gleichtun und denselben Weg mit meiner eigenen Kraft bewältigen.

Vor lauter Vorfreude stoße ich Vincent in die Seite. »Lass uns weiterfahren!« Ich steige auf mein Rad und trete kräftig in die Pedale. Die Welt fliegt an mir vorbei. Ich bin glücklich!

Freiheitsgefühle und Abenteuerlust erfahren am Abend einen ersten Dämpfer.

Kurz vor sechs erreichen wir Serrières, einen kleinen Ort direkt an der Rhône, in dem ich vorhin von unterwegs ein Hotelzimmer reserviert habe. Fünf Stunden ohne Pause sind wir geradelt, hungrig und durstig bin ich. »Ich sehe den kühlen Weißwein bereits vor mir stehen«, seufze ich sehnsüchtig.

»Wasserperlen, die sich am Glas bilden und für die Schweißperlen entschädigen, die wir in den letzten Stunden vergossen haben«, stimmt Vincent mit ein. »Dazu ein

Coq au Vin. Oder nein, eine Quiche Lorraine. Moules et Frites wären noch besser!«

Mein Magen knurrt bestätigend vor kulinarischer Vorfreude; doch Serrières besteht bei genauerer Betrachtung lediglich aus einer Ansammlung heruntergekommener Häuser und zwei Bauernhöfen.

»Also, Platz genug gäbe es hier ja für ein Hotel – nur, wo ist es?« Vincent blickt die Straße runter – links ein Acker, rechts ein Acker.

Ich zucke ratlos mit den Schultern und suche nach meinem Handy, um die Hotelwebsite zu prüfen. »Oh...«, beginne ich und schaue mir die Wegbeschreibung genauer an.

»Ja?« Vincent beugt sich ebenfalls über mein Handy.

»Ich habe ein Hotelzimmer in Serrières gebucht.«

»Aber?«

»Es gibt ganze drei Serrières an der Rhône. Den klitzekleinen Zusatz *en-Chautagne* habe ich großzügig übersehen. Da wären wir jetzt. Das Zimmer habe ich allerdings in Serrières ohne Zusatz gebucht.«

»Ist das weit von hier?« Fragend sieht er mich an.

»Ach nein. Nur einhundertsechsundsechzig Kilometer ...«, antworte ich vorsichtig. Vincent wird ausflippen. Unser erster Streit.

Er lacht schallend los. »Das wären dann ja nur klitzekleine zusätzliche acht Stunden Fahrzeit. Morgen früh sind wir da. Großzügig berechnet.«

Erschöpft lasse ich mich am Straßenrand ins Gras fallen. »Mir tut der Hintern schon weh, wenn ich bloß daran denke, noch zehn weitere Minuten im Sattel zu sitzen.«

Vincent setzt sich neben mich. »Komm. Wir schauen mal, was für schmucke Hotelzimmer die Gegend hier zu bieten hat.«

Online prüfen wir sämtliche verfügbaren Übernachtungs-angebote in der näheren Umgebung. Die Auswahl ist klein bis nicht existent. Ein alter Bauernhof in fünfunddreißig Kilometern Entfernung ist die einzige Bleibe, die wir fin-den – zwei Radstunden von hier entfernt.

Es fällt mir schwer, meine Anfangsbegeisterung zu reaktivieren, als ich mich wieder auf den Sattel setze. Der Hintern schmerzt. Den kühlen Weißwein im Hinter-kopf, stelle ich fest, dass ich nicht einen einzigen Tropfen Wasser mehr in der Trinkflasche habe. Ich wünschte, ich hätte ein Zelt mitgenommen. Gleich hier am Straßen-rand würde ich es aufstellen, das Fahrrad irgendwo ins Gebüsch schmeißen und es frühestens übermorgen wie-der hervorholen.

»Sieh es positiv«, versucht Vincent mich aufzumun-tern. »Wenn wir die fünfunddreißig Kilometer heute schon machen, können wir morgen dafür zwei Stunden länger schlafen.«

»Sofern der Ort und der Gasthof überhaupt existie-ren, wenn wir endlich dort ankommen.« Aber innerlich gebe ich ihm recht. Und was sind schon zwei Stunden in einem ganzen Leben?

Die Ortschaft, in welcher wir zweieinhalb Stunden später ankommen, ist noch verlassener als Serrières (en-Chautagne). Einzig ein paar Kühe, die beobachten, wie wir näher kommen, vermitteln den Eindruck von einer Art Dorfleben.

Unsere Gaststätte wirkt unbewohnt, auf unser Klop-fen hin öffnet jedoch tatsächlich jemand die Tür. Wir wurden bereits erwartet, von Francine, der Besitzerin des Hofs. Das Zimmer ist einfach und winzig. Passt. Wir neh-men es. Eine Alternative gibt es sowieso nicht.

Jetzt habe ich vor allem eines: Hunger! Ich könnte die gesamte Kuhherde vor dem Haus vertilgen; doch Francine schüttelt bedauernd den Kopf. Sie bietet keine Küche an, auch ein Restaurant im Dorf gibt es nicht. Eine Tankstelle, ja, allerdings ist die bereits geschlossen. Sieben Stunden geradelt und nichts zu essen. Coq au Vin und Quiche adieu. Francine hat Erbarmen. Sie offeriert uns ein Baguette, etwas Käse und eine Flasche Wein – Roomservice auf dem Bauernhof.

Ich schaue auf das winzige Bett, das einzige Möbelstück im beengten Zimmer, das Vincent und ich uns heute Nacht teilen werden. Mein Blick bleibt am Fenster hängen, welches im Vergleich zum Raum ungewöhnlich groß und mit einem massiven Fensterbrett ausgestattet ist.

Vincents Blick ist meinem gefolgt, und er nickt zustimmend.

Wir öffnen das Fenster, quetschen uns zusammen auf die Fensterbank und stoßen auf unseren ersten Abend an. Unseren ersten Abend in Frankreich – dem Land des guten Essens, der exzellenten Weine und des exquisiten Käses.

»Gott hat in Frankreich hoffentlich feudaler gelebt«, meint Vincent und halbiert den Camembert mit dem Taschenmesser.

»Ja, vermutlich wurde er auf einer Sänfte durchs Land getragen, und seine Dienerschaft hat ihm jeden seiner kulinarischen Wünsche von den Lippen abgelesen.« Ich trinke einen Schluck Rotwein direkt aus der Flasche und lasse die Beine übers Fensterbrett baumeln. Wenn ich mich aufrichte und meinen Rücken durchdrücke, kann ich die Rhône sehen, die sich im Abendrot spiegelt.

»Möchtest du das auch?« Vincent streckt mir die eine Hälfte des Camemberts hin. »Die Côte d'Azur und Liegestühle wären nicht weit von hier.«

»Nein. Strandliegen ist was für Schiffbrüchige, hab ich mal gelesen. Solche Momente wie dieser hier sind es, die in Erinnerung bleiben, nicht der Cocktail am Pampelonne Beach oder der Mocktail am Paloma Beach.« Hungrig beiße ich in den Käse. Es ist der beste Käse, den ich je gegessen habe.

Wir sitzen im Fensterrahmen, bis es Nacht wird und uns der Himmel tausend Sterne präsentiert. Die Grillen singen uns ein Privatkonzert, sonst ist es still.

Oft sind es die kleinen Dinge, die zeigen, was wirklich wichtig ist. Der Käse hätte wohl kaum so gut geschmeckt, wäre ich dafür nicht fünfunddreißig zusätzliche Kilometer geradelt, der Rotwein wäre nicht so einzigartig, hätten wir ihn aus einer Weinkarte mit einhundertfünfzig Weinen ausgewählt. Und der Sternenhimmel würde nicht so glänzend strahlen, säßen wir auf einer hell beleuchteten Hotelterrasse.

Beseelt lehne ich den Kopf an den Fensterrahmen und schließe die Augen. Ich bin angekommen in meiner ganz persönlichen Reise.

Kap der Guten Hoffnung

Mittwoch, 30. Mai

♪ – *Almost Lover, A Fine Frenzy*

MARS

Wellness für meine Augen. Erfreut lege ich mein Shoo-ting-Konzept beiseite, lehne mich im Liegestuhl zurück und beobachte durch die Sonnenbrille hindurch die drei jungen Grazien, die ihren Liegeplatz direkt vor mir aus-wählen.

Mit viel Aufwand schicken sie sich an, die Liegen in den richtigen Winkel zur Sonne zu stellen und ihre Badetücher darauf zu drapieren. Eines nach dem ande-ren fliegen die drei Bikinioberteile in die mitgebrachten Strandtaschen, und die Schönheiten beginnen, gründlich ihre Körper einzuölen. Der Anblick der wohlgeformten Brüste, der schmalen Taillen und der schlanken Beine schickt meinen Hormonhaushalt auf Achterbahn und lässt mich vergessen, wieso ich eigentlich hier bin. Zum Arbeiten.

Ich bin einer der Glücklichen, der die Mädels, die hier die freien Nachmittagsstunden zur Optimierung der nahtlosen Sonnenbräune nutzen, in den nächsten Ta-gen in Szene setzen darf. Diese drei und weitere vier Models! Die Location in der Toskana könnte prächtiger nicht sein. Das sorgfältig restaurierte Schloss mit hohen Hallen, langen Gängen, Schlossküchen, antiken Baderäumen, Kerkern und Waffenkammern, herrschaftlichen Herrenzimmern und üppigen Schlafgemächern bietet die ideale Kulisse für extravagantes Fotomaterial für Papillon. Zudem kann ich hier Kontakte knüpfen und mein Netzwerk erfahrener Models, Visagisten und Fotografen ausbauen. Natürlich hätte ich nichts dagegen, das eine oder andere Fräulein in seinen echten Schlafgemächern aufzusuchen. Im Gegensatz zu Dela scheinen sie mir passende Eroberungsziele für ein flüchtiges Abenteuer.

Wieso eigentlich denke ich an Dela?

Gebannt beobachte ich, wie sich eine der drei Oben-ohne-Schönheiten augenfällig vom Rücken auf den Bauch dreht – nicht ohne mir dabei einen kessen Blick zuzuwerfen. Sie ist es gewohnt, von Männern begehrt zu werden. Im Geiste feile ich bereits an einer geeigneten Strategie, um mich von den Anwärtern abzuheben.

»Los! Weiter geht's, Mädchen!« Gabriella taucht am einen Ende der weitläufigen Gartenanlage auf und reißt mich aus meinen Tagträumen und die Grazien aus ihren entspannten Posen. Auffordernd klatscht sie in die Hände. »Die Arbeit wartet, und zu viel Sonne gibt Falten! Los, los!«

Die Mädels springen sofort von ihren Liegen auf und packen im Eiltempo ihre Sachen zusammen.

Aus gutem Grund. Nicht nur sie, auch die Fotografen haben einen Heidenrespekt vor Gabriella, die die zwölfköpfige Crew mit eiserner Hand durch die Projektwoche führt. Droht ein Model in Staralüren abzudriften, bekommt sie rasch Gabriellas säuberlich zurechtgefeilten und lackierten Krallen zu spüren. Fotografen, die mit technischen Problemen kämpfen, müssen damit rechnen, dass Gabriella das *Problem,* mit welchem sie seit zwanzig Minuten beschäftigt sind, in zwei Sekunden löst.

Natürlich nicht, ohne dabei ihrem höhnischen Spott ausgesetzt zu sein. Gabriella ist auch rasch zur Stelle, wenn einem Fotografen die Hormone durchgehen und er einem Model gegenüber anstößige Bemerkungen macht oder es gar ungefragt berührt.

Sie bückt sich und wirft einen Schwimmring, der am Beckenrand liegt, nach mir. »Mars! Liegst du bequem? Muss man dir einen Drink bringen?«

»Das wäre sehr aufmerksam von dir. On the rocks, bitte«, antworte ich und lehne mich seelenruhig im Liegestuhl zurück.

Anfang der Woche wäre ich noch genauso pflichtbewusst aufgesprungen wie die Mädels, aber mittlerweile weiß ich, dass Gabriella dieses Spiel mag. Genau wie ich.

Ich lasse meinen Blick langsam an ihren Beinen entlang über ihre Hüften zu ihrem Oberkörper gleiten. Mit ihren zweiundvierzig Jahren hat sie sich eine sehr gute Figur bewahrt. Man sieht ihr noch immer an, dass sie früher selbst ein überaus erfolgreiches Model war.

Sie kommt direkt vor meine Liege und beäugt mich ebenfalls eingehend von oben nach unten. In solchen Momenten bin ich heilfroh, dass auch ich meinen Körper mit Sorgfalt behandle. Muskeln statt Speckröllchen sind im Verführungsspiel eindeutig hilfreicher.

»Wo hast du denn diese biedere Badehose her, Macho?« Sie deutet auf meine schwarzen Shorts.

»Aber Gabriella, ich will dir und den Mädels doch nicht die Show stehlen. Soll ich meine Tigermuster-Badehose holen?«

»Gott bewahre! Nun aber los, zieh dir was an. Wieso muss ich hier eigentlich für alles sorgen?« Theatralisch wirft sie die Hände in die Höhe.

»Du kannst das doch am besten von uns allen. Stell dir mal vor, *ich* hätte hier die Verantwortung. Das wäre Chaos pur. Übrigens: Wolltest du mir nicht einen Drink bringen?«

Sie grinst und stapft davon. Diesen Shit-Test habe ich bestanden.

Ich ziehe mich an, packe meine Unterlagen und folge ihr.

Ein ereignisreicher Nachmittag wartet auf mich. In den letzten Tagen habe ich bereits einige Fotoideen für Papillon umgesetzt. Ich profitiere aber auch davon, dem ganzen Treiben zuschauen zu können, von der Fototechnik über die Lichtführung, Konzepterarbeitung und -umsetzung, die Vorbereitung der Models bis zum Zusammenspiel der gesamten Crew. Die größte Faszination übt dabei die Optik der Menschen, die aus den unterschiedlichsten Ecken der Welt hier zusammenkommen, auf mich aus. Der Kontrast ist bemerkenswert. Die meisten Fotografen bieten einen geringen optischen Reiz, während die Damen ein visuelles Feuerwerk sind.

Am Abend nach dem Essen mische ich mich unter die Crew. Es ist *die* Gelegenheit, den Schönheiten näherzukommen, und ich bin nicht der Einzige, der sich gern vom eigentlichen Fotografieren ablenken lässt. Die anwesenden Fotografen versuchen, die Damen mit unterschiedlichen Strategien zu beeindrucken.

Ich beobachte, wie Steve einem Model eine Computersoftware für Bildbearbeitung erklärt. Die Wortfetzen, die ich auffange, erzählen von CMYK, Freistellungswerkzeugen, Gradationskurven und Farbsättigung. Offenbar ist auch das Model gesättigt. Gelangweilt spielt sie mit ihren Haarsträhnen. Ich werde sie aus dieser misslichen Lage befreien müssen.

»Tolles Programm, das du da hast, Steve«, unterbreche ich die Privatlektion und stelle mich zwischen die beiden.

»Ja, ich habe Kassidy soeben gezeigt, wie ich mit der richtigen Einstellung von Farb- und Strukturwerten störende Elemente aus dem Bild entfernen kann. Schau, die Fussel hier auf dem Sofa zum Beispiel.« Er klickt mit der Maus auf eine kaum sichtbare Fussel neben Kassidys nacktem Hintern. »Ich kreise sie mit dem Ausbessern-Werkzeug ein, und weg ist sie.«

Ich quittiere sein Können mit einem anerkennenden Nicken und beeindruckter Miene. Besänftigungsstrategie, schließlich ist es sein Territorium, in das ich da eindringe, seine Beute, die ich ihm streitig machen will. »Steve könnte dir mit diesem Programm sämtliche Pölsterchen wegzaubern, die du gar nicht hast, Kassidy«, wende ich mich an sie und zwicke sie dabei sanft in die Taille.

Sie kichert und schaut mich abwartend an.

Ich wende mich wieder Steves Bildschirm zu.

Dieser nimmt den Ball sofort auf. »Ja, mit dem Verflüssigungsfilter kann ich Fettpölsterchen ganz einfach wegmachen.«

»Du bist ein echter Profi«, mache ich ihm ein Kompliment, und er lächelt stolz.

»Ja, Steve ist gut, nicht?«, stimmt Kassidy in meine Lobeshymne ein. »Erklärst du mir morgen noch die restlichen Werkzeuge?«, wendet sie sich an ihn.

»Klar«, meint dieser, verblüfft über das schnelle Ende seiner Lektion. »Ich kann dir auch jetzt noch den einen oder anderen Trick zeigen.«

»Ach, so viel auf einmal kann ich mir nicht merken«, winkt Kassidy ab.

Ich deute auf die frisch gebackenen Muffins auf dem Buffet auf der gegenüberliegenden Seite des Raumes. »Dank Verflüssigungsfilter kannst du jetzt ungeniert die Süßigkeiten dort drüben essen. Steve zaubert sie dir alle wieder weg.«

»Ich liebe Süßes«, seufzt sie mit sehnsüchtigem Blick. Ein Zeichen, dass sie verstanden hat, dass sich hier der Ausweg aus der Kunst der pixelgenauen Bildtechnik auftut.

»Wollen wir uns einen Muffin teilen?«, frage ich.

»Oh ja, ich such uns einen aus.« Sie setzt ihre langen Beine elegant in Bewegung und verschwindet in Richtung Buffet.

Steve schaut mich verdattert an.

Ich zucke entschuldigend mit den Schultern, verabschiede mich von ihm und gehe ebenfalls zum Buffet, wo Kassidy die Muffins inspiziert. »Du scheinst sehr wählerisch zu sein«, ziehe ich sie auf.

Sie lacht und pickt sich einen aus der Menge raus. »Was meinst du zu diesem hier?«

»Lecker. Sollen wir ihn draußen essen?«

»Klasse Idee!« Sie hakt sich bei mir ein.

Ich führe sie durch die weiten Flügeltüren in den Garten, und wir setzen uns auf eine Mauer in der Nähe des Pools. Es ist bereits dunkel und die Schlossanlage menschenleer. Die Liegen stehen noch genauso da, wie sie heute Mittag verlassen wurden. Eine dichte Hecke schirmt uns vor Blicken aus dem Schloss ab.

Kassidy teilt den Muffin in zwei ungleiche Hälften und streckt mir dann die größere von beiden hin.

»Bist du öfters für solche Projekte gebucht?«, starte ich unseren Small Talk.

Bereitwillig antwortet sie auf diese und alle meine anderen Fragen zu ihrer Herkunft und ihrem Leben. »Momentan habe ich nicht sehr viel Zeit für Hobbys«, erzählt sie stolz. »Mein Typ ist sehr gefragt, und ich jette von Set zu Set. Letzte Woche war ich in Hongkong.«

»Und wohin geht's als Nächstes?«, frage ich. Mit Komplimenten zu ihrem Aussehen halte ich mich zurück.

Kassidy scheint dieses neutrale Verhalten von einem Vertreter der männlichen Spezies nicht gewohnt zu sein. Je länger der Abend, desto stärker ist sie bemüht, ihre Schönheit in den Vordergrund zu stellen wie ein Pfau seine Federpracht. Sie zieht den Rock höher, spielt an einem Knopf an ihrer Bluse, macht ihn dann zufällig auf, wirft ihr Haar zurück, zeigt mir ihren anmutigen Hals, klimpert mit den Wimpern. Vermutlich ist sie unsicher, ob ich sie attraktiv genug finde.

Eine Unsicherheit, die ich absichtlich provoziere. Hat doch auch Dela schon gesagt, dass sie das Interesse verliere, sobald sie wisse, dass sie den Mann haben könne.

»Du bist sehr attraktiv«, geht Kassidy nun sogar in die Offensive. »Warst du früher auch ein Model?«

Welch Balsam für mein Ego!

Die Zeit vergeht, und der Abend wird kühler. Eine sanfte Brise bläst eine Gänsehaut auf Kassidys Beine.

»Du frierst ja.« Ich berühre ihren Oberschenkel, worauf sich ihre Gänsehaut verstärkt. Sanft streichle ich darüber.

Ihr Schenkel beugt sich meiner Hand entgegen, sonst verharrt sie reglos, fast als wolle sie nicht riskieren, dass die Zärtlichkeit ein Ende findet. Nur ihr tiefer Atem ist zu hören.

Welche Erwartungen sie wohl hat? Was für Vorlieben? Das erste Mal mit einer Frau erfüllt mich nicht nur mit Neugierde und Vorfreude, sondern auch mit Leistungsdruck. Keinesfalls will ich als Nullnummer durchfallen, davon gibt es bereits genug. Ich muss an Delas Erzählungen von ihren enttäuschenden One-Nigthern denken. Ärgerlich halte ich inne. Schon wieder Dela? Ach, kann diese Frau nicht endlich aus meinem Kopf verschwinden wie alle anderen vor ihr auch? Hier hat sie nun wirklich nichts zu suchen! Ich verstärke den Druck auf Kassidys Schenkel. »Mach die Augen zu«, flüstere ich ihr ins Ohr. Meine Hand gleitet höher – langsam, aber ihres Weges sicher.

Kassidy legt den Kopf in den Nacken und schließt die Augen. Ich küsse sie auf ihren gestreckten Hals, da explodiert sie förmlich. Ruckartig dreht sie sich zu mir und küsst mich stürmisch auf den Mund. Sie packt meinen Kopf, als wolle sie ihn mir vom Rumpf reißen. Ihre eine Hand macht sich geradewegs an meiner Hose zu schaffen, die andere Hand fördert kurz darauf ein Kondom aus ihrer Handtasche zutage.

Überrascht weiche ich zurück. Ich mag es nicht, wenn Frauen zu dominant sind. Ich will die Kontrolle behalten. Jederzeit. Hinter Kassidys Dominanz vermute ich jedoch eine Unsicherheit, die ich sehr anziehend finde. Sie will wahrscheinlich genauso wenig als Nullnummer durchfallen wie ich. Ich gleite von der Mauer und stelle mich vor sie.

Leidenschaftlich schlingt sie ihre Beine um mich.

Ich schließe die Augen und lasse den Feldherrn seinen Dienst verrichten.

DELA

Das Meer liegt weit unten majestätisch vor mir. Wenn ich die Augen zusammenkneife, kann ich sogar die Mündung ausmachen, wo die Rhône ihre Wassermassen ins unendliche Blau entlässt. Ich beobachte ein Frachtschiff, das uns langsam überholt.

Neun Tage sind Vincent und ich nun schon unterwegs. Durch charmante Dörfer, hügelige Weinberge und duftende Lavendelfelder sind wir geradelt und haben unzählige Brücken überquert. Wir hatten die wärmende Sonne im Gesicht, nasse Füße an Regentagen und ließen uns in den letzten beiden Tagen vom kräftigen Mistral im Rücken vorwärts rollen. Stetig, wie die Rhône auf ihrem Weg zum Meer, kamen wir voran. Von Tag zu Tag wurde die strömende Lebensader breiter und mächtiger. Und je weiter der Fluss wurde, desto weiter wurde mein eigener Horizont.

Jeder sollte hin und wieder Dinge tun, die er noch nie getan hat, Orte besuchen, an denen er noch nie gewesen ist. Reisen macht frei und zeigt, wie eng und begrenzt die eigene Welt ist. Ich wusste nicht, was ich suchte, als ich losfuhr, aber jetzt weiß ich es. Ich will mich wieder verlieben, Schmetterlinge spüren. Ich will Dinge tun, die verrückt sind. Die Nacht zum Tag machen, Stunden zu Sekunden verkürzen und den grauen Alltag lila-grün anmalen. Ich will wieder alle Farben leben. Im Rhythmus der Pedale habe ich nicht nur meinen eignen Rhythmus wiedergefunden, sondern auch meinen Mut. Ich bin stark. Alles ist möglich, wenn ich es will. Ich könnte sogar allein ans Kap der Guten Hoffnung radeln, ich muss es nur tun. Einen Stolperstein auf dem Weg zur Guten Hoffnung gibt es noch. Vincent.

Mein Herz wird augenblicklich schwer, wenn ich daran denke, dass ich ihm wehtun werde. Ich schaue nach links, wie er neben mir radelt. Auch er hat das Meer in der Ferne erblickt und Freude spiegelt sich auf seinem Gesicht.

Vincent ist der ideale Reisepartner, und auch wenn das Alleinreisen seinen ganz besonderen Reiz hat, so ist das Ankommen am Ende eines jeden Reisetages zu zweit viel schöner. Erlebnisse, die man teilen kann, erlebt man zweimal. Nun sind Vincent und ich zwar abends jeweils zusammen angekommen, aber angekommen bei ihm fühle ich mich nicht. Das Zusammensein mit ihm tut mir gut, es füllt mich jedoch nicht aus. Er gibt mir alles, und trotzdem ist es nicht genug.

Ich erinnere mich an Tinas Worte: *Da wartet noch mehr auf dich.* Sie hat recht. Liebe auf halbmast kann funktionieren, aber ist es nicht schade, aus Angst vor dem Verletztwerden denjenigen Menschen auszuweichen, die das Herz wieder durch die Luft wirbeln lassen könnten? Unvermittelt muss ich an Mars denken, den ich seit dem Abend bei mir zu Hause nicht mehr gesehen habe.

Ich schaue wieder zu Vincent. Ich werde mit ihm reden müssen. Aber nicht jetzt, erst wenn wir zurück sind.

Und so radeln wir weiter, jeder seinem eigenen Ziel entgegen.

Gegen 19 Uhr erreichen Vincent und ich ein schmuckes Hotel mit großem Zimmer, weichen Betten und Gourmetrestaurant – ein wenig Luxus zur Feier des letzten Abends. Das Restaurant wartet mit Panoramafenstern zur Rhône auf, die Tische sind weiß gedeckt. Wir entscheiden uns für das Menu du jour.

Vincent schüttet unendlich viel Essigdressing auf seine Salatblätter, und ich denke darüber nach, wie es kommt, dass einen dieselbe Angewohnheit ärgern oder rühren kann, je nachdem, ob man nach einem Grund sucht, jemanden zu verlassen oder nicht. Roberts üppiger Essigverbrauch hat mich nie gestört.

»Du warst in den letzten zwei Tagen sehr nachdenklich. Nachdenklicher als sonst. Hat das was mit mir zu tun? Mit uns?«, schneidet Vincent beim zweiten Gang das Thema an, welches ich bis zu unserer Rückkehr meiden wollte.

»Nein, mit dir hat das nichts zu tun«, beginne ich zögernd und lasse die Gabel sinken. »Du bist ein wunderbarer Mensch, ich hätte mir keinen besseren Reisepartner wünschen können.«

»Aber es ist dir nicht genug.« Er sieht mich abwartend an.

Ich habe einen dicken Kloß im Hals, will mir aber nichts anmerken lassen. Ich will nicht, dass Vincent weiter Hoffnung schöpft. »Mir fehlt das *Uns*. Ich habe es auf dieser Reise gesucht, aber nicht gefunden. Wir waren viel zusammen und doch jeder für sich allein. Verstehst du, was ich meine?«

»Ja, ich verstehe«, sagt er leise und schlägt die Augen nieder. »Ich wollte es nur nicht wahrhaben. Ich habe gehofft, dass da noch was entsteht. Liebe braucht Zeit. Manchmal.«

»Das habe ich auch gehofft. Doch Zeit allein reicht nicht aus. Liebe braucht auch einen Zauber, den wir nicht sehen, aber sofort spüren, wenn er da ist. Und das hat von Anfang an gefehlt. Es tut mir leid.« Meine Stimme droht zu ersticken. Wieso ist Liebe so kompliziert?

Wieso besitze ich keinen Zauberstab, mit dem ich mich in Vincent verlieben kann?

Vincent räuspert sich und sieht mich traurig an.

»Dir muss nichts leidtun. Du warst immer ehrlich zu mir. Du bist für dich und ich bin für mich verantwortlich. Ich hätte selbst die Notbremse ziehen können, jetzt muss ich auch selbst damit klarkommen, dass ich es nicht getan habe.«

»Ich bewundere dich. Du kämpfst für das, was dir wichtig ist. Ohne Angst vor Verlusten.«

»Angst hatte ich auch. Du hast mir einige schlaflose Nächte bereitet, aber die Hoffnung war größer. Die Hoffnung, da könnte was außergewöhnlich Schönes entstehen.« Er wendet den Blick von mir ab und greift zur Serviette. Eine Träne kullert über seine Wange.

Ich denke an den Abend zurück, als ich geweint habe und er mir jede einzelne Träne weggeküsst hat. Mein Herz tut weh. Ich will Vincent in die Arme nehmen, will ihn ganz fest an mich drücken und mit ihm zusammen heulen, bis alles wieder gut ist. Verzweifelt blicke ich auf die Rhône, die gleichmütig vorbeizieht. Ich vermisse ihn schon jetzt. Er war mein Begleiter in einer sehr schwierigen Zeit. Auch wenn ich nun ohne ihn weitergehen will, hätte ich ihm gern ein schöneres Danke geschenkt als dieses. Ich versuche, meine Tränen zurückzuhalten.

In Vincent verliere ich nicht eine Liebe, aber einen Freund.

Gaskocher

♪ – *Water, Rea Garvey*

DELA

Müde reibe ich mir die Augen.

Der Berg ungelesener E-Mails nach meiner zweiwöchigen Abwesenheit war gigantisch, nur langsam leert sich die Inbox. Feierabend gönne ich mir trotzdem nicht, ich will mich nachher unbedingt durch die Websites verschiedener Weiterbildungsprogramme klicken.

»Dela, was machst du denn um diese Zeit noch im Büro?« Victoria erscheint im Türrahmen.

Erfreut blicke ich auf. »*Nur noch 148 Mails checken ... und dann noch kurz die Welt retten.* Und du?«

»Eine kleine Welt habe ich heute bereits gerettet. Mein Vierjähriger ist in der Kita von der Rutschbahn gefallen. Platzwunde am Kopf, die genäht werden musste.«

»Oje!«

»Nicht so schlimm.« Sie kommt näher. »Der Zwerg ist jetzt mit Papa zu Hause und strahlt schon wieder. Meine Arbeit hier hat sich in der Zwischenzeit aber leider nicht von selbst erledigt. Sag mal, hast du noch Kekse in deiner Schublade? Ich sterbe vor Hunger!«

Ich nicke und zaubere eine Packung Butterkekse hervor, die ich für Notfälle – sprich Spätschichten – stets bereithalte.

Vor Victorias Leistung habe ich großen Respekt. Während ich abends im Bett schon Schäfchen zähle oder von Prinzen träume, beginnt für sie mit ihren zwei Kindern und dem Vollzeitjob meist erst die zweite Schicht, wie sie gern sagt.

»Nun mal ehrlich, was machst du um diese Zeit noch hier? Müsstest du nicht ein heißes Date haben?« Sie reißt die Packung auf und schiebt sich hungrig zwei Kekse gleichzeitig in den Mund.

»Ach, damit beschäftige ich mich morgen wieder. Jetzt gerade brauche ich einen Plan für die nächsten fünfundzwanzig Jahre.« Ich schnappe mir ebenfalls einen Keks.

»Klingt beeindruckend«, nuschelt sie kauend.

»Im Ernst, hast du dir nie überlegt, dass noch fünfundzwanzig Arbeitsjahre vor dir liegen?«

Sie lacht laut auf. »Ha! Nein. Dafür habe ich zwischen Platzwunden, Masern, Nutellagläsern und schlaflosen Nächten keine Zeit.«

»Aber ich. Ein Vierteljahrhundert! Stell dir das mal vor. Und das ganz ohne Babypause«, sage ich, immer noch beeindruckt von der Erkenntnis, die auf der Rhônetour in mein Bewusstsein eingeschlagen hat wie eine Bombe. »Mit Robert hat sich auch die Aussicht auf ein Familienleben verabschiedet. Folglich werde ich die nächsten fünfundzwanzig Jahre ohne Unterbrechung arbeiten.«

»Beängstigend. Vielleicht sollte ich über ein drittes Kind nachdenken.« Victoria setzt eine übertrieben besorgte Miene auf und schiebt sich einen weiteren Keks in den Mund.

»Durchaus eine Lösung. Oder einfach deinen Mann mehr arbeiten lassen«, ziehe ich sie auf.

Sie blickt nachdenklich auf die Kekspackung. »Ohne meinen Göttergatten, der mir den Rücken freihält, wäre ich verloren. Ich liebe meine Kinder über alles und habe viel zu wenig Zeit für sie. Aber weißt du, ich habe nicht fünf Jahre Physik studiert, um damit nur die Bewegungsenergie meiner Söhne besser verstehen zu können.«

»Immerhin könntest du auch die Gravitationskraft berechnen, mit der dein Sohn heute von der Rutsche gefallen ist.«

»Ach, Dela ...«

»Ich bewundere dich, das weißt du«, tröste ich sie. »Ich wünschte, ich wäre so entschlossen und zielstrebig wie du.«

»Na ja, so unentschlossen und nicht zielstrebig bist du nun auch wieder nicht. Immerhin hast du einen verantwortungsvollen Job und bist für fünfzehn Mitarbeitende verantwortlich.«

»Tja, die Fassade glänzt ...«, antworte ich und rolle mit dem Bürostuhl näher an meinen Schreibtisch. »So oder so, ich muss mich bewegen. Nicht dass sie mich hier in fünfundzwanzig Jahren samt Sessel raustragen müssen, weil ich inzwischen daran festgewachsen bin.«

Victoria lehnt sich lachend an meine Schreibtischkante. »Okay, ich sehe das Problem. Was ist nun dein Plan?«

»An der richtigen Strategie feile ich noch, aber auf den ersten Blick scheint dem Jobschicksal einfacher nachzuhelfen zu sein als dem Liebesschicksal. Zumindest ist das Weiterbildungsangebot genauso bunt und vielfältig wie die Profile der Männer auf den Datingplattformen. Schau mal.« Ich deute auf meinen Bildschirm. »Ich könnte mich zum Designthinker fortbilden. Oder zum Cloudmanager.«

»Cool. Damit kannst du dir deine eigenen rosaroten Wolken designen.«

Ich stoße sie in die Seite und drehe den Bildschirm wieder zu mir. »Du bist doch nur neidisch.«

»Ja, das bin ich tatsächlich. Ich wünschte, ich hätte auch die Zeit, mich mehr um mich selbst zu kümmern.« Sie hält mir die leere Kekspackung hin. »Hast du noch eine zweite?«

Ich greife zur Schublade. »Schoko oder Vanille?«

»Schoko.« Victoria öffnet die Packung. »Wenn wir schon vom Liebesschicksal reden, du hast noch nicht zugesagt!«

»Zugesagt? Zu was denn?«

»Zu meiner rauschenden Sommerparty.« Sie zeigt mit der Kekspackung auf meinen Bildschirm. »Die Einladung dazu dürfte irgendwo da zwischen deinen 148 Mails liegen.«

»Eine berühmt-berüchtigte Victoria-Party? Was feiern wir?«

»Meine Eltern gehen in Rente.«

Ich schaue sie fragend an.

»Sie haben das Hotel verkauft«, schiebt sie nach und knabbert an ihrem Schokokeks.

»*Das* Hotel? Das schon seit vier Generationen in deiner Familie ist?«, frage ich erstaunt.

»Genau. Und ich will mich mit einer ausgelassenen Party von meinem Elternhaus verabschieden. Alles inklusive, auch die Übernachtung. Fast hundert Leute habe ich eingeladen.«

»Wow!« Ich nicke beeindruckt. »Wer kommt denn alles?«

Sie lächelt geheimnisvoll. »Lass dich überraschen. Ein *inspirierendes Unterhaltungsprogramm* für dich ist dabei.«

»Nicht schon wieder.« Abwehrend hebe ich die Hände in die Höhe, bin aber insgeheim gespannt.

»Na hör mal. So schlecht hast du dich an Silvester nun auch nicht unterhalten. Das Gespräch mit Flavio hat sogar dazu geführt, dass du jetzt ein neues Fahrrad hast.«

»Kommt er auch?«, frage ich erfreut. »Flavio ist der beste Mann für die eine Nacht. Ich würde ihn jeder Frau empfehlen, die mit einem Fremden eine Silvesternacht verbringen will.«

Victoria schüttelt bedauernd den Kopf. »Leider muss ich dich enttäuschen. Er ist mit Hermes in der russischen Pampa unterwegs.«

Gespannt lehne ich mich vor. »Wer sorgt denn diesmal für inspirierende Unterhaltung?«

»Ein attraktiver Single, vielseitig interessiert – und er steht auf Frauen. Mehr verrate ich nicht.«

»Na, dann bleibt ja nur zu hoffen, dass er nicht im Alter deiner Eltern ist.«

»Kommst du?«

»Klar!«

MARS

Mia reißt auf mein Klingeln hin stürmisch ihre Wohnungstür auf. »Wie war dein Urlaub?«, fragt meine Exfrau anstelle einer Begrüßung.

»Mystische Schlösser, atemberaubende Naturschönheiten, außergewöhnliches Unterhaltungsprogramm. Möchtest du mehr wissen?«, antworte ich.

Sie verdreht die Augen. »Nein, danke.«

»Und was gibt's Neues bei dir?«

Sie strahlt übers ganze Gesicht. »Niklas und ich werden heiraten. Und du bist natürlich eingeladen.«

»Oh wow. Gratuliere. Damit bin diesmal nicht ich der Glückspilz, den du vor den Traualtar schleppst?«

»Nein, diesmal kriegst du nur einen Platz in der zweiten Reihe. Tut mir leid«, sagt sie und hebt bedauernd die Hände.

Lachend schließe ich sie in die Arme.

Mia ist wie eine Schwester für mich, und ich freue mich, dass es ihr gut geht.

»Na, das nenne ich mal eine ungewöhnliche Hochzeit!«, ziehe ich sie auf.

»So ungewöhnlich wie unsere Trennung ...« Sie löst sich von mir und zieht mich ins Wohnzimmer.

Unweigerlich denke ich an den Moment vor knapp fünf Jahren zurück, wo wir bei einem romantischen Abendessen mit Blick auf den Indischen Ozean beschlossen haben, getrennte Wege zu gehen. Unerwarteter und pompöser hätten wir das Finale unserer vierzehnjährigen Beziehung kaum gestalten können. Das Bild unserer Ferienresidenz thronte damals sogar auf dem Cover eines Katalogs für Reisen auf die Malediven. Ein teurer Spaß mit viel Luxus; doch all die Annehmlichkeiten konnten nicht darüber hinwegtäuschen, dass zwischen uns etwas nicht mehr stimmte. Tiefe Krater klafften in der Landschaft unserer Liebe – zu tiefe und zu viele. Mia und ich waren zwei Arbeitstiere und hatten über der Karriere unsere Beziehung verloren. Die Zweisamkeit auf einer fernen Insel, wo doch jeder für sich allein war, zeigte es umso deutlicher. Wir kamen vom Traumurlaub auf den Malediven zurück und waren knapp vier Monate später geschieden. Ohne Streit und Vorwürfe.

Vordergründig pragmatisch demontierten wir unser gemeinsames Leben. Seelisch jedoch kämpften wir beide, um mit dieser gewaltigen Veränderung fertig zu werden – wenn auch auf sehr unterschiedliche Weise. Über die vielen gemeinsamen Jahre hatten wir eine imposante Stadt voller Leben, Emotionen, Pläne und Erinnerungen um uns herum aufgebaut. Nach der Trennung verblieb davon nichts weiter als ein kleines Zelt mit einem Gaskocher davor. Ein verloren wirkendes Mahnmal inmitten gigantischer Gebäuderuinen einer zerbombten Metropole, die an die einstige Blüte unserer gemeinsamen Jahre erinnerte. Mia stürzte sich sofort in eine neue Beziehung, begann mit dem Bau einer neuen Stadt. Ich hingegen schwor mir, dass mir so etwas nicht mehr passieren würde. Ich wurde zu einem Vagabunden, der in vielen Städten wohnen kann, aber nirgends mehr zu Hause sein will. Ein Emotionstourist, der die Gefühle anderer wie eine kostbare Sehenswürdigkeit aus sicherer Distanz bewundert, um dann zur nächsten Sehenswürdigkeit weiterzuziehen.

»Wann ist denn der große Tag?«, frage ich Mia, nachdem wir im Wohnzimmer Platz genommen haben.

»Im September. Natürlich könntest du auch in Begleitung kommen, allerdings müssest du dich dabei auf eine beschränken.« Vielsagend zieht sie die Augenbrauen hoch.

»September? Das ist lange hin, da kann noch viel passieren«, scherze ich.

»Wäre es nicht langsam wieder Zeit für etwas Festes?«, fragt sie plötzlich ernst und durchleuchtet mich mit ihrem Röntgenblick.

»Ich hab's ja probiert. Geht nicht.«

»Die arme Josefa hatte nie eine richtige Chance. Mit was Festem meine ich eine echte Beziehung, etwas Gegenseitiges. Du weißt schon, nicht nur Liebe nehmen, sondern auch Liebe geben.«

»Ich brauche keine Frau an meiner Seite. Aber ein kühles Bier vor mir auf dem Tisch wäre nicht schlecht«, wehre ich ab. Dieses Gespräch geht eindeutig in die falsche Richtung.

»Du kannst doch nicht für immer allein bleiben!« Mia macht keine Anstalten, in die Küche zu gehen und mir etwas zu trinken zu holen.

»Ich bin doch nicht allein«, entgegne ich und setze eine verständnislose Miene auf. Ich will jetzt wirklich nicht mit ihr über meine in ihren Augen fehlenden gefühlsmäßigen Bindungen sprechen.

»Ich meine ja auch nicht die physische Anwesenheit deiner Damen ...«, sagt Mia prompt.

Verflixte Exfrauen, kennen einen viel zu gut. Und gerade Mia kennt mich nicht nur gut, sie weiß genau, dass mir sehr wohl bewusst ist, dass ich trotz der schillerndsten Gesellschaft in Wahrheit allein bin. In meinem neuen Leben habe ich die Frauen zu austauschbaren Nebenrollen degradiert. Mit dem Preis dafür, dass ich kein emotionales Zuhause mehr habe, kann ich aber wunderbar leben. »Ich hole uns jetzt ein Bier.« Entschlossen stehe ich auf, gehe in Mias Küche und schnappe mir zwei Flaschen aus dem Kühlschrank.

»Jetzt erzähl mal von euren Hochzeitsplänen«, fordere ich sie auf, als ich zurück ins Wohnzimmer komme und unterbinde damit eine weitere Standpauke von ihr. »Wo findet die Hochzeit statt? Wohin geht es in die Flitterwochen? Und sag jetzt nicht, auf die Malediven!«

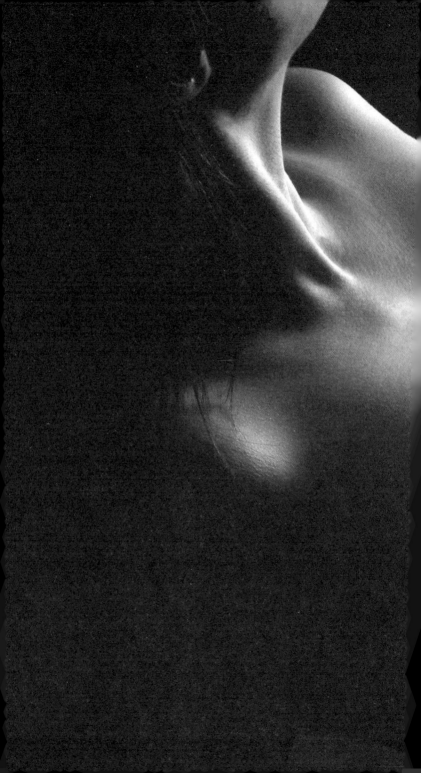

Dr. Xander

Sie kramt die Terminkarte, die Alexander ihr letzte Woche in die Hand gedrückt hat, aus ihrer Handtasche hervor.

Doch. Da steht es schwarz auf weiß: Bahnstraße 5. Sie ist richtig hier. Verwundert mustert sie das wenig einladende Industriegebäude mit der grauen Alufassade und den heruntergelassenen Lamellen. Auf dem Dach flimmert eine Neonreklame, die ein Matratzenparadies verkündet. Eine Arztpraxis hätte sie hier drin nicht vermutet.

Auf ihr Klingeln öffnet sich die Tür automatisch. Sie folgt der Beschilderung und steigt die Treppe in den zweiten Stock hoch. Vor der Praxistür bleibt sie stehen, streicht sich nervös durch die Haare. Eigentlich hasst sie Arztbesuche, und es erwartet sie eine Jahreskontrolle bei Doktor Xander – so zumindest steht es auf ihrer Terminkarte. Mit klopfendem Herzen betritt sie die Praxis.

Das Wartezimmer ist hell, freundlich und menschenleer.

Sie setzt sich auf den Stuhl gleich neben der Eingangstür. Das tut sie immer. Im Kino, im Konzertsaal, im Restaurant oder eben beim Arzt. Immer schön beim Ausgang. Vielleicht sollte sie Doktor Xander davon erzählen?

Möglicherweise gibt es eine Therapie für ihren ausgeprägten Fluchtinstinkt. Sie kichert vor sich hin.

»Frau Myrina?« Doktor Xander betritt das Wartezimmer und blickt von seinem Clipboard zu ihr auf.

Sie lässt ihren Blick über die leeren Stühle schweifen. »Tja, das müsste dann wohl ich sein«, antwortet sie immer noch kichernd.

Über den Rand seiner Brille hinweg schaut er sie tadelnd an.

Sie beißt sich auf die Lippen. Seinen Humor hat er wohl unter dem Arztkittel vergraben, dabei steht der ihm außerordentlich gut. Sein Stethoskop trägt er wie ein schickes Accessoire um den Hals. Doktor Xander ist ein echtes Eye-Candy!

»Bitte treten Sie ein«, fordert er sie auf und hält ihr die Tür zum Untersuchungszimmer auf.

Selbstsicher stolziert sie an ihm vorbei, nicht ohne sein dezentes Rasierwasser zu registrieren. Abrupt bleibt sie stehen und starrt auf den Gynäkologiestuhl, der mitten im Zimmer thront. Ihr Magen bebt. Auf diesen Stuhl soll sie sich setzen? Und vor Doktor Xander sozusagen die Beine breitmachen? Fast wird ihr schwindlig. »Herr Doktor? In welchem Schrank bewahren Sie die Beruhigungsmittel auf?«

»Klassischer Fall von Iatrophobie«, erwidert er ungerührt.

»Wie bitte?«

»Angst vor Ärzten ...« Er schaut sie wieder über den Brillenrand hinweg an und greift zu seinem Stethoskop. »Lassen Sie mich mal Ihre Herztöne abhören.« Er tritt näher. »Knöpfen Sie bitte Ihre Bluse auf.«

»Jetzt?«

»Welcher Zeitpunkt würde Ihnen denn besser passen, Frau Myrina?«, fragt er spöttisch.

Sie starrt ihn an. Seine dunklen Augen sind unergründlich. Mit einem übertrieben gelassenen Schulterzucken öffnet sie ihre Bluse.

Doktor Xander nickt anerkennend und setzt das Stethoskop mit leichtem Druck auf ihr Brustbein. »Kräftiger Herzschlag. Sehr gut«, murmelt er und fährt mit dem Metall tiefer zwischen ihre Brüste. »Aber ganz schön unregelmäßig.«

Sie hält den Atem an. In ihrem Bauch kribbelt es.

»Sehr unregelmäßig«, fährt er fort. »Das muss ich mir näher anschauen. Ziehen Sie bitte Ihren BH aus.«

»Herr Doktor, was genau soll das werden, wenn's fertig ist?«

»Na hören Sie mal, wie soll ich Sie denn bitte untersuchen? Sie sind hier beim Gynäkologen. Nicht beim Zahnarzt.«

»Ach ja«, antwortet sie schwach und nestelt am Verschluss ihres BHs.

»Soll ich behilflich sein?« Wieder dieser Spott in seinen Augen.

»Nicht nötig«, gibt sie zurück und lässt den BH trotzig zu Boden fallen.

Bewundernd wandert Doktor Xanders Blick über ihre Brüste. Unvermittelt neigt er sich zu ihr herunter und umschlingt mit den Lippen ihre linke Brustwarze, die sich unter seiner Zunge schlagartig zusammenzieht.

»Machen Sie das mit all Ihren Patientinnen?«, fragt sie atemlos. Ihr Puls rast, und die Beine drohen nachzugeben.

»Nur, wenn es die Situation erfordert«, gibt er zurück und wendet sich der anderen Brustwarze zu.

Unbehelligt erforscht er mit seiner Zunge ihre Brüste auf jene erregende Weise, die sie wünschen lässt, er möge dasselbe zwischen ihren Beinen tun. Sie unterdrückt ein sehnsüchtiges Seufzen.

Er hebt den Kopf, Begehren liegt in seinem Blick. »Mit den Brüsten ist alles in Ordnung«, bescheinigt er ihr. »Machen Sie sich bitte untenrum frei und setzen Sie sich auf den Stuhl.«

Ehe sie sich überlegen kann, was genau sie hier tut, liegt sie auf dem Behandlungsstuhl, ihre Beine in der dafür vorgesehenen Halterung.

»Schließen Sie die Augen und entspannen Sie sich.« Doktor Xander streichelt sanft ihren Bauch. Seine Hand wandert zu ihrem Venushügel.

Gern tut sie ihm den Gefallen zu vergessen, dass sie nackt ausgebreitet vor ihm liegt.

»Ich werde jetzt Ihre Orgasmusfähigkeit testen«, erklärt er.

Sie hat absolut nichts dagegen einzuwenden. Willig schiebt sie sich ihm entgegen, so erregt ist sie.

»Sie sind feucht«, stellt er fest und streichelt ihre intimste Stelle. »Wunderschön ... und so weich.« Langsam gleitet er mit einem Finger in sie. »Allerdings wirken Sie etwas verkrampft.« Er gleitet tiefer. »Ich werde Ihre Beckenbodenmuskeln massieren.«

Vor Verlangen wird ihr ganz heiß.

»Hmmm ... sie sind eng.« Doktor Xander zieht den Finger heraus. »Mal schauen, was sich da machen lässt.«

Myrina hört ihn hantieren und wagt nicht, die Augen zu öffnen.

Kurze Zeit später schiebt er etwas Festes, Rundes in sie. »Das sind Vaginalkugeln. Durch die Stimulierung und das Training des Beckenbodenmuskels entsteht ein besseres Orgasmusgefühl.«

»Ach, damit habe ich eigentlich keine Probleme«, haucht sie.

»Das zu beurteilen überlassen Sie ruhig meinem professionellen Auge«, erinnert er sie unmissverständlich daran, dass er sie genau im Blick hat.

Zu ihrem eigenen Erstaunen erregt sie das aufs Äußerste.

Langsam zieht er an der Schnur. Drei Kugeln gleiten nacheinander aus ihr heraus und massieren ihre inneren Muskeln. Sie erschauert vor Entzücken. Ungeduldig streckt sie sich ihm entgegen, verlangt mehr.

Eine nach der anderen schiebt er die Kugeln wieder in sie hinein.

»Ihre Behandlungsmethoden sind ziemlich ungewöhnlich, Herr Doktor«, sagt sie atemlos und wünscht, dieses Spiel möge niemals enden.

»Ungewöhnlich, aber sehr wirksam.« Er drückt seinen Daumen auf ihre Knospe und reibt sie sanft.

Mit ihren Hüften übernimmt sie Doktor Xanders Rhythmus, kreist um seine Finger. Leise schwingen die Kugeln in ihr mit, senden Vibrationen durch den ganzen Körper.

Unversehens hält er inne.

»Nicht aufhören!« Entrüstet reißt sie die Augen auf. Sie ist an einem Punkt, an dem es kein Zurück mehr gibt. Sie verzehrt sich nach einem Orgasmus. Unter Doktor Xanders Händen will sie explodieren. Das triumphierende Lächeln, welches sich auf seine Lippen legt, ist ihr egal. Diesen Triumph gönnt sie ihm gern, sofern er ihr den Höhepunkt bringt, den seine Finger und die Kugeln vorausahnen lassen.

In aller Seelenruhe setzt er sein Spiel fort. Zieht die Kugeln aus ihr heraus und stößt sie wieder hinein. Quälend langsam, als hätte er alle Zeit der Welt. Unablässig kreist sein Daumen auf ihrer Knospe. Das schwingende Metall in der Hohlkugel in ihr übernimmt ihre Zuckungen und lässt ihren Unterleib beben.

Sie krallt sich am Stuhl fest. Eine gewaltige Welle rollt auf sie zu.

»Sehen Sie mir in die Augen, wenn Sie für mich kommen«, sagt er mit rauer Stimme und nimmt die Brille ab.

Sie starrt in seine Augen. Dunkle, abgrundtiefe Augen, über deren Rand sie springen und in deren Tiefe sie stürzen will.

Er drückt den Daumen auf ihre hochempfindliche Knospe und zieht dann mit einer einzigen schnellen Bewegung alle drei Kugeln aus ihr heraus.

Mit einem leisen Aufschrei explodiert sie.

Er beugt er sich zu ihr herunter, küsst ihr pulsierendes Geschlecht.

»Nein«, flüstert sie. »Ich bin viel zu empfindlich.«

»Ich werde ganz sanft sein«, verspricht er, und sie überlässt sich bereitwillig der Magie seines Mundes. Behutsam lässt er seine Zunge über ihre erregte Knospe flattern. Ganz leicht nur.

Sie spürt eine zweite Welle anrollen und beißt sich auf die Lippen, um nicht laut zu schreien. Die Heftigkeit, mit der sie kommt, steht in komplettem Widerspruch zur Sanftheit seiner Zunge. Ein weiterer winziger Zungenschlag und der nächste Orgasmus überrollt sie. Er bläst auf ihr Geschlecht und allein der sanfte Luftzug genügt, um sie ein viertes Mal kommen zu lassen. Unter Doktor Xanders Mund und Händen verwandelt sich ihr Körper in eine einzige brennende Flamme, die mit der kleinsten Berührung explodiert.

»Stopp, das reicht!«, protestiert sie und stößt seinen Kopf weg. Erschöpft sinkt sie in den Stuhl zurück.

Doktor Xander hebt den Blick. »Alles in bester Ordnung mit Ihnen. Ich bescheinige Ihnen eine multiple Orgasmusfähigkeit.« Grinsend setzt er seine Brille wieder auf und zupft seinen Arztkittel zurecht.

Myrina richtet sich auf. »Krieg ich dafür ein Attest, Herr Doktor?«

»Nein. Aber ich gebe Ihnen einen neuen Termin in einem Jahr. Dann prüfen wir das noch einmal.«

»Ginge auch schon nächste Woche?«

Er lacht auf und beugt sich zu ihr, um sie zu küssen.

Zärtlich streicht sie ihm durch seine dunklen Locken. »Woher hast du eigentlich den todschicken Arztkittel?«

»Im Internet bestellt. Das Stethoskop gab's gratis dazu.«

»Und die *Praxis*?«

»Da war Doktor Google behilflich.«

»Haben wir noch Zeit?«

»Klar. Wieso?«

Myrinas Augen blitzen vor Glück. »Ich knöpfe mir jetzt den Doktor Xander vor.«

Sprung vom Zehnmeterturm

♪ – *Cassiopeia, Sara Bareilles*

DELA

Die Dame am Empfang – sie muss Victorias Mutter sein – überreicht mir den Zimmerschlüssel. »Ihr Zimmer liegt in der zweiten Etage, Frau Kleeberg. Ganz hinten.«

»Ein sehr schönes Haus, Ihr Hotel«, sage ich und nehme dankend den Schlüssel entgegen.

Sie lächelt erfreut. »Wir sind sehr stolz darauf. Es ist Baujahr 1740 und seit vielen Generationen in der Familie. Leider hat unsere Tochter kein Interesse an der Weiterführung des Betriebs.«

Ich nicke bedauernd, verabschiede mich und steige die knarrende Treppe hoch in den zweiten Stock.

Das Hotel ist einfach, aber ausgestattet mit dem heimeligen Charme, den Traditionshäuser mit jahrhundertealter Geschichte versprühen. Mein Zimmer und das darin stehende Bett sind winzig, was mich aber nicht stört. Ich bin nicht zum Schlafen hier, sondern wegen Victorias Party. Und wegen der morgigen Wanderung, die sie für mich und den *inspirierenden Unterhalter* eingefädelt hat.

Wen sie wohl als meinen Romeo auserkoren hat? Nun, ich werde es bald erfahren.

Ich stelle meine Wandersachen in die Ecke und schaue auf die Uhr. Kurz duschen und frisch machen ist noch drin.

Der heiße Sommertag bietet die ideale Kulisse für eine Grillparty und den perfekten Vorwand für viel kühlendes Bier. Entsprechend fröhlich ist die Stimmung, die mir entgegenschlägt, als ich mich in der weitläufigen Hotelanlage unter die Partygäste mische.

»Dela!« Brian winkt und eilt auf mich zu. »Da bist du ja! Was möchtest du trinken? Es gibt hausgemachte Fruchtbowle. Warte, ich hole dir ein Glas.« Und schon ist er wieder verschwunden.

Verwundert schaue ich ihm hinterher. Ist der dreiundzwanzigjährige Brian etwa mein inspirierendes Unterhaltungsprogramm?

»Hier, lass uns anstoßen!« Er streckt mir ein mit Bowle gefülltes Glas hin.

Ich nehme es dankend entgegen.

»Wie war die Anreise?«, möchte er wissen und schaut mich durch seine Hornbrille aufmerksam an.

»Ohne Zwischenfälle. Die Bahn war pünktlich.« Ich unterdrücke ein Lächeln und nippe an meinem Drink. Ach, ist der süß! Hoffentlich fragt er mich nächstens nicht auch noch übers Wetter aus.

»Mit der Bahn? Ich hätte dich doch mitnehmen können! Möchtest du mit mir nach Hause fahren?«

»Danke«, antworte ich lachend. »Aber an die Heimreise denke ich im Moment noch nicht.«

Ich blicke mich um. Von Weitem sehe ich Mars. Mein Herzschlag setzt eine Millisekunde aus. Ich hätte mir ausmalen können, dass auch er eingeladen ist, arbeitet er doch in derselben Abteilung wie Victoria.

Mars ist von drei Frauen umringt, die alle über seine ausgestreckte Hand gebeugt sind und ihm daraus zu lesen scheinen.

Welche unmittelbare Zukunft sie ihm da wohl voraussagen? Und wichtiger noch: Können sie sich darauf einigen, wer von ihnen dabei eine Rolle spielen wird?

»Es ist toll, für dich zu arbeiten«, bemerkt Brian, und ich wende mich wieder ihm zu. Er schiebt seine Brille zurück, die nach vorn gerutscht ist. »Unser Team hat einen superguten Ruf. Und du auch.«

»So? Was erzählt man sich denn über mich?«

»Du seist ziemlich taff.«

»Taff? Bin ich das?«

»Ja«, bestätigt er eifrig. »Du setzt dich sehr engagiert für unser Team ein.«

»Im Raubtiergehege sind eben manchmal Klauen und Zähne nötig, um das eigene Rudel zu verteidigen«, antworte ich. Taff gefällt mir. Es ist das Gegenteil von verheulten Taschentüchern und zerbrochenen Träumen. Es klingt nach einer stolzen Amazone!

Brian nickt wissend. »Erfahrung – der Vorteil des Alters. Weise Frauen finde ich supercool.«

Amüsiert beiße ich mir auf die Lippen und verdränge das Bild meiner Großmutter. Unauffällig mustere ich Brian.

Für eine Frau um die zwanzig wäre er keine schlechte Partie. Mein fast doppeltes Alter hat Victoria doch hoffentlich mit berücksichtigt bei ihrem Verkupplungsversuch?

»Sag mal, hast du Wandersachen mitgenommen?«, frage ich möglichst unauffällig.

MARS

»Bist du Links- oder Rechtshänder?«, fragt mich die Blondine neben mir.

»Muss ich mich festlegen? Zwei Hände sind doch viel geschickter als nur eine«, erwidere ich und lasse meinen Blick durch die Menge schweifen.

Der Männer- und Frauenanteil ist ausgeglichen, Victoria hat gute Arbeit geleistet. In der Gartenlounge am Pool hat sich eine größere Männerrunde gebildet. Zigarren werden geraucht, hochprozentige Drinks vernichtet und über das anstehende Fußballspiel philosophiert. Normalerweise hätte ich mich dazugesellt, heute jedoch habe ich mein eigenes Spiel. Zigarrenqualm und ein von Alkohol vernebelter Geist sind mir dabei keine Hilfe. In der kleinen ausgelassenen Frauengruppe bin ich weit besser aufgehoben. Sie ist die ideale Ausgangslage, wenn Dela später auftaucht. Die Frau des Begehrens soll realisieren, dass auch ich begehrt bin und man Spaß mit mir haben kann, so man denn will. Zufrieden nehme ich zur Kenntnis, dass ich mich mitten in eine Single-Runde gesetzt habe. Der Instinkt ist meist der beste Ratgeber.

»Ich will dir vorhersagen, wie viele Beziehungen du insgesamt haben wirst.« Die Blondine packt meine rechte Hand.

»Ah. Eine Wahrsagerin?«, ziehe ich sie auf.

Sie streicht mit den Fingern sanft über das Liniengewirr auf meiner Hand. »Zweifelst du etwa an meinen Fähigkeiten?«

»Nein, natürlich nicht. Ich bin nur der Meinung, die beste Art, die Zukunft vorauszusagen, ist, sie selbst zu bestimmen.«

Skeptisch schürzt sie die Lippen. »Wie viele Beziehungen würdest du dir selbst denn zugestehen?«

»Über welchen Zeitraum? Ein, zwei Tage oder gar eine ganze Woche?«

»Tsss, also in deiner Hand steht, dass du insgesamt zwei lange Beziehungen haben wirst.«

»Und wie viele kurze?«

»Das kann man nicht lesen. Aber eventuell lässt es sich aus der Anzahl Kinder ableiten.« Sie streicht mir wieder sanft über die Handlinie.

»Das wären dann wie viele?«

»Drei.«

Nun beugen sich auch die anderen Frauen am Tisch interessiert über meine Hand.

»Drei? Sieht man auch, auf welchem Kontinent die leben?«

Die Blondine lacht auf und hält meine Hand fester. »Ach, du bist echt unmöglich!«

Ich belohne sie ebenfalls mit einem Lachen und ziehe dann meine Hand zurück. Aus dem Augenwinkel habe ich Dela entdeckt.

DELA

»Dela? Brian? Hier seid ihr!«, begrüßt uns Victoria freudestrahlend. »Kommt mit nach oben. Dort gibt es was zu essen.« Sie zieht uns zum oberen Teil des Gartens, wo sie Festbänke und -tische hat aufstellen lassen, und führt uns an den Tisch von Mars, der links und rechts von zwei der drei Handleserinnen flankiert ist. Offenbar ist das Rennen noch nicht ganz entschieden.

Mars lächelt mich an. »Setzt euch doch zu uns«, sagt er mit einer Geste, die Brian mit einschließt.

Ich nehme ihm gegenüber Platz, Brian neben mir.

Das Thema am Tisch dreht sich um Dating-Plattformen und außergewöhnliche Dates; darin verfüge auch ich ja mittlerweile über einen reichen Erfahrungsschatz. Eine Anekdote folgt der nächsten, es wird viel gelacht. Die köstliche Auswahl an Gegrilltem, der süffige Weißwein und vor allem der warme Sommerabend tragen ihren Teil dazu bei, dass die Zeit nur so verfliegt.

Ich stehe auf, um mir am Buffet ein Dessert zu holen.

»Bereit für die Wanderung morgen?«, fragt Mars, der im gleichen Moment mit einem vollbeladenen Teller zurückkommt, beiläufig.

Meine Beine drohen plötzlich nachzugeben, und ich setze mich wieder hin. Mars ist es! Mars ist Victorias Unterhaltungsprogramm für mich. Rasch sammle ich mich wieder und lasse mir meine Aufregung nicht anmerken. »Du wirst die Stärkung benötigen«, antworte ich mit Blick auf seinen Dessertteller, den er mit zwei Kugeln Vanilleeis, einem Stück Schokoladenkuchen, Tiramisu und Käse beladen hat. »Es wird heiß morgen. Aufstehen um sechs, damit wir um circa zehn auf dem Gipfel sind?«

»Sechs Uhr?« Ihm fällt beinahe die Dessertgabel aus der Hand.

Mars scheint ein Langschläfer zu sein. Ich lache und schnappe ihm seinen Käse vom Teller. Wer isst schon Käse mit Vanilleeis? »Keine Panik. Victoria hat mir einen Tipp für eine schöne Wanderung zu einem kristallklaren Bergsee gegeben. Mit Frühstück um zehn und Abmarsch um elf sind wir gut dabei.«

»Da war ich auch schon. Ein wunderschöner, idyllischer kleiner Bergsee«, bemerkt die Handleserin links neben Mars begeistert. »Direkt am See gibt es ein nettes Restaurant.«

Während sie vom dortigen Essen schwärmt, und ich hoffe, dass sie nicht auf die Idee kommt, sich uns morgen anzuschließen, schlingen sich unter dem Tisch zwei Beine um meine eigenen.

Unauffällig schaue ich zu Mars, welcher keine Miene verzieht. Ob er mich mit den Tischbeinen verwechselt? Ich will meine Beine zurückziehen, da wendet Mars den Kopf und schaut mich herausfordernd an. Er weiß ganz genau, wo er seine Beine hat! Mein Herz klopft bis zum Hals und die Stelle, wo er mich berührt, brennt, als hätte sie zu viel Sonne abbekommen. Es ist schön. Nein, es ist atemberaubend! So fühlt sie sich also an, Mars' Einladung zum Spielen. Und wo bitte stehen die Spielregeln geschrieben? Wo nur ist plötzlich die taffe Amazone hin? Unsicher ziehe ich meine Beine zurück und stehe auf. »Es ist spät. Wir sehen uns morgen.«

Mars steht ebenfalls auf. »Ich komme mit. Es scheinen einige Gipfel auf mich zu warten.«

»Ich komme auch mit.« Brian stellt sich neben mich.

MARS

Verdammt, wie werde ich bloß Brian los? Hinter Delas anmutiger Silhouette steige ich die Stufen zum Hotel hoch, angetan beobachte ich ihre schwingenden Hüften. Heute will ich sie auf keinen Fall ohne mich gehen lassen.

Vor ein paar Wochen habe ich die Festung der auf der Lounge zusammengekauerten Dela geräumt und konsequent jegliche Gedanken an sie verdrängt. Weder habe ich an den faszinierenden Anblick gedacht, wie sie beim letztjährigen Geschäftsanlass vor mir stand, noch an den Augenblick, als ich sie bei der Silvesterfeier angesprochen habe. Auch habe ich mich nicht an ihre frierenden Hände in meinen viel zu großen Handschuhen bei unserer ersten Laufrunde erinnert oder wie sie dann mit ihren Gazellenbeinen und ihrem knackigen Hintern vor mir herlief.

Nein.

Nie.

Doch heute serviert mir Victoria Dela sozusagen auf dem Silbertablett. Einen leidenschaftlichen One-Night-Stand will ich mit ihr erleben. Einen *mit* Orgasmus für sie. Mindestens mit einem.

»Wollen wir noch die Tour von morgen besprechen?«, frage ich Dela.

»Die Tour ist gut ausgeschildert«, bemerkt Brian und holt mich zu meinem aktuellen Problem zurück. »Eine Besprechung ist kaum nötig. Und schon gar nicht zu dieser späten Stunde.«

»Ich leide an Höhenangst«, mache ich auf ein weiteres Problem aufmerksam, welches mir fast ebenso große Sorgen bereitet wie Brian. Auf keinen Fall will ich mich morgen mit Angstschweiß im Gesicht an eine Steilwand klammern und um mein Leben fürchten müssen. Wandern war nicht Victorias genialste Idee, aber mit etwas Glück habe ich mein Ziel bis morgen schon erreicht und die Wandertour ist nicht mehr nötig.

»Oh, die geplante Route ist aber ziemlich abschüssig«, bemerkt Dela.

»Eben. Lass uns das zusammen anschauen«, dränge ich. »Gute Nacht Brian.«

Brian sieht mich unschlüssig an, verabschiedet sich dann aber und verschwindet im Treppenhaus.

»Komm mit.« Ich lotse Dela auf eine kleine Terrasse mit zwei von der Sonne ausgebleichten Liegen. Kein romantischer Ort – nicht mal im Dunkeln. Aber bestenfalls wird Dela mir schon bald den Weg in ihr Zimmer zeigen.

DELA

Ein Knistern ist zwischen Mars und mir, das man in der Stille, die uns umfängt, fast hören kann.

Dicht nebeneinander liegen wir auf zwei Liegen. Einzig der Mond und die funkelnden Sterne scheinen auf uns nieder und machen diese gottverlassene Hotelterrasse zum romantischsten Ort auf Erden. Eine ganze Weile nippen Mars und ich schon an unseren Whiskys aus der Minibar und reden Kurven. Belangloses Geplänkel, welches das wirklich brennende Thema der heutigen Nacht umschifft wie ein Öltanker eine gefährliche Klippe, nämlich: *Willst du mit mir spielen?*

»Da vorn ist der Orion. Und dort sieht man Kassiopeia«, nehme ich eine weitere Kurve und deute auf den Sternenhimmel.

»Kennst du dich auch mit Sternzeichen aus? Welches bist du?«, fragt Mars.

Ich spüre seine Härchen, die meinen Arm kitzeln. Eine Gänsehaut zieht über meinen Körper. »Ich bin Löwe, verhalte mich aber eher wie mein Aszendent. Steinbock. Zurückhaltend und unnahbar – auf den ersten Blick.

Meine Handlungen sind vernünftig und überlegt«, antworte ich und hinterfrage diesen Satz gleich selbst. Wie vernünftig und überlegt ist es denn, mit Mars um Mitternacht mutterseelenallein auf einer Terrasse zu liegen, das Hotelzimmer in unmittelbarer Nähe? »Welches Sternzeichen bist du?«, frage ich und nehme einen weiteren Schluck Whisky, der mir in der Kehle brennt.

»Waage.«

»Oh, wankelmütig. Und eitel«, ziehe ich ihn auf. In Waage-Männer verliebt man sich leicht, aber sie sind schwierig zu erobern, habe ich mal irgendwo gelesen. Sie haben meist mehrere Eisen im Feuer. Legen sie sich jedoch einmal fest, tun sie dies mit ganzem Herzen.

»Ich achte auf mein Äußeres. Ja, das könnte man sagen«, sagt Mars, der sich vermutlich noch nie mit seinem Sternzeichen auseinandergesetzt hat. Frauenthema.

Nun, zumindest erfüllt das Thema den einen Zweck: die Zeit hinhalten. Die Zeit bis zum Angriff oder Rückzug. Noch wäre beides möglich, ohne dass sich jemand eine Blöße geben müsste.

Ich schiele auf Mars' Uhr. Schon kurz vor eins. Wieso müssen so überlebenswichtige Entscheidungen wie Angriff oder Rückzug eigentlich mitten in der Nacht mit Alkohol im Blut gefällt werden? Dabei kann doch nichts Vernünftiges herauskommen, oder? Ich beschließe, die äußerst wichtige Angelegenheit zu vertagen, denn hier ist kein Fehler erlaubt.

Ich richte mich auf. »Ich muss ins Bett«, mache ich den Anfang vom Ende dieses Abends.

MARS

Der Moment ist gekommen, mein Pulsschlag beschleunigt sich.

Mit den Jahren habe ich schon einige erste Küsse erlebt und eine gewisse Routine darin entwickelt, aber die wenigen Sekunden kurz davor sind immer wieder einzigartig. Und schwindelerregend. Ein Sprung vom Zehnmeterturm. Der winzige Moment, in dem man den Boden unter den Füßen verliert, in den luftleeren Raum springt und hofft, dass unten der Pool auch wirklich mit Wasser gefüllt ist.

Bevor sie aufstehen kann, ziehe ich Dela, das schönste aller heutigen Sternbilder, zu mir zurück. »Ohne Gute-Nacht-Kuss gehst du nicht ins Bett«, flüstere ich und nehme ihr zartes Gesicht in meine Hände.

In meiner Fantasie habe ich diesen Mund schon tausendmal geküsst. Jetzt endlich tue ich es – das und noch viel mehr.

Ich senke meinen Kopf und küsse sie sanft.

Zu meiner großen Überraschung passiert ... nichts. Delas Lippen pressen sich mir nicht hungrig entgegen, ihre Zunge umschlingt nicht gierig meine.

Ich beschließe, sie einfach noch einmal zu küssen, nur um sicherzugehen, dass sie es wirklich gemerkt hat.

Aber auch auf meinen zweiten Kuss reagiert sie nicht. Sie scheint unter Schockstarre zu stehen. Zögert der Steinbock noch, ob er die Flucht nach oben oder doch nach vorn ergreifen soll?

Ich küsse sie ein drittes und gleich noch ein viertes Mal.

Da! Ihre Lippen bewegen sich. Sie küsst mich.

Und wie sich ihre Küsse anfühlen! Hart erkämpft, sind sie umso süßer. Mit sicherem Griff umfasse ich Delas schlanken Körper und ziehe sie näher. Heute Nacht gehört sie mir.

Dela räuspert sich und löst sich aus meiner Umarmung. Sie schaut mir tief in die Augen. »Ich muss jetzt wirklich ins Bett.«

Ich interpretiere das als ein etwas umständlich formuliertes: *Lass uns drinnen weitermachen.* Gern zeige ich ihr, wo mein Bett steht, frohlocke ich.

DELA

Kontrollverlust um ein Uhr morgens kann nichts anderes als verheerende Folgen haben. Mars' Küsse sind eine Naturgewalt! Seine fordernden Lippen schmecken wie ein Orkan, der alles rundherum wegfegt und ihn und mich zum Mittelpunkt des Universums macht. Dabei wollte ich Mars doch weit weg von meiner Erde auf seiner eigenen Umlaufbahn kreisen lassen.

Dicht auf den Fersen folgt er mir ins Hotel, und ich überlege, ob ich flüchten oder mich umdrehen und ihm die Kleider vom Leib reißen soll.

»Mein Zimmer ist hier.« Er hält mich am Arm zurück und bleibt vor einer Tür schräg gegenüber meiner eigenen stehen. Mit einer raschen Bewegung zieht er mich zu sich und drückt mich neben seiner Tür an die Wand. Leidenschaftlich küsst er mich und lässt damit einen zweiten Orkan über uns aufziehen.

Ich spüre seinen muskulösen Körper, den ich mir schon mehr als einmal nackt vorgestellt habe – okay, vielleicht habe ich ihn mir jedes Mal nackt vorgestellt, wenn wir zusammen laufen waren. Ich spüre sein Begehren, das hart gegen meine Mitte drückt. Unbändiges Verlangen steigt in mir auf. Ich unterdrücke ein Stöhnen und schiebe Mars zurück. Ich muss meine Gedanken sortieren. Und zwar jetzt. »Das war ein außergewöhnlicher Gute-Nacht-Kuss, Mars. Vielen Dank«, hauche ich atemlos. Ach, die Vernunft ist doch ein mieser Spielverderber.

Mars blickt mich mit seinen unergründlichen, fast schwarzen Augen an und grinst. »Gute Nacht, Rehlein. Träum was Schönes.«

»Gute Nacht.« Rasch drehe ich mich um und verschwinde in meinem Zimmer.

Drinnen lasse ich mich an der fest verschlossenen Tür nach unten gleiten. Mein Puls rauscht in den Ohren, in den Zehen, und an ein paar anderen Stellen auch.

Später liege ich ruhelos im Bett. Zweimal zucke ich zusammen, weil ich das Knacken im alten Gebälk mit einem Klopfen an der Tür verwechsle. Was, wenn Mars tatsächlich an die Tür klopft? Wie zur Antwort knackt es wieder, und mein Herzschlag setzt aus. Ich werfe die Bettdecke zurück, gehe ins Bad und suche nach Ohropax. Ich stecke sie mir in die Ohren und lege mich wieder ins Bett.

Träum was Schönes, hat er gesagt. Das werde ich sicher – von seinen Lippen und seinen Händen, die ich immer noch auf meinem Körper spüre.

Weltauszeit

♪ – *Write on Me, Fifth Harmony*

MARS

Ich beobachte Dela unauffällig, wie sie am Frühstückstisch erscheint.

Brian, ihr zweiter Schatten, springt sofort auf und setzt sich neben sie. Dela wirkt ausgeschlafen und ruhig. So als hätte es den gestrigen Abend nicht gegeben.

Auch ich setze mein Pokerface auf und nicke ihr freundlich zu; dabei spüre ich noch immer ihre Küsse auf meinen Lippen. Vorfreude auf den Tag macht sich in mir breit. Ein Tag, den wir von Frühstück bis Mitternacht zusammen verbringen werden. Ich blicke wieder zu Dela, wie sie ein Brötchen mit Butter bestreicht.

Gestern habe ich sie gehen lassen, doch heute werde ich sie mir holen, und zwar nicht in einem Hotelzimmer, dem der Touch einer billigen Nummer anhaftet. Eine Nummer gern, aber bitte exquisit. Ich stelle mir dabei ihren Balkon vor.

»Bereit für die Tour?« Die Handleserin von gestern setzt sich neben mich.

»Klar.« Ich strecke ihr meine offene Handfläche hin. »Siehst du in meinen Linien, ob mich heute irgendwelche Überraschungen erwarten?«, frage ich sie gut gelaunt.

»Eine unerwartete Lebenswendung meinst du?«

»Genau. Irgendwelche wilden Wölfe, Steinschläge oder Gletscherspalten, auf die ich aufpassen müsste?«

Sie lacht. »Ich wollte eigentlich gestern schon fragen. Brauchen du und Dela jemanden, der sich in der Region auskennt? Ich will heute ebenfalls wandern gehen.«

Auf keinen Fall! Ich ziehe meine Hand zurück. »Sehr nett von dir, aber nicht nötig«, antworte ich.

Die Handleserin schaut mich enttäuscht an, unternimmt jedoch keinen weiteren Versuch, sich bei uns einzuklinken.

Mit Wanderschuhen, die die letzten Jahre einzig mein Schuhregal unter den Sohlen hatten, marschiere ich hinter Dela her. Die fehlende praktische Wandererfahrung sieht man mir nicht an, habe ich doch die Schuhe heute Morgen im Garten noch schnell mit Erde schmutzig gemacht.

Dela spricht den Kuss auf der Terrasse oder den vor der Tür mit keiner Silbe an. Allerdings checkt sie ihre aktuelle Lage ab, indem sie mich mit Fragen löchert und damit unmissverständlich daran erinnert, dass sie eine Beziehung sucht.

Der Schweiß, der mir plötzlich den Rücken hinunterläuft, hat seinen Ursprung nicht nur im Wandern unter der heißen Sonne.

»Jetzt erzähl mal. Was für Leichen hast du im Keller?«, will sie wissen und springt leichtfüßig über ein Bergbächlein.

Beruhigt stelle ich fest, dass die Models, Friends-with-benefits und anderen flüchtigen Affären alle noch leben. Nichts also, was hier erwähnt werden müsste. »Keine«, antworte ich deshalb wahrheitsgetreu und versuche, die schmerzhaft drückenden Stellen am Schuh zu ignorieren. Wandern ist echt nicht mein Ding. »Meine Geschichten sind nicht sehr spannend. Zudem kenne ich sie alle schon. Ich höre lieber deinen zu. Wie steht's mit deinen Dates?«, lenke ich wie gewohnt von mir zu ihr.

»Ob deine Geschichten spannend sind, kannst du gern mich entscheiden lassen.«

»Also, da wäre eine Exfrau«, werfe ich meinen üblichen Brocken hin, der für derartige Fragen in der Regel genügend bedeutsam ist.

»Diese Antwort kenne ich schon! Mindestens eine Exfreundin hast du mittlerweile auch. Und weiter?« Sie stoppt und dreht sich zu mir um.

»Ich bin seit fünf Jahren geschieden. Da gab es schon hin und wieder jemanden. Das wird bei dir nicht anders sein, oder?«, versuche ich sie mit meinem unwiderstehlichsten Lächeln auf andere Gedanken zu bringen.

»Jeder hat irgendwo eine Leiche im Keller. Du scheinst davon ein paar mehr zu haben. Ich hoffe, du hast eine große Gefriertruhe«, sagt sie unbeirrt, lächelt ihr unwiderstehlichstes Lächeln zurück und wandert weiter.

Trotz Delas Fragestunde und schmerzenden Blasen an den Füßen genieße ich den Tag mit ihr sehr. Ihre Freude an der Natur ist ansteckend und beim Anblick ihres Hinterns vergesse ich sogar meine Höhenangst. Erst als wir den Grat schon überschritten haben, merke ich, dass ich soeben in Lebensgefahr schwebte!

»Möchtest du noch was essen, bevor du weiterfährst, oder darf ich mich ein anderes Mal für die Autofahrt revanchieren?«, fragt Dela, als wir in meinem Auto bei ihr zu Hause vorfahren.

Mit diesen Worten macht sie jegliche Trickserei oder fadenscheinigen Vorwände, in ihre Wohnung zu gelangen, unnötig. Selbstverständlich habe ich ihr nach unserer Wanderung angeboten, sie nach Hause zu bringen, und logischerweise nehme ich ihre Einladung sofort an.

Nur wenig später verschlinge ich Delas Lachs-Pasta. Nicht nur mein Verlangen nach ihr, sondern auch mein Magen sind ungesättigt und ausgehungert.

Dass wir nun sogar auf ihrem Balkon essen, schreibe ich einer glücklichen Fügung des Schicksals zu; denn somit sitzen wir bereits am richtigen Ort für den exquisiten Nachtisch. Damit jedoch habe ich es nicht eilig.

Dela anscheinend schon. Kaum sind die Teller leer gegessen, steht sie auf und will sie mit der Andeutung, es sei schon spät, in die Küche tragen.

Geistesgegenwärtig fasse ich ihr Handgelenk. »Stell die Teller noch mal auf den Tisch«, bitte ich sie und ziehe sie auf meinen Schoß. »Bevor du mich nachher rausschmeißt, mache ich jetzt da weiter, wo wir gestern aufgehört haben – auf dem Gang vor meinem Hotelzimmer.«

Überrascht blickt sie mich an. Offenbar hat sie tatsächlich vorgehabt, als Nächstes den Abwasch zu erledigen.

Ich ziehe sie näher.

Das Überraschungsmoment ganz auf meiner Seite, will ich den Balkon zum Zentrum unserer erotischen Begegnung machen. Dela ist eine begehrte Frau und hat ihre sexuellen Erfahrungen gemacht. Nur wenn ich mein Bestes gebe, werde ich eine bleibende Erinnerung schaffen. Eine positive Erinnerung wohlverstanden. Kein kleines, knarrendes Bett und hellhörige Zimmerwände mit Brian nebenan. Nur sie und ich und eine laue Sommernacht.

Mit den Fingerspitzen fahre ich ihre Arme hinauf zu ihrem zarten Hals und streichle ihn sanft. Keine Gegenwehr. Im Gegenteil. Dela reckt sich mir entgegen und küsst mich, nach mehr verlangend, auf den Mund.

Als ich sie in meinen Liebkosungen gefangen ahne, fasse ich ihr Shirt und ziehe es ihr, begleitet von unzähligen Küssen, langsam über den Kopf. Den Anblick sauge ich in mich auf – der sanfte Schwung ihrer Taille, die zarten Rippenbögen, die sich andeutungsweise unter ihren Brüsten abzeichnen. Ich hole tief Luft. Nur noch ein BH trennt mich von dem, was ich am meisten begehre.

Unzählige Male habe ich versucht, durch Delas Kleider die Form ihrer Brüste und Brustwarzen zu erahnen. Wie werden sie sich anfühlen? Wie auf meine Berührungen reagieren?

Mit raschem Griff öffne ich mit einer Hand den Verschluss ihres BHs. Das schnappende Geräusch wirkt wie ein Auslöser – ein Auslöser, nach dem es kein Zurück mehr gibt. Ich streife ihr die Träger von den Schultern. Erregt blicke ich auf die zarten, weißen Rundungen, die entblößt sensibel und verletzlich wirken.

Delas Brüste sind perfekt geformt, sodass jede in eine Hand passt. In meine Hand. Trotzig widersetzen sie sich der Schwerkraft. Ihre im Vergleich zur kleinen Brust großen Brustwarzen stechen herausfordernd hervor.

Ich verschlinge die beiden zarten Pfirsiche förmlich mit meinen Augen. Süße Pfirsiche, von denen ich unbedingt kosten muss. Mit meinen Lippen umschließe ich ihre linke Brustwarze. Sofort zieht sie sich zusammen. Welch ein berauschendes Gefühl. Ein unbändiges Verlangen steigt in mir auf. Ich will mehr. Ich will alles von ihr. Gierig liebkose ich Delas gesamten Oberkörper mit

Küssen und sauge an ihren Nippeln – einen Durst stillend, der unlöschbar ist.

DELA

Warum brennen die Hände einiger Männer wie ein Inferno auf der Haut, während andere nur Trost spenden? Mars' glühende Hände wandern über meine nackten Brüste und lassen mich mit der Sehnsucht nach mehr zurück. Seine sengenden Lippen zaubern eine heiße Spur voller Verlangen auf meine Haut, und ich wünsche mir, unter ihnen zu verbrennen.

Fast ehrfürchtig küsst er eine meiner Brustwarzen, die sofort in Flammen steht wie zuvor meine Haut. Mit einer Hingabe, die in seltsamem Widerspruch zu seiner üblichen Distanz steht, kreist seine Zunge über der empfindsamen Stelle. Seine unverhohlene Erregung lässt mich vergessen, wie verschlossen er sonst ist.

Ich will ihn. Alles. Und von allem noch ein bisschen mehr. Leise stöhne ich auf, als er sanft an meiner Brust saugt. Ein sinnlicher Hunger scheint von seinem Mund auszugehen, den in diesem Moment nur ich zu stillen vermag. Alles glüht in mir. Ich will brennen, will in einem gigantischen Feuerwerk in den Himmel geschossen werden.

Ein Geräusch lässt mich zusammenfahren. Es erinnert mich daran, wo ich bin. Auf meinem Balkon! Hoffentlich ist der Nachbar nicht vorn übers Geländer gefallen bei dem Versuch, eine bessere Sicht auf die Sondervorstellung zu erhalten. Ich wage einen Blick zum Nachbarbalkon – alles liegt im Dunkeln. Zum Glück. Wo ist eigentlich mein Verstand geblieben? Ich brauche dringend ein Löschfahrzeug.

»Es ist spät. Ich muss jetzt ins Bett«, sind die einzigen Worte, die mir einfallen und die Mars mittlerweile bestens vertraut sein dürften.

MARS

Ich halte inne.

Nicht zum ersten Mal erlebe ich, dass eine Frau urplötzlich eine Vollbremsung einleitet. Ob *Ich muss jetzt ins Bett* für Dela eine universale Art ist, ihr Unbehagen auszudrücken? Amüsiert stelle ich mir vor, wie sie an einer Tagung mitten in einer Präsentation vor großem Publikum plötzlich mit einem *Ich muss jetzt ins Bett* ihre Nervosität zum Ausdruck bringt. Früher, als ich das geheimnisvolle Wesen Frau noch in keiner Weise zu deuten wusste, hat mich ein solches Bremsmanöver verunsichert und mit Selbstzweifeln erfüllt. Mit wachsender Erfahrung interpretiere ich es aber als den Moment, in welchem bei der Frau der Verstand Oberhand gewinnt und die Lust zügelt – meist nur temporär, wenn der Mann adäquat darauf zu reagieren weiß.

»Sehr vernünftig«, antworte ich, obwohl ich noch nicht gehen will. Auf keinen Fall will ich jetzt nach Hause! Spontan kommt mir die Idee, den Worten Taten folgen zu lassen. Sorgsam und begleitet von Liebkosungen verpacke ich Delas wohlgeformte Brüste wieder in ihrem BH. Mein Bedauern lasse ich mir dabei nicht anmerken. Ich hebe ihr Shirt vom Boden auf und stülpe es ihr langsam über den Kopf. Jede Stelle, die ich bedecke, küsse ich zärtlich. Als sie wieder angekleidet ist, stehe ich auf. Ich lasse keinen Zweifel daran, dass ich gehe; denn nichts ist unattraktiver als ein Mann, der sich beim Sexentzug wie ein kleines Kind benimmt, dem der Lutscher aus dem Mund gerissen wurde.

DELA

Irgendetwas fühlt sich falsch an bei Mars. Aber vorhin hat es sich auf die richtige Art falsch angefühlt. Ich schaue ihm zu, wie er seine Schuhe anzieht. Er geht tatsächlich!»Ich lasse dich nicht gern gehen«, rutschen mir die Worte heraus, die bis eben nur in meinen Gedanken gekreist sind.

Mars, der vor mir kniet und mit seinen Schnürsenkeln beschäftigt ist, hebt den Kopf und blickt mich mit unergründlichen Augen an. Langsam richtet er sich auf, macht einen Schritt auf mich zu. Mit einer raschen Drehbewegung zieht er mich an sich, sodass ich mit dem Rücken an seinen Oberkörper gepresst stehe. Fordernd wandern seine Hände über meine Brust und den Bauch. Am Bund meiner Hose verharrt er und versetzt damit meine Haut, meine Nervenenden, meine Blutbahnen in Ausnahmezustand. Während seine linke Hand zurück zu meinen Brüsten wandert und sie langsam zu kneten beginnt, fährt seine rechte Hand in meine Hose. Millimeter für Millimeter tastet er sich vor und liebkost mit kreisenden Bewegungen meine intimste Zone.

Leise stöhne ich auf. Sein erregter Atmen an meinem Ohr lässt mich erschauern.

»Du musst ins Bett«, haucht er in mein Ohr und zieht seine Hand zurück.

Sofort greife ich danach. Er will doch jetzt nicht etwa nach Hause gehen? Ich drohe zu zerplatzen! Ich will Mars berühren, seinen Körper, den ich bislang nur durch Businesshemden oder Sporthosen erahnen konnte, entdecken. Er kann doch jetzt nicht einfach aufhören!

»Und ich bringe dich ins Bett.« Mars schiebt die Hand zurück in meine Hose. »Aber auf meine Weise«, flüstert er und nimmt sein Fingerspiel wieder auf. Mit dem Rücken zu ihm hält er mich gefangen und liebkost mich mit erregenden Kreisbewegungen, die elektrisierende Wellen durch meinen ganzen Körper senden.

Ein heftiger Orgasmus bahnt sich in mir an, die Beine drohen unter mir wegzusacken. Mars presst mich noch enger an sich, ohne dabei mit den Fingern auch nur einen Takt vom Rhythmus abzukommen. Mein ganzer Körper erzittert. Gott, wie ich ihn begehre. In einem Millenniumsfeuerwerk entlädt sich meine Lust und mit leisem Stöhnen falle ich in seinen Armen zusammen.

Zum zweiten Mal an diesem Abend zieht Mars mir das Shirt über den Kopf, öffnet den BH. Seine Hände und Lippen sind überall. Willig lasse ich das alles geschehen, bin nur damit beschäftigt, meinen Puls wieder unter Kontrolle zu bringen.

Als ich nackt vor ihm stehe, streift er sich die Schuhe, in denen er mich eben noch verlassen wollte, von den Füßen, hebt mich hoch und trägt mich ins Schlafzimmer. Er legt mich aufs Bett und betrachtet mich. Begehren liegt in seinem Blick – und die Wildheit eines Raubtiers, das seine Beute ansieht, bevor es sie verzehrt.

Ich strecke die Hand nach ihm aus, wünsche mir, dass er sich auf mich stürzt. Soll er mit mir machen, was er will. Falls er mich nicht auffrisst, werde ich morgen meine Wunden lecken.

Mars beugt sich zu mir herunter, fasst nach meinen Händen und platziert sie über meinem Kopf. Dann liebkost er mich von Kopf bis Fuß. Blind findet er sich zurecht auf dem Labyrinth meines Körpers. Jede Nische, jede Linie zeichnet er mit den Fingerspitzen und den Lippen nach, malt sein ganz persönliches Bild auf meine Haut.

Ich will ihn berühren, seine Haut spüren. Ich fasse nach seinem T-Shirt und ziehe es ihm über den Kopf, knöpfe seine Hose auf.

»Ich habe noch nicht alles von dir entdeckt«, flüstert er, bevor ich ihm die Hose von den Hüften schieben kann, und platziert meine Hände wieder über meinem Kopf. Dort hält er sie gefangen, während er mit seinen Lippen sein Kunstgemälde auf meinem Körper zu vervollständigen sucht. Er weiß genau, was er tut.

Schutzlos bin ich ihm ausgeliefert – und ich liebe es. Alles sauge ich in mich auf, als würde ich es zum ersten Mal erleben. Mars' Lippen bahnen sich ihren Weg zwischen meine Beine, seine Zunge ein tanzender Schmetterling auf meiner Knospe. Ein weiteres Feuerwerk lässt mich zerbersten. Mars hält nur kurz inne, bevor er weitermacht und mir einen dritten Höhepunkt schenkt.

»Hör auf, ich kann nicht mehr«, stöhne ich, als ich merke, dass er nicht die Absicht hat, seiner Zunge eine Pause zu gönnen. Oder mir.

Er hebt seinen Kopf und lächelt. Ein Lächeln, das ich mir einpräge; denn er sieht so glücklich aus, wie ich ihn noch nie gesehen habe. Er rutscht zu mir hoch und deckt mich mit seinem Körper zu.

Eine ganze Weile liegen wir nur so da. Kein Geräusch, nur unser Atmen. Keine Bewegung, nur sein Puls an meinem Puls.

Wenn zwei Menschen Haut an Haut beieinanderliegen, entsteht eine Nähe, die sich mit nichts vergleichen lässt. Und dennoch, Mars bleibt unnahbar. Mit einer unglaublichen Intensität hat er sich mir gewidmet, er selbst hat sich jedoch nicht berühren lassen. Und doch. Wenn es einen Unterschied zwischen Sex haben und sich lieben gibt, dann hat Mars mich heute Nacht geliebt.

MARS

»Danke fürs Ins-Bett-Bringen. Aber schlafen muss ich allein«, flüstert Dela und bewegt sich unter mir hervor.

Ich möchte gern noch eine Stunde in ihrem warmen Bett bleiben. Oder zwei. Trotzdem bin ich froh, dass sie allein sein will. Denn das will ich auch.

Sanft drücke ich sie in die Kissen zurück. »Bleib liegen. Ich weiß, wo die Wohnungstür ist.«

Ein Lächeln zaubert sich auf ihr Gesicht. »Vergiss auf dem Weg dorthin nicht, dass du diesmal tatsächlich gehen möchtest. Für einen weiteren Höhepunkt fehlt mir für die nächsten zehn Jahre die Kraft.«

Ich küsse sie auf die Stirn. »Das war sehr schön.«

Sie streicht mir zärtlich durch die Haare. »Kennst du *Write on Me* von The Fifth Harmony? Das wird mein 1.-Juli-Essential.«

»Noch nicht ...« Ich küsse sie nochmals zum Abschied.

Befriedigt und erschöpft steige ich in mein Auto und suche nach dem Song. Als ich im Klang der Musik losfahre, sind meine Sinne noch immer von Delas Körper, ihrem Duft und ihrer Hingabe vernebelt. Man sagt, Macht offenbare den wahren Charakter eines Menschen. Ich glaube, dass dies auch für Sex gilt. Bei Dela habe ich einen unstillbaren Hunger nach Leidenschaft entdeckt. Einen Hunger, wie ich ihn selbst in mir habe. Die höchste Erregung ist für mich der Orgasmus einer Frau. Dela hat mich geradezu überschüttet damit. Angespornt von ihrer Leidenschaft habe ich tausend Wege gesucht, sie die Welt um uns herum vergessen zu lassen.

Ich bin fasziniert von Delas Selbstvergessenheit, die in einen traumhaften Zustand gemündet ist und sich auf mich übertragen hat. Eine Auszeit von der Welt, in der nur sie und ich existierten. Dela hat mir alles gegeben – und ich habe mir alles genommen. Ich will es wieder erleben, will wieder mit ihr aus der Welt fallen. Noch einmal will ich Dela spüren, sie in meine Erinnerung einprägen, bevor ich sie wieder vergesse.

Hier und Jetzt

Freitag, 6. Juli

♪ – *Caution, The Killers*

DELA

Immer noch nichts? Ich checke die WhatsApp-Nachrichten und die E-Mails, zur Sicherheit prüfe ich auch den Junkfolder.

Leer.

Enttäuscht widme ich mich wieder meiner Arbeit.

Fünf Tage ist es her, seit Mars mir unvergessliche Stunden geschenkt hat. Fünf Tage aber, in denen ich nur eines von ihm gehört habe: nichts. Keine SMS, keine E-Mail, kein gar nichts. Mars hat sich auf dem Weg von meinem in sein eigenes Bett verflüchtigt wie ein schöner Traum – als hätte es ihn und mich nie gegeben.

Erneut prüfe ich meine Nachrichten.

Nichts.

Ich seufze auf. Deutlicher kann Mars mir nicht zu verstehen geben, dass er nicht weiter an mir interessiert ist; denn sein Handy steckt wohl kaum in einem Funkloch fest.

»Dela? Alles in Ordnung?«

Ich schrecke hoch und blicke in Brians fragendes Gesicht. »Klar. Was soll denn sein?«

Er deutet auf mein Telefon. »Es klingelt, und du gehst nicht ran.«

»Ach, das ist Martin«, antworte ich mit einem Blick auf das Display betont gelassen. »Nicht wichtig. Den rufe ich später zurück.« Geschäftig wende ich mich der Halbjahresstatistik unserer Werbeaktivitäten zu, die Brian heute Morgen für mich ausgedruckt hat und seitdem unangetastet vor mir liegt. Was Mars anbelangt, werde ich cool bleiben oder ihn vergessen. Auf keinen Fall lauf ich ihm hinterher. Ich schiele auf meine Inbox – ein allerletztes Mal noch.

Da! Eine Nachricht von ihm.

Von: A. Mars	Fr. 6. Juli · 16:44
Lust auf einen Afterwork-Drink? 17 Uhr im Stairs?	

Wie jetzt! Ist das alles? Tag und Nacht ist Mars in meinen Gedanken präsent. Ich habe Bilder im Kopf, die mich abwechselnd geistesabwesend vor mich hin lächeln oder selbstvergessen aufseufzen lassen. Ich könnte nicht nur Bäume ausreißen und Berge versetzen, sondern die ganze Welt verschieben. Und er? Er fragt, ob ich was trinken will? Cool bleiben, ermahne ich mich. Ein Drink ist besser als gar nichts.

An: A. Mars	Fr. 6. Juli · 16:53
Gern. Ich kann aber nicht vor 19 Uhr.	

Soll er sich ruhig zwei Stunden gedulden, ich warte schließlich schon fünf Tage. Übermütig kichere ich vor mich hin und beiße mir ertappt auf die Lippen, als ich Brians Blick auf mir spüre.

Mars sitzt schon da, als ich pünktlich um 19 Uhr das Stairs betrete.

Einer Eingebung folgend, mache ich noch rasch den obersten Knopf meiner Businessbluse zu. Ich werde es Mars nicht leicht machen, zugeknöpft und unzugänglich werde ich für ihn sein. Schließlich bin ich hier, um herauszufinden, woran ich bei ihm bin. Wenn er darauf nicht die richtige Antwort hat, dann beende ich unser ... unser, was auch immer das zwischen uns ist.

»Ich hab schon mal bestellt«, begrüßt er mich und deutet auf die zwei Gin Tonics vor sich.

Er hat sich meinen Lieblingsdrink gemerkt! Ich zügle mein Herz, das ihm sofort zufliegen möchte. »Willst du mich abfüllen?«, frage ich stattdessen.

Spitzbübisch grinst er übers ganze Gesicht und rückt ein Stück zur Seite, damit ich mich neben ihn setzen kann. »Nein, nur locker machen.«

»Locker für was?« Mit gehörigem Sicherheitsabstand nehme ich Platz.

»Für den heutigen Abend.« Er prostet mir zu.

»Und was ist mit morgen und übermorgen?« Provozierend schaue ich ihn an. Hat er nur das Eine im Kopf? Ärgerlich unterdrücke ich das berauschende Gefühl, das sein Begehren in mir auslöst.

Mars rückt näher zu mir und schließt den Abstand zwischen uns. »Ist das wichtig? Sollte man nicht im Hier und Jetzt leben?«

»Auch. Aber nicht nur.«

»Wieso denn nicht?«

Weil Gefühle entstehen. Und weil Gefühle verletzlich machen und du sämtliche Waffen dazu hast, denke ich. Stattdessen sage ich betont sachlich: »Mars, jetzt wäre ein Ausstieg ohne größeren Schaden noch möglich.«

»Vermutlich.« Er nickt und schaut mich herausfordernd an. »Ein geordneter Rückzug wäre eine von mehreren Optionen, aber nicht zwingend die beste.« Er streicht mir eine Haarsträhne hinters Ohr und verharrt mit seiner Hand an meinem Hals.

Eine Gänsehaut überzieht meinen Nacken. »Ein Ausstieg ohne größeren Schaden, dafür mit einer schönen Erinnerung an einen One-Night-Stand, bei dem nicht nur das Umtanzen der Höhepunkt war«, fahre ich fort und hoffe, dass Mars nicht merkt, welch elektrisierende Wirkung seine Berührung auf meine Nackenhärchen hat.

»Dir könnten weitere Höhepunkte entgehen ...« Sanft streichelt er meinen Hals.

»Je weniger Höhepunkte, desto weniger tief der Fall danach. Das Risiko ist zu groß«, murmle ich. Ein Schauer läuft über meinen Rücken.

»Ohne Risiko kein Gewinn«, entgegnet Mars unbeirrt und fährt mit seinem Zeigefinger langsam den Kragen meiner hochgeschlossenen Bluse entlang. Frech öffnet er den obersten Knopf und streichelt mein Schlüsselbein.

Er spielt mit mir! Und ich? Ich lasse es zu. Ich muss aussteigen. Bevor es zu spät ist und ich mich rettungslos in ihn verliebt habe. »Ich suche Sicherheit, etwas Festes und Beständiges. Kein Risiko«, sage ich abwehrend, mein Körper jedoch reckt sich nach ihm. Ach, wenn Mars nur endlich seine streichelnden Hände von meinem Hals lösen würde. Sie fordern meinen Leichtsinn geradezu heraus.

»Eine weitere Runde?«, unterbricht uns die Bedienung.

Nein!, denke ich. Oder vielleicht doch?

Mars sieht mich abwartend an, ein herausforderndes Blitzen in seinen Augen.

Beherzt nicke ich. »Nochmals dasselbe, bitte«, wende ich mich an die Bedienung. Werfen wir die Vorsicht doch einfach über Bord. Was ist schon dabei? Wir sind im Hier und Jetzt. Mit dem Morgen und Übermorgen kann ich mich beschäftigen, wenn es so weit ist.

Aus der einen weiteren Runde werden zwei mehr. Wir sitzen da, schlürfen Gin Tonics und reden. Dabei streicheln Mars' Zauberhände ununterbrochen über meinen Hals und Rücken und wischen sanft und leise alle meine Hochrisikobedenken beiseite.

Als er mir irgendwann anbietet, mich nach Hause zu fahren, sage ich Ja. Ich will nicht mehr zurück. Ich will Mars wieder spüren. Haut an Haut – und durch seine Haut will ich sein scheinbar unberührbares Herz berühren.

Zu Hause liebt mich Mars mit seiner wilden Zärtlichkeit, die mich so fasziniert an ihm. Seine ganze Aufmerksamkeit gilt mir. Es gibt Männer, die dich schön finden, und es gibt die Männer, die dich schöner machen, mit ihren Blicken und ihren Händen. Mein Körper ist Mars' Instrument, auf dem er immer neue Melodien komponiert. Mit einer Intensität und Leidenschaft tut er dies, als gäbe es nichts anderes, was wichtig wäre. Nur er und ich und die Sinfonien in seinem Kopf. Er wird nicht müde. Stundenlang spielt er auf mir. Es ist eine dieser Nächte ohne Dauer, wie es sie nur selten gibt – schwebend zwischen Tag und Nacht, zwischen Wirklichkeit und Traum.

Irgendwann liegen wir erschöpft nebeneinander. Mars streichelt meinen Bauch. Er scheint einer der seltenen Männer für das Danach zu sein.

Träge hebe ich den Kopf und schaue ihn an. »Deine Hose liegt wohl noch im Wohnzimmer.«

»Brauche ich die?«

»Grundsätzlich braucht man zum Autofahren keine Hose, nein.«

»Ich gehe noch nicht sofort nach Hause«, sagt er, steht auf und verschwindet im Bad.

Verdutzt schaue ich ihm hinterher. Will Mars etwa hierbleiben? Am Morgen neben mir aufwachen? Mit mir frühstücken? Ich betrachte die leere Seite meines Betts. Es ist eine Sache, mit jemandem zu schlafen, eine ganz andere Sache jedoch, *bei* jemandem zu schlafen. Da geht's nicht ums Jetzt, sondern ums Morgen. Und das ist zukunftsgerichtet! Beglückt stehe ich ebenfalls auf, hole ein zweites Kissen und eine zweite Bettdecke, dann gehe ich zu Mars ins Bad. Dieser steht unter der Dusche und fühlt sich wie zu Hause bei mir. Ich unterdrücke ein Lächeln. Er wird nachher nach meinem Erdbeershampoo riechen. Ein weicher Duft für seine harte Schale.

Später im Bett schiebt Mars die Decke, die ich für ihn geholt habe, beiseite und kriecht unter meine. Er nimmt mich von hinten in seine Arme und hält mich fest.

Ich kuschle mich an ihn. Zweimal nur erwache ich kurz. Mars hält mich die ganze Nacht umschlungen, als wäre ich das einzige Stück Treibholz im Ozean. Sanft wiegt mich sein sich gleichmäßig hebender und senkender Brustkorb an meinem Rücken durch die Nacht.

Frühstücks-flocken

♪ – *Remind Me to Forget, Kygo & Miguel*

MARS

Was für ein Kontrast zu meinem üblichen Kaffee danach. Keine Schminke, kein Styling. Stattdessen eine Hornbrille, die ich noch nie an Dela gesehen habe, und Haare, die unorganisiert in sämtliche Himmelsrichtungen stehen. Fasziniert beobachte ich, wie sie in einer improvisierten Morgengarderobe aus T-Shirt und Leggings zum Kühlschrank geht.

»Du bist nicht sehr gesprächig heute«, bemerkt sie und setzt sich kurze Zeit später mit zwei Schalen gefüllt mit Frühstücksflocken und Milch mir gegenüber an den Tisch. »Bist du ein Morgenmuffel?«

»Nein, nur sprachlos. Schließlich sind das meine allerersten Frühstücksflocken danach. Das will erst mal verdaut werden«, scherze ich.

»Egal wie viele Erfahrungen man mit Menschen schon hat, es kommt immer wieder jemand, der dich sprachlos macht«, meint sie kokett und schaufelt ihr Müsli in sich hinein.

Löffel für Löffel verschwinden die knusprigen Getreideflocken in ihrem kleinen Mund.

Unvermittelt hebt sie den Blick und lächelt mich an. Eine weitere Portion verschwindet zwischen ihren Lippen.

Ich lächle zurück. Ausnahmsweise fehlt es mir an einer schlagfertigen Antwort. Zu sehr beschäftigen mich das Schauspiel vor mir und die Nachwirkungen der letzten Nacht.

Ohne größeren Schaden aussteigen, hat Dela gestern Abend in der Bar gewollt. An dieser Idee fand ich gar keinen Gefallen, hatte ich doch unsere gemeinsame Weltauszeit noch gar nicht richtig ausgekostet. Ich wollte weitere erotische Explosionen mit ihr. Glücklicherweise schmolz Delas Absicht im Verlauf des Abends wie die Eiswürfel in unseren leer getrunkenen Gläsern. Die darauffolgenden Stunden in ihrem Bett bescherten mir das erhoffte emotionale Feuerwerk, sodass ich beschloss, die ganze Nacht zu bleiben.

Das Zubettgehen mit Dela war ein Erlebnis. Selbstvergessen putzte sie ihre Zähne auf einem Bein stehend, mit dem frei schwebenden Bein führte sie scheinbar keiner Ordnung folgende Kreisbewegungen aus. *Für das Training des Gleichgewichts,* nuschelte sie mit der Zahnbürste im Mund, als sie meinen amüsierten Blick sah, stellte das Bein aber sofort wieder auf den Boden. Kurz darauf schrubbte sie mit ihrer Zahnbürste gründlich ihre Zunge. *Die Reinigung der Zunge ist ebenso wichtig wie das Putzen der Zähne,* brachte sie mich auf den neuesten Stand der Mundhygiene. Diese Thematik war mir bereits bekannt. Auf der Zunge einer Frau befinden sich angeblich doppelt so viele Bakterien und Keime wie in ihrer Vagina. Einer Frau einen Zungenkuss zu geben ist daher weit unhygienischer, als ihre intimste Stelle zu lecken. Ich verzichtete jedoch darauf, Delas Lehrstunde zum Thema Mundhygiene mit dieser Information anzureichern.

Als sie sich dann unter die Dusche stellte, nutzte ich die Gelegenheit, einen frevelhaften Blick in ihre Nachttischschublade zu werfen. Eventuell war dort der eine oder andere Gegenstand verborgen, der uns in der Nacht hätte hilfreich sein können. Doch Fehlanzeige. Zu meiner Überraschung fand ich nur zwei Bücher, Pantoffeln und eine Fußcreme. Mein eigenes Toy musste also genügen. Kein Problem. Mit tausend Ideen habe ich mich ins Bett gelegt.

»Mars? Alles okay? Hat es dir gefallen bei mir?«, fragt Dela und reißt mich aus meinen Gedanken an ihr Bett zurück an den Frühstückstisch. Unsicher schaut sie mich an.

Die Brille verwandelt ihr Gesicht auf eine Weise, die sie naiv und intellektuell zugleich aussehen lässt. Sie verleiht ihr eine Unschuld, die so gar nicht zu den letzten Stunden passt.

»Alles bestens«, bestätige ich. »Krieg ich noch einen Kaffee?«

Sie steht auf und geht zur Kaffeemaschine.

»Dela?«

Sie dreht sich um und sieht mich fragend an. »Ja?«

»Ich habe die Stunden mit dir von Anfang bis Ende genossen. Du bist eine Frau zum Aus-der-Welt-Fallen.«

Pünktlich um dreizehn Uhr betrete ich Kysons Galerie.

Mit offenen Armen kommt er auf mich zu. »Mars, meine kostbare Neuentdeckung. Willkommen!«

»Ich hoffe, deine Kunden reißen dir hier bald meine Werke aus den Händen«, begrüße ich ihn und umarme ihn lachend.

»Das wäre das Ziel.« Kyson nickt. »Komm, ich zeige dir, was ich vorhabe.« Er führt mich in eine separate kleine Halle im hinteren Teil seiner Galerie.

Ich folge ihm, immer noch überrascht, dass hier schon sehr bald mein Traum einer eigenen Vernissage in Erfüllung gehen wird.

Kyson habe ich in der Projektwoche in der Toskana kennengelernt. Er war von Anfang an begeistert von meinen Bildern und hat auf meine vorsichtige Frage hin, bei ihm ausstellen zu dürfen, sofort mit Ja geantwortet.

»Hier machen wir die Ausstellung.« Er zeigt in den leeren Raum. »Für deine Werke möchte ich eine Erlebniswelt schaffen. Gras, Steine, Bäume, fließendes Wasser und Vogelgezwitscher im Hintergrund. Die passende Kulisse für deine Nude-in-Nature-Kunstwerke«, klärt er mich über die Details der Vernissage auf.

Fasziniert betrachte ich die kahlen Wände, an denen bald meine Fotografien hängen werden. »Wie schätzt du denn den Erfolg meiner Werke ein?«

Geschäftig zieht er seinen Laptop hervor und klappt ihn auf. »Ich würde kaum so viel Aufwand betreiben, wenn ich nicht an einen Erfolg glaube, Mars. Ich habe zahlreiche Kontakte zu Liebhabern von Aktfotografien, die sich für deine Werke interessieren werden. Deine kreative und ästhetische Kombination von Akt und Natur ist außergewöhnlich. Meine Kunden werden zudem dein Auge fürs Detail schätzen.«

»Was denkst du, welche Preise können wir erzielen?«

Er scrollt durch eine Preisliste. »Die richtige Preisgestaltung ist eine Kunst für sich«, murmelt er. »Ich schlage vor, wir starten für die Limited Edition auf großflächiger Leinwand bei 700 Euro. Die kleineren Formate setzen wir bei 300 Euro fest. Das ist nicht zu billig und nach oben lässt es sich immer korrigieren. Ich merke schnell, wenn die Nachfrage da ist.«

»Mit wie vielen Kunden rechnest du denn?«

Er lacht auf. »Schwierig abzuschätzen. Mit vierzig bis fünfzig wäre ich zufrieden. Ich erwarte übrigens Manuel C. Pérez. Ich könnte mir vorstellen, dass deine Werke in sein Galerieprogramm passen. Vielleicht stellst du also bald auch in Madrid aus.«

Ich nicke beeindruckt. Nur schon bei Kyson ausstellen zu dürfen ist ein erfolgreicher Schritt, geschweige denn über die Landesgrenzen hinweg.

Den ganzen Nachmittag besprechen wir die weiteren Details und welche Bilder ich Kyson liefern soll.

Es wird Abend, bis ich mich verabschiede und auf den Heimweg mache. Über der Vielfalt der Kunst habe ich komplett vergessen, dass ich seit heute Morgen blindlings auf ein Problem zusteuere. In der Stille des Autos ermahnt mich jedoch die Stimme, die den ganzen Tag schon in meinem Hinterkopf wispert, immer lauter: Zweimal war einmal zu viel. Du musst die Affäre mit Dela sofort beenden, musst ihr wehtun. Denn du kannst ihr nicht geben, was sie sucht. Unbegrenzte Freiheit willst du doch, kein Frühstück zu zweit.

DELA

Schon kurz vor Mitternacht. Ich starre auf mein Handy. Noch immer kein Sendezeichen von Mars. Keine Antwort auf meine WhatsApp, ob er die Frühstücksflocken inzwischen verdaut habe. Er ist … wie aus der Welt gefallen. Ob er das damit gemeint hat heute Morgen? Erst Sex und dann nichts wie weg?

Selbst schuld, denke ich traurig. Da hat meine Vernunft gestern Abend eine Armee losgeschickt, um das Feld abzustecken und gegebenenfalls den geordneten Rückzug einzuleiten, und was habe ich stattdessen gemacht? Ich bin nur noch weiter ins Minenfeld vorgestoßen, habe sämtliche Abwehrwaffen weggeschmissen und mich freudvoll erobern lassen. Und zu allem Überfluss habe ich dem Feind heute Morgen auch noch ein Frühstück serviert.

Natur-
spektakel

»Deine Miene ist unbezahlbar«, zieht Alexander sie auf.

»Da mache ich sicher nicht mit«, sagt sie.

»Doch, wirst du«, entgegnet er ungerührt und baut sein Stativ auf.

»Nein.« Demonstrativ verschränkt sie die Arme vor der Brust und wendet sich wieder dem Wasserfall zu, dessen Anblick sie sich nicht entziehen kann.

Die Sonne fällt von schräg oben auf das tosende Wasser, das zwischen zwei Felswänden in eine große Wanne herunterdonnert. Das stäubende Nass reflektiert einen bunten Regenbogen.

Mitten in einer Märchenwelt sind wir gelandet, denkt sie ehrfürchtig. Gleich werden Elfen um die Gischt tanzen!

»Bereit?«, unterbricht Alexander ihre Fantasiegebilde.

»Wir sind hier auf einer markierten Wanderroute!«, protestiert sie.

»Na und?« Er zuckt mit den Schultern. »Ich kenne diesen Spot genau. Schließlich ist das nicht das erste Shooting, das ich hier mache. Hier kommen selten Leute vorbei.«

»Selten bedeutet nicht nie«, antwortet sie trotzig und denkt im selben Moment, dass die Sprache der Vernunft die langweiligste Sprache der Welt ist.

»Sind wir heute schon irgendjemandem begegnet?«

»Nein, aber ...«

»Eben. Also schäl dich aus deinen hübschen Wanderhosen.« Er fördert einen türkisfarbenen Bademantel aus seinem Rucksack zutage und hält ihn ihr auffordernd hin. »Bis ich die Kamera richtig eingestellt habe und so weit bin, kannst du den überziehen.«

Sie starrt ihn an.

»Was ist? Traust du dich nicht?« Seine Augen blitzen herausfordernd.

Sie zögert. Einzigartige Erlebnisse nicht einfach an sich vorbeiziehen lassen – das hat sie doch vor einiger Zeit mit sich selbst abgemacht. Wer weiß, wann das nächste Abenteuer kommt. Ob überhaupt noch eines kommt. Sie greift zum Bademantel.

»Ha, wusste ich es doch. Ich konnte dich bisher immer von guten Ideen überzeugen.« Alexander grinst übers ganze Gesicht.

Sie verdreht die Augen und zieht sich um.

Als sie im viel zu großen Bademantel vor ihm steht, deutet er auf einen Felsvorsprung wenige Meter neben dem Wasserfall. »Setz dich mit überkreuzten Beinen dort auf die Felskante. Frontal zur Kamera. Wegen des Wassergeräusches wirst du meine Anweisungen nicht hören können, also drück deinen Rücken durch und probiere verschiedene Kopfhaltungen aus. Und das Wichtigste: Schau nie direkt in die Kamera.«

»Alles klar«, sagt sie betont schmollend, aber ihr Herz hüpft vor Abenteuerlust. Flink klettert sie auf den Felsen.

Alexander schießt ein paar Probeaufnahmen und bedeutet ihr dann, den Bademantel auszuziehen und ihn hinter dem Gestein zu verstecken.

Schutzlos sitzt sie auf dem gewaltigen Felsvorsprung, der Stein ist feucht und das Moos kitzelt ihre Füße. Mit Gesten bedeutet ihr Alexander, was zu tun ist. Sie ist zwar keines der Models, die üblicherweise gekonnt vor seiner Kamera posieren, aber bald vergisst sie das, wird eins mit der Natur. Ihr weicher Körper vermischt sich mit den groben Linien der Steine. Das donnernde Wasser hinter ihr stäubt feine Gischttröpfchen auf ihre Haut, ein kühler Luftsog hüllt sie ein.

Alexander fotografiert ununterbrochen. Als er fertig ist, kommt er zu ihr.

Sie zittert. So sehr war sie in ihrer eigenen Welt versunken, dass sie gar nicht gemerkt hat, wie kalt ihr ist. Eine Gänsehaut hat der Wasserfall auf ihre Haut gezaubert, winzige Gischttröpfchen glitzern in ihrem langen Haar.

Zärtlich streicht Alexander über ihre frierenden Arme. »Zieh deinen Bademantel an.«

Dankbar schlüpft sie in den wärmenden Stoff.

»Warte«, hält er sie zurück, als sie vom Felsen runterklettern will. »Setz dich wieder hin.« Er umfasst Myrina an den Hüften und zieht sie dichter an die Felskante, die exakt auf seiner Kopfhöhe ist. Mit seinen warmen, wissenden Händen fährt er unter ihren Bademantel und streichelt ihre Innenschenkel.

Ihre kühle und sensible Haut reagiert sofort. »Was machst du da?«, fragt sie atemlos.

»Spielen, Myrina. Nur spielen.« Fordernd bewegen sich seine Hände tiefer.

Ihre Fingernägel graben sich in sein Haar. »Was, wenn jemand kommt?«

»Es kommt niemand.« Er hebt eines ihrer Beine an. Sein Mund arbeitet sich langsam von ihren Füßen über ihre Waden bis zu den Innenseiten ihrer Schenkel vor.

Sie seufzt leise auf.

»Spreiz deine Beine, Baby«, fordert er mit heiserer Stimme. »Ich will mein Gesicht dazwischen versenken und dich verwöhnen, bis du meinen Namen schreist.«

Sie reckt sich ihm entgegen. Nur allzu bereit, sich seinen Lippen und seiner Zunge hinzugeben, welche die Führung über ihren Körper übernehmen, so wie er es vorhin hinter der Kamera getan hat. Ein Orgasmus ist Millimeterarbeit, wie das perfekte Bild in der Fotografie auch – und Alexander weiß genau, was zu tun ist. Plötzlich registriert sie aus dem Augenwinkel eine Bewegung – etwas Farbiges zwischen den grauen Felswänden. »Da kommt jemand«, zischt sie erschrocken.

Sein Kopf schnellt zurück. Mit einem Griff hat sie ihre Schenkel mit dem Bademantel bedeckt.

Sekunden später tauchen zwei Wanderer auf. Interessiert beäugen sie die Kamera auf dem Stativ und die eingemummte Badenixe auf dem Felsvorsprung. Sie winken freundlich. Was sie denken, bleibt für immer verborgen, denn nach einem Handyfoto vom Wasserfall wandern sie weiter.

Alexander umfasst Myrinas Hüften. »Nun ist die Wahrscheinlichkeit, dass noch jemand kommt, gesunken.« Er steckt den Kopf wieder unter den Bademantel zwischen ihre Schenkel, die sie willig auseinanderfallen lässt, so voller Lust ist sie. »Du bist ganz feucht«, murmelt er und presst den Mund auf ihre Mitte. Seine Zunge kreist über ihre sensible Knospe und dringt dann langsam in sie ein. Mit den Händen umfasst er ihren Hintern, knetet ihn und drängt ihn an seine Zunge, die stetig in sie hineinstößt.

Myrinas Finger krallen sich in den Felsen. Die Vorstellung, da Sex zu haben, wo andere Erinnerungsfotos schießen, erregt sie. »Komm zu mir«, bittet sie atemlos.

Er löst sich von ihr. Ohne sie aus den Augen zu lassen, öffnet er seine Hose.

Seine Erektion ist beeindruckend.

Rasch hüpft Myrina vom Felsvorsprung herunter.

Er fasst sie an der Taille und dreht sie, sodass sie mit dem Gesicht zum Felsen und mit dem Rücken zu ihm steht. Dann dirigiert er seine Gliedspitze an ihre Öffnung. Tief schiebt er sich in sie. Sein Daumen reibt ihre Knospe.

Myrinas Wimmern verwandelt sich in ein Stöhnen. Begierig drängt sie sich ihm entgegen.

Immer schneller und heftiger stößt er zu.

Nichts mehr denken, nichts mehr tun will sie. Nur noch seine Stöße empfangen. Sie krallt ihre Finger fester in die Felswand und lässt sich fallen. Der Höhepunkt erwischt sie mit Wucht, wie der Wasserfall donnert er auf sie nieder und spült sie weg.

Nie in ihrem Leben hat sie Natur intensiver erlebt.

Rosa
und Rot

Samstag, 4. August

♪ – *Cinderella, L'Aupaire*

DELA

> Mars   13:42
>
> **Alles Gute zum Geburtstag. Lass dich feiern heute! Viele Grüße aus Madrid, Mars.**

Was soll das denn jetzt? Wochenlang hält er mich auf Distanz und nun schickt er mir auch noch diesen unverschämt unpersönlichen Geburtstagsgruß?! Aufgebracht stopfe ich das Handy in meine Handtasche. Nicht mit mir. Darauf antworte ich sicher nicht. Soll Mars sich jemand anders zum Spielen suchen.

Wo ist die blöde Sonnenmilch nur? Ich sehe mich in meiner Wohnung um, haste ins Bad, durchsuche den Badezimmerschrank, werde aber nicht fündig. Ach, Tina kann mir sicher welche leihen, ich bin ohnehin spät dran. Eilig schnappe ich mir die Sonnenbrille, reiße die Wohnungstür auf – und stolpere beinahe über einen Rosenstrauß.

Rot und rosa ist die Blütenpracht, die mir entgegenstrahlt, betörend der Duft, den sie verströmt.

Verzückt nehme ich den Strauß in die Hände und beäuge ihn.

Für Cinderella steht auf der Karte, die in den Blumen steckt. Von einem Absender jedoch fehlt jede Spur, selbst Hinweise auf den Blumenhändler wurden entfernt. Der unbekannte Verehrer hat sich hingegen die Mühe gemacht, die Rosenstiele mit einem Taschentuch zu umwickeln und sie in ein Plastiksäckchen zu stecken, das mit Wasser gefüllt ist.

Sehr umsichtig. Und vor allem sehr romantisch! Ich schnuppere an den Blüten. Von wem die wohl sind? Und was hat es mit Cinderella auf sich? Rasch bringe ich die Rosen in die Wohnung, entferne die Verpackung, stecke die langen Stiele in eine Vase und eile zum zweiten Mal zur Tür hinaus. Nun bin ich wirklich spät dran.

Tina wartet bereits auf dem Parkplatz an unserem Baggersee. »Alles Gute zum Geburtstag, meine Liebe«, begrüßt sie mich und schließt mich, kaum dass ich aus dem Auto gestiegen bin, in die Arme.

Ich drücke sie fest an mich. »Schön, dass du heute mit mir feierst.«

»Na hör mal!« Empört schiebt sie mich von sich. »Es ist mir eine Ehre, diesen Tag mit dir zu verbringen. Erst recht, wenn man die anderen Optionen bedenkt.«

Ich winke ab. »Fünf Dates hatte ich diese Woche. Fünf! Und kein Einziger ist dabei, der auch nur im Ansatz zu mir passt.«

Sie lacht auf. »Selbst Adonis könnte Mars momentan nicht das Wasser reichen. Du bist noch nicht über die Affäre mit ihm hinweg. So einfach ist das.«

»Mars kann mir gestohlen bleiben.« Energisch nehme ich die Handtasche aus dem Auto und setze die Sonnenbrille auf. »Hast du Sonnenmilch mit?«

»Jaja ...«, antwortet sie nur und reicht mir die Tube.

»Tina, seit vier Wochen hat Mars keine Zeit für mich, ist entweder auf Reisen oder hat ach so unglaublich viel zu tun bei der Arbeit – wer's glaubt, wird selig. Völlig belanglose Nachrichten krieg ich bloß von ihm, und heute schickt er mir gar einen noch belangloseren Geburtstagsgruß. Lies das mal.« Ich strecke Tina mein Handy mit Mars' Nachricht hin.

»Nun, er hat zumindest daran gedacht«, sagt sie, nachdem sie die Nachricht gelesen hat, und drückt mitfühlend meinen Arm.

»Ja, hat er.« Es gelingt mir nicht, die Enttäuschung darüber zu verbergen, dass ich eben doch nur eine Affäre für Mars war. »Lass uns aufbrechen, bevor wir den ganzen Tag auf diesem Parkplatz rumstehen.« Ich schließe die Autotür und setze mich in Bewegung.

»Heute Morgen lagen übrigens Rosen vor meiner Tür«, sage ich zu Tina, nachdem wir in den Uferweg eingebogen sind.

»Oh, wie romantisch! Von wem denn?«

»Das weiß ich eben nicht. Sämtliche Hinweise wurden entfernt.«

»Könnten sie von Mars sein?«

Ich schüttle den Kopf. »Sein Geschenk waren Nächte ohne Morgen. Rosensträuße gehören nicht in sein Repertoire. Zudem weilt er in Madrid – was auch immer er dort zu tun hat. Ich verdächtige Vincent, obwohl wir nur noch losen Kontakt haben. Diese Aktion wäre voll sein Stil.«

»Gut möglich.« Tina nickt. »Ein Geburtstag ist die Gelegenheit, dir mit Rosen noch mal zu sagen, was du mit Worten nicht verstehen wolltest.« Mit ihren Händen malt sie grinsend ein überdimensionales Herz in die Luft.

Ich stoße sie in die Seite. »Weitere Rosenkavaliere kenne ich sonst nicht.«

»Da wären nur eines deiner fünf neusten Dates, ein noch unbekannter Verehrer, dein sexy Nachbar von oben, eine Freundin, die sich einen Scherz erlaubt, oder Robert, der um Verzeihung flehen will«, zählt sie auf.

»Weißt du, abgesehen vom sexy Nachbarn hätten alle das Problem, dass sie ohne Schlüssel nicht ins Haus kommen. Und mein sexy Nachbar ist leider schwul«, stelle ich fest. Insgeheim gefällt mir die Vorstellung eines flennenden Roberts allerdings überaus gut.

»Stimmt. Ich wette immer noch auf Mars. Der hat sicherlich Mittel und Wege gefunden, nicht nur in dein Herz, sondern auch in dein Haus zu schleichen.«

Nachdenklich schaue ich auf den See. Gestern, als ich von der Arbeit kam, meinte ich, Vincent um die Hausecke verschwinden zu sehen. Ich glaubte, ich hätte mich geirrt, und dachte nicht weiter darüber nach. Aber vielleicht war er es doch? Vielleicht schlüpfte er hinter mir ins Treppenhaus und platzierte die Rosen vor meiner Wohnungstür, nachdem ich in der Wohnung verschwunden war? »Nein«, sage ich entschieden zu Tina. »Eine solche Aktion passt nicht zu Mars. Es ist Vincent.«

»Welche Farben haben sie?«

»Die Rosen? Rosa und rot.«

Tina nickt anerkennend. »Zarte Gefühle und tiefe Leidenschaft ... dein Verehrer scheint genau zu wissen, wie man eine Frau erobert. Ich bleibe bei Mars. Er ist es.«

Ich schüttle den Kopf. »Vincent kennt mich besser und weiß, dass ich eine hoffnungslose Romantikerin bin.«

Sie hält mir die Hand hin. »Die Wette gilt.«

Ich schlage ein. »Und wie finde ich nun heraus, wer es war?«

»Abwarten. Der Rosenkavalier wird sich schon bemerkbar machen.« Sie lacht. »Schließlich erwartet ihn ein gebührendes Dankeschön.«

Ich schaue wieder zu den schaukelnden Booten und komme nicht aus dem Gedankenkreisel heraus. Mars hat mich mit Leben gefüllt, in einer Intensität, von der ich vergessen hatte, dass sie existiert. Er kann mir jedoch nicht bieten, was ich tief in meinem Herzen suche: ein Zuhause. Vielleicht sollte ich es doch noch einmal mit Vincent probieren?

»Bald bist du ein Jahr Single«, unterbricht Tina meine Überlegungen und blickt mich prüfend von der Seite an. »Wünschst du dich noch immer zurück in dein altes Leben?«

Unentschlossen wiege ich den Kopf. »Ich hätte vieles nicht erlebt. Verrückte Dates wie die Fledermausfütterung und das Glücksmuseum. Oder die Reise ans Mittelmeer. Mein altes Leben wünsche ich mir nicht zurück, aber mein Urvertrauen. Die Leichtigkeit, mich auf einen Menschen einzulassen.«

»Wie meinst du das?«

»Ich misstraue jedem, der Interesse an mir zeigt. Und noch viel mehr misstraue ich jenen, für die ich Interesse habe, können sie mir doch alle wehtun.«

»Liebe macht schwach; deshalb haben wir so sehr Angst davor.«

»Und jede enttäuschte Liebe macht diese Angst unendlich viel größer«, antworte ich. »Aber bevor sich der ganze Tag nur um mich und meine Herzensangelegenheiten dreht, erzähl von dir. Hast du dich für die Weiterbildung entschieden?«

Meine eigenen Weiterbildungsabsichten habe ich vorerst auf Eis gelegt. Zu viel Mars in meinen Kopf. So viel Einfluss auf mein Leben hat er, obwohl er gar nicht mehr da ist. Ich tröste mich damit, dass ich genau genommen noch fünfundzwanzig Jahre Zeit für eine Weiterbildung habe.

Tina erzählt begeistert von der Fortbildung in Schulmanagement, die sie machen will.

Ich spaziere neben ihr her und freue mich darüber, sie seit mehr als zwanzig Jahren an meiner Seite zu wissen. Freundinnen sind manchmal die besseren Lebenspartner. Vermutlich, weil man sie mit anderen teilen kann, sie keinen Anspruch auf Exklusivität erheben.

MARS

Ich nicke und schüttle die Hand, die mir entgegengestreckt wird. Der Name entgeht mir. Ruiz? Oder Diaz? Ich bin nicht bei der Sache heute.

Manuel C. Pérez' Galerie im Künstlerviertel von Madrid ist brechend voll, die Zahl seiner Kunden, die an meinen Werken interessiert ist, ansehnlich. Doch ich brauche eine Pause.

Beiläufig klinke ich mich aus und trete nach draußen auf den Bürgersteig, um frische Luft zu schnappen. Ich zücke mein Handy und suche nach dem Cinderella-Song. Unvermittelt muss ich lächeln. Zu gern hätte ich heute Delas Gesicht gesehen, als sie über die Rosen vor ihrer Tür gestolpert ist.

Ob sie die Überraschung mit mir in Verbindung gebracht hat? Wohl kaum. Nicht, nachdem ich mich in den letzten Wochen so rar gemacht habe. Sicher jedoch hat sie ihre Freude daran gehabt. Ich bin kaum ihr einziger Verehrer, und im Bewusstsein aller infrage kommenden Bewunderer – vergangene Dates, verflossene Liebhaber, Arbeitskollegen und Männer aus ihrem Bekanntenkreis – hat der heutige Tag Dela sicher keinen Anlass zur Sorge um das Älterwerden geboten. Begehrt und umschwärmt hat sie sich hoffentlich gefühlt.

Ich kopiere den Song in das Nachrichtenfeld und schicke ihn an Dela. Ein Kommentar dazu ist nicht nötig, steht nun doch sicher außer Frage, von wem die Rosen sind. Zufrieden verstaue ich das Handy und gehe zurück in die Galerie. Zwischen den Gesprächen mit möglichen Käufern nutze ich immer wieder die Gelegenheit, den Nachrichteneingang zu prüfen; doch eine Reaktion von Dela bleibt aus. Ob sie wütend ist auf mich? Sehr wahrscheinlich.

Vier Wochen habe ich mich in Ausreden geflüchtet, wieso ich sie nicht treffen kann. Die Vernissage und der damit verbundene Aufwand kamen mir da gerade recht. Normalerweise habe ich keine Probleme, meine Affären schadlos in die Vergangenheit zu verfrachten. Bei Dela jedoch zögere ich, kann ihr den entscheidenden Stoß nicht versetzen.

Ich schüttle den Kopf. Diese Frau lässt mich gar Dinge tun, die ich sonst nie tun würde! So bin ich gestern einfach nicht in der Lage gewesen, an der stattlichen Blumenauslage im nahe gelegenen Einkaufscenter vorbeizugehen, ohne an ihren heutigen Geburtstag denken zu müssen. Sämtliche Sträuße habe ich miteinander verglichen. Meine Wahl fiel auf Rosen in Rosa- und Rottönen, weil sie das zarte und facettenreiche Wesen Delas widerspiegeln. Die Blüten waren noch nicht vollständig geöffnet – wie Dela, die in ihrem nächsten Lebensjahr aufblühen soll.

Ich schiele erneut auf mein Handy. Nichts. Habe ich ihre Verehrerliste unterschätzt? Kassiert gar ein anderer ein Dankeschön für den Rosenstrauß?

Ich stehe am Check-in am Flughafen, als mir Dela endlich eine Antwort schickt.

Dela	21:31
Eine romantische Ader hätte ich dir gar nicht zugetraut.	

Ich mir auch nicht, denke ich schelmisch. Vielleicht erfahre ich, welche Verehrer sonst noch um sie herumschwirren. Die Konkurrenz zu kennen ist immer von Vorteil.

[An Dela]	21:33
Wen hast du denn verdächtigt?	

Gespannt warte ich auf ihre Antwort.
Die kommt postwendend.

Dela   21:34
Dich ganz sicher nicht. Bist du nicht in Madrid?

[An Dela]   21:35
Heute schon. Die Rosen habe ich aber gestern vor deine
Tür gelegt.

Dela   21:37
Sehr clever. Und wie hast du es ins Treppenhaus geschafft?

[An Dela]   21:39
Ganz einfach. Ich hab die Klingel gedrückt.

Was so einfach dann doch wieder nicht war. Blumen
kaufen und vor Delas Tür stellen, so der spontane Plan.
Dass aber entweder niemand zu Hause sein oder man
mich nicht reinlassen könnte, habe ich nicht bedacht.

Keiner der neun Nachbarn öffnete auf mein Klingeln
hin. Fast eine Stunde lungerte ich wie ein Einbrecher,
der sein Ziel ausspioniert, vor Delas Haus herum, bis ich
hinter einer jungen Dame, auf deren Klingeln hin seltsamerweise dann doch jemand den Türöffner betätigte,
hineinschlüpfen konnte.

Dela   21:42

Und mit der Blumenvase hast du dich selbst übertroffen. Plastikbeutel, Wasser, Wattebausch, Klebeband. Ein Herz für ausgesetzte Pflanzen hätte ich dir auch nicht zugetraut.

[An Dela]   21:43

Du unterschätzt mich ...

Eine ausreichende Wasserversorgung war essenziell. Verwelkte Rosen hätten Dela wohl kaum die richtige Botschaft übermittelt.

Dass ich mir bei der Konstruktion der Vase zuerst mit der neu gekauften Schere in den Finger geschnitten und dann auch noch mit dem Wasser meine Hose getränkt habe, muss sie ja nicht wissen. Zudem besitze ich nun neunundvierzig restliche Plastikbeutel. Einen Einzelnen gab es ja nicht zu kaufen.

Dela   21:45

Scheint so, als hättest du eine solche Überraschung nicht zum ersten Mal geplant.

Wenn sie wüsste. So viel Aufwand für nur eine einzige Frau habe ich schon lange nicht mehr betrieben.

[An Dela] 21:47

DAS bleibt mein Geheimnis. Wie viele Männer hast du denn verdächtigt?

Vielleicht verrät sie mir jetzt die Länge ihrer Verehrerliste?

Dela 21:50

DAS bleibt mein Geheimnis.

Ich lache auf. Wie ich das Spiel mit ihr liebe! Ich muss sie unbedingt sehen. Einmal ist keinmal und zweimal ist auch zu wenig. Ich will einen Multi-Night-Stand, und zwar einen romantischen!

[An Dela] 21:52

Krieg ich ein Dankeschön?

Dela 21:53

Klar. Du darfst nächste Woche mit mir laufen gehen :-)

Jahrhundert-sommer

♪ – *Never Be the Same, Camila Cabello*

DELA

»Lass uns kurz ins Wasser springen«, dränge ich und schaue zu Mars, der neben mir läuft.

Sein Gesicht ist schweißüberströmt, und das Laufshirt klebt ihm an der Brust.

»Oh ja. Wo?«, stimmt er sofort zu.

Während sich unsere Kollegen in der klimatisierten Kantine eine Bratwurst mit Pommes gönnen, brennt uns die Sonne gefühlte vierzig Grad auf die Haut. Mittagshitze hin oder her, ich wollte Mars unbedingt sehen, dafür würde ich mit ihm auch durch das Death Valley oder die Antarktis laufen.

»Da vorn?« Ich deute mit dem Zeigefinger auf eine seichte Flussbiegung.

Rasch ziehen wir unsere Schuhe und Socken aus und stürzen uns mitsamt verschwitzten Sportklamotten ins kühle Nass. Der Fluss fließt an dieser Stelle träge vor sich hin und ebenso träge lassen wir uns treiben.

Plötzlich packt mich Mars am Fußgelenk und zieht mich unter Wasser. Prustend und lachend klammere ich mich an ihn und lasse mich zurück in Ufernähe tragen.

Noch im Fluss stehend zieht er mich an sich. »Wer geht über Mittag schon einfach nur essen?«, raunt er an meinem Ohr.

»Sicher nicht der außergewöhnliche Mars.« Ich kichere. »Du scheinst für viele Überraschungen gut zu sein.«

Mit einem spitzbübischen Grinsen zieht er die Schultern hoch. »Ich tue mein Bestes, anspruchsvolle Frauen bei Laune zu halten.«

Ich nicke bestätigend. »Über die Rosen habe ich mich sehr gefreut.« Was schlichtweg eine Untertreibung ist. Einen Freudentanz habe ich vollführt, als ich merkte, dass die Rosen von ihm sind. Der Strauß hängt nun kopfüber zum Trocknen in meinem Badezimmer. Auf keinen Fall will ich das Geschenk einfach so verwelken lassen. »Es ist die schönste Überraschung, die du mir machen konntest.« Vor allem nachdem ich dich bereits abgeschrieben habe, füge ich in Gedanken hinzu.

»Ach weißt du«, Mars zuckt mit den Achseln, »das gehört bei mir zum Standardpaket.«

»Zu welchem Standardpaket?«

»Ein Geburtstag ist etwas Besonderes. Die Frauen, mit denen ich zusammen bin, dürfen deshalb auch eine besondere Überraschung erwarten«, antwortet er und degradiert sich mit zwei Sätzen vom Rosenkavalier zum Schürzenjäger.

Ich schaue in seine dunklen Augen, die abwartend auf mir ruhen. Kann es sein, dass eine kaum merkliche Unsicherheit darin aufflackert? Mars' Versuch, die für ihn vermutlich mehr als außergewöhnliche Rosenaktion gewöhnlich zu reden und damit zu verschleiern, dass er in die Romantikfalle getappt ist, macht die Aktion nur noch außergewöhnlicher! Wie ein Blitz schlägt diese Erkenntnis in mir ein, und mit einem Schlag wechselt meine Seelenlandschaft vom düsteren Winter in den Jahrhundertsommer. So fühlt sich verlieben an – hier und jetzt, mit donnerndem Herzen, verschwitzt und nass in Mars' Armen.

Mars, nichts ahnend von den in mir tobenden Naturgewalten, beugt sich zu mir herunter und küsst mich.

Ich drücke ihn fest an mich. Könnte ich doch genau diesen einen Moment festhalten! Für immer festhalten, abfüllen und in einer großen Flasche davontragen, damit ich daraus trinken kann, wann immer ich durstig bin. Und ich bin durstig. Nein, mehr noch, ich bin süchtig! Ich löse mich von Mars' Lippen. »Zeigst du mir mal dein Zuhause?«, frage ich. Schließlich bin ich jetzt verliebt und will genauer wissen, wem ich mein Herz zugeworfen habe.

»Klar, du kannst mich und meine Aloe gern besuchen kommen.« Er knabbert an meinem linken Ohr.

»Heute Abend?«

»Lass mich meine Junggesellenbude erst noch auf Vordermann bringen. Sie soll glänzen, wenn du kommst.«

»Wie hoch stapeln sich denn die ungespülten Teller in deiner Spüle?«, frage ich kritisch und schiebe ihn von mir.

Er lacht auf. »Meine Küche beeindruckt eher durch einen leeren Kühlschrank. Aber den kann ich noch rasch füllen. Also heute. Um acht?«

Ich nicke lächelnd. »Klingt gut.«

Er berührt meine Schultern und streicht über meine Arme. »Du zitterst ja. Lass uns zurücklaufen und umkleiden.« Er zieht mich mit sich aus dem Wasser.

Dass ich friere, habe ich gar nicht bemerkt.

MARS

Ausgepowert von der Laufrunde lasse ich mich in den Bürostuhl fallen und greife nach meinem Handy.

Planänderung für das Wochenende ist angesagt. Dela kommt heute zu mir. Und morgen früh will ich sie nicht gleich rausschmeißen.

> [An Su]   13:46
> **Hi Su, ich muss unser morgiges Shooting verschieben.**
> **Passt dir Samstag in einer Woche auch?**

Als ich vorhin mit Dela im kühlen Fluss gestanden und ihren warmen Körper an mich gedrückt habe, hat sie so glücklich ausgesehen. Da war ein Leuchten in ihr, das ansteckend ist. Ich will mehr davon sehen.

Rasch verdränge ich Dela aus meinem Kopf und wende mich der Arbeit zu. Da summt mein Handy.

Das wird Su sein. Ich lese die Nachricht.

> Von: Marie   13:52
> **Ciao Bello! Wie geht's? Bacio, M.**

Nicht Su, sondern Marie, die ich vor zwei Jahren bei einer Party kennengelernt habe. Einem One-Night-Stand folgten gelegentliche Treffen in unregelmäßigen, langen Zeitabständen. Nicht ungewöhnlich, dass ich schon seit Monaten nichts mehr von ihr gehört habe. Wenn sie sich meldet, hat sie für gewöhnlich das Bedürfnis nach Sex.

Gespannt, ob meine Vermutung zutrifft, texte ich zurück.

> [An Marie]   13:56
> **Alles bestens. Und bei dir?**

Maries temporäre Lücken in ihrem Sexualleben schließe ich grundsätzlich gern, Gefühle jedoch verbinden mich nicht mit ihr. Es ist ein zweckorientiertes Verhältnis, das beiden Seiten Vorteile verschafft. Und Erleichterung.

> Marie   13:57
> **Ich will dich sehen! Und zwar nicht nur sehen ...**

Ihre Antwort bestätigt meinen Verdacht. Ich betrachte die Buchstaben. Seltsamerweise verspüre ich heute nicht das geringste Bedürfnis nach Marie. Wenn ich an unsere erotischen Stunden zurückdenke und sie mit denen mit Dela vergleiche, erscheinen sie mir eintönig und wenig abwechslungsreich, die Gespräche vor und nach dem Sex wie eine unsinnige, leere Hülle. Etwas, das mich bislang nie gestört hat. Mit Besorgnis nehme ich zur Kenntnis, dass Dela in meinem aktuellen Sexualleben eine überaus starke Soloposition einnimmt, mehr noch, dass ich meine Eroberungsliste sträflich vernachlässige. Und ich ertappe mich sogar dabei, dass ich es gar nicht anders will!

Immer mit der Ruhe, ermahne ich mich und tippe ins Handy:

> **[An Marie]**   13:59
> **Leider habe ich im Moment keine Zeit, Marie.**

Ich werde sie hinhalten. So lange, bis sich der Multi-Night-Stand mit Dela abgekühlt hat und ich zu meiner alten Form zurückgefunden habe.

> Marie   14:00
> **Warum nicht???**

> **[An Marie]**   14:03
> **Ich bin beschäftigt. Vielleicht im September wieder?**

September ist gut, denke ich zufrieden. Das ist weder zu früh noch allzu lange hin. Und jetzt sollte ich mich langsam um meine Arbeit kümmern. Mein Geld arbeitet leider noch nicht ohne mich.

Ich will das Handy beiseitelegen, da folgt eine weitere Nachricht.

> Marie   14:04
> **September? Machst du Witze? Ich muss dich jetzt sehen!**

Energisch lege ich das Handy auf den Schreibtisch und
widme mich meinem Excel, die Konzentration jedoch ist
nur von kurzer Dauer. Dela – übers ganze Gesicht hat sie
gestrahlt, als sie sich für die Rosen bedankt hat.

Plötzlich steht Emanuel neben meinem Schreibtisch,
seine Miene finster wie eine Kneipe nach der Sperrstunde.

»Schlechte Nachrichten?«, frage ich ihn.

»Die Schätzung von Goldman Sachs für das globale
Wirtschaftswachstum wurde massiv nach unten korri-
giert. Hast du die News nicht gelesen?« Er ist in seinem
Element. Mit einer Mischung aus tiefer Bestürzung und
faszinierter Erregung malt er leidenschaftlich den Teufel
an die Wand. Er scheint an Hiobsbotschaften aus der Fi-
nanzwelt die gleiche Freude zu haben wie ich an weiblichen Orgasmen.

Mein Handy summt. Dela vielleicht?

Während Emanuel immer wilder gestikuliert, greife
ich zum Handy und lese die Nachricht.

Immer noch Marie. Und selbst für sie eine ungewöhnlich
direkte Nachricht. Um ihre Botschaft zu unterstreichen,
hat sie ein Ganzkörper-Selfie in einem knappen Sommer-

kleidchen mitgeschickt, welches sowohl ihre Brüste als auch ihren Hintern betont.

»Sieht düster aus, nicht?« Emanuel, dem mein erstaunter Gesichtsausdruck nicht entgangen ist, hält inne und blickt mich abwartend an.

»Eigentlich gar nicht. Könnte aber durchaus sein, dass die Sache aus den Fugen gerät«, antworte ich mit zustimmendem Nicken.

Emanuel zottelt grummelnd wieder ab und vergräbt sich hinter seinem Bildschirm.

Ich versuche derweil, die Konversation mit Marie zu einem vernünftigen Abschluss zu bringen.

> [An Marie] 14:14
> **Marie. Ich kann nicht. Es haben sich ein paar Dinge verändert in den letzten Wochen.**

> Marie 14:15
> **Hat die andere auch so schöne Brüste wie ich?**

Ihre Antwort ist begleitet von einem weiteren Selfie. Diesmal in einem eng anliegenden violetten Top mit einem tiefen Ausschnitt. In ihrem Dekolleté hängt wie immer ein kleiner gekreuzigter Heiland. Sein leidendes Gesicht passt so gar nicht zu dem Umstand, dass er sich zwischen zwei prallen Früchten der Lust befindet. Zwei süßen Früchten, von denen auch ich immer gern gekostet habe. Heute vermag mich das Bild jedoch nicht zu begeistern.

[An Marie] 14:17

Marie, es geht nicht mehr.

Marie 14:20

Glaub ja nicht, dass ich noch da bin, wenn du genug hast von der Schlampe, die dir offenbar den Verstand weggeblasen hat!

Verblüfft über diese Reaktion und ihre ordinäre Ausdrucksweise lege ich mein Handy wieder beiseite. Gerade sie hat doch immer betont, dass wir frei wären und tun und lassen könnten, was wir wollten. Offensichtlich hat sie dabei verschwiegen, dass sie erwartet, ich stünde ihr immer zur Verfügung, wenn sie es wieder einmal braucht.

Xenia grinst mich über den Bildschirm hinweg an. »Was ist los mit dir, Mars? Ist dir beim Laufen zu heiß geworden?«

DELA

Minimalistisch trifft auf Mars' Wohnstil am ehesten zu, überlege ich, als ich sein Wohnzimmer betrete und mich umsehe.

Der Raum wirkt schnörkellos, aber durchdacht. Wenige Möbel, deren Formen schlicht und geradlinig sind, vermitteln ein luftiges Raumgefühl. Viele freie Flächen bestätigen, dass Mars die Kunst des Weglassens eindeutig beherrscht. Auffällige Akzente setzen einzig eine kleine

Aloe, die in der Mitte des Raums raffiniert auf einer Säule drapiert ist, sowie eine leinwandgroße Kunstfotografie, welche die eine Seite des Wohnzimmers einnimmt.

Neugierig betrachte ich das Bild – ein nebelverhangener, mystisch anmutender Wald. Ich trete näher und mache ein feenhaftes Wesen aus, das zwischen den nassen Bäumen hervorblitzt. Fast sieht man es nicht, so sehr verschmilzt es mit der Natur. Ich schaue genauer hin. Ist das eine nackte Frau? Auf einem Ast erkenne ich ein zweites Wesen. Anmutig schmiegt es sich ans Astwerk, seine schlanken Glieder mit dem Baum zu einem kunstvollen Gebilde vereint.

»Komm mit«, fordert Mars mich auf und nimmt mich an der Hand. Er führt mich in Richtung Küche, die blitzblank poliert und so leer ist, als wäre sie direkt einem Verkaufskatalog entsprungen.

»Sind die Küchenschränke gefüllt oder ist die ganze Küche eine Attrappe?«, frage ich.

Mars lacht und öffnet die Kühlschranktür. »Zumindest den Kühlschrank habe ich heute extra aufgefüllt für dich.«

»Alles, was man für einen Abend und einen Morgen danach so braucht«, kommentiere ich den übersichtlichen Inhalt, freue mich aber insgeheim über die zwei Joghurts und die frischen Erdbeeren, die im zweiten Regal stehen – eine aufmerksame Geste, besteht Mars' Frühstück in der Regel doch aus zwei Tassen Kaffee mit Zucker. Aufschnitt und Käse, drei Tuben Senf und eine Flasche Weißwein komplettieren den Kühlschrankinhalt.

Mars drückt mir die Flasche und zwei Gläser in die Hand, nimmt Aufschnitt und Käse und führt mich auf den Balkon.

Pflanzen und Sicht ins Grüne sind hier Fehlanzeige. Der Balkon wird durch einen Grill dominiert und verfügt über einen einmaligen Blick auf einen Parkplatz.

»Wie lange wohnst du schon hier?«, möchte ich wissen.

»Mit Unterbrechung, zehn Jahre.« Er entkorkt die Flasche und füllt unsere Gläser.

»Oh. Das bedeutet, du und deine Exfrau haben hier zusammen gewohnt?«, frage ich. Unvorstellbar, dass in dieser durch und durch maskulinen Singlewohnung mal ein trautes Heim gewesen sein soll. Unvorstellbar, dass man nach einer Trennung nicht irgendwo anders neu anfangen will.

»Ja. Gleich nach der Trennung bin ich ausgezogen, und als sie dann mit ihrem neuen Mann zusammengezogen ist, bin ich wieder zurückgekommen.« Er hält mir eines der Gläser hin.

»Wieso das denn?«

Er sieht mich erstaunt an. »Wieso denn nicht? Die Wohnung hat immer noch denselben idealen Grundriss und liegt genauso zentral wie vorher auch. Daran ändert eine Trennung ja nichts. Wieso also nicht wieder einziehen?«

»Man muss wohl ein Mann sein, um das zu verstehen«, antworte ich und nehme das Glas entgegen.

»Unsere Trennung war wenig emotional. Gemeinsame Erinnerungen findet man in meiner Wohnung auch nicht mehr«, bemerkt Mars mit Blick in sein Wohnzimmer. »Aber lass uns heute nicht über meine Exfrau reden«, fügt er an.

Damit gießt er einen Eimer Wasser über die nächste Frage, die mir auf der Zunge brennt: Eine wenig emotionale Trennung von seiner Exfrau? Das glaubt er doch wohl selbst nicht. Oder ist er ein gefühlloser Eisklotz? Schwer vorstellbar, wenn man seine sinnlichen Lippen und feinfühligen Hände kennt. »Okay. Dann über deine Exfreundinnen?«, frage ich und lehne mich zurück. Der harte Loungesessel drückt mir in den Rücken. Gemütliche Kissen scheint es in Mars' Haushalt nicht zu geben. Vermutlich hat seine Exfrau sie mitgenommen.

Mars stellt sein Weinglas beiseite. »Ich glaub, ich muss dich auf andere Gedanken bringen«, sagt er, steht auf, nimmt mir mein Glas wieder aus der Hand und zieht mich hoch. Mit seinen Hüften schiebt er mich ans Balkongeländer. Links und rechts von mir platziert er seine Hände und erstickt alle meine Fragen mit begehrlichen Küssen, denen ich mich nur allzu gern hingebe.

Auch heute werde ich also nichts von ihm erfahren, was mir Einblick in sein Seelenleben gibt. So offen er für die Antworten anderer ist, so verschlossen ist er, wenn es um ihn selbst geht. Jetzt gerade ist mir das egal. Seine fast schwarzen Augen sind wie zwei Kohlestücke, die sich auf meinen Körper brennen, seine Küsse ein Versprechen für eine unvergessliche Nacht. Mehr brauche ich in diesem Moment nicht.

Mars löst sich von mir und zieht mich ins Wohnzimmer. Dort drückt er mich mit dem Rücken an das Panoramafenster, hebt meine Arme in die Höhe und hält sie über meinem Kopf fest. Mit der anderen Hand streift er mir Bluse und BH von den Schultern und die Hose von den Hüften.

Die kühle Glasscheibe und Mars' heiße Hände lassen mich erschauern. Nur kurz denke ich darüber nach, welches Schauspiel wir den Nachbarn hier bieten, dann vergesse ich mich in seinen Lippen und Händen, die eine glühende Spur auf meiner Haut hinterlassen.

»Ich will alles von dir kosten.« Er zieht mich zum Küchentisch, wo er mich auf die Tischplatte legt wie ein köstliches Abendessen.

Oh, wie ich mir wünsche, dass er jede einzelne Stelle von mir verspeist.

»Beweg dich nicht.« Mars' Stimme ist heiser. Ohne den Blick von mir zu lösen, zieht er sich aus.

Ich richte mich auf, will mit meinen Händen über seine trainierte Brust zu seinem flachen Bauch fahren. Will seine Erektion berühren, die mir sehr deutlich zeigt, was er will: mich.

Mars jedoch drückt mich zurück auf die Tischplatte. Dann zieht er mich mitsamt dem Tisch zu sich und lässt seine Lippen über meinen Körper und meine intimsten Stellen tanzen.

Rasend schnell bahnt sich ein Höhepunkt in mir an und unter seinen Lippen zerberste ich in tausend Stücke. Mindestens.

Mars gönnt mir keine Pause und zieht mich hoch, führt mich zu seiner Küchenarbeitsplatte, auf die er mich setzt. Endlich dringt er in mich ein. Langsam und Stoß für Stoß nimmt er meinen Körper in seinen Besitz.

Ich schließe die Augen und elektrische Wellen überziehen mich von Kopf bis Fuß. Der Sinnessturm, der über mich hereinbricht, schwemmt mich weg. Weit weg. Ich ziehe Mars näher zu mir, möchte ihn mitnehmen; doch ein Orgasmus ist letztlich etwas Einsames. Auch wenn Mars gerade so nahe ist, wie es ein Mensch nur sein kann, kann er nicht mitkommen auf die paradiesische Insel, an die mich mein Höhepunkt schwemmt.

Als ich die Augen öffne, ruht Mars' Blick auf mir. Dann schließt auch er die Augen und stößt heftig zu. Dreimal, viermal. Er wirft den Kopf zurück und stöhnt leise auf. Es ist dieser eine Moment, in dem der Mensch – jeglicher Selbstkontrolle entglitten – sein wahres Ich offenbart. Mars' kantige Gesichtszüge werden weich. Er wirkt entrückt, einsam und allein.

Ich nehme sein Gesicht in meine Hände, fahre ihm durch die lockigen Haare, die sich, normalerweise mit Gel gebändigt, nun wild auf allen Seiten kringeln und bedecke seine Lippen mit meinen Küssen.

Putzen

♪ – *Burn for You, Nine One One*

DELA

Als ich mich gegen Mittag von Mars verabschiede, lasse ich den Blick erneut durch seine Wohnung schweifen – diesmal mit anderen Augen.

Mars braucht keine Dekoration, denn die Dekoration bin ich. Seine Fenster sind mit Handabdrücken übersät, bei genauerem Hinschauen erspähe ich sogar mein Hinterteil auf der Scheibe, welches nun die Vorhänge ersetzt. Kerzen auf dem Tisch oder Töpfe auf der Küchenanrichte sind nicht der Mühe wert, hätten sie doch nur Mars' *Kochkünste* gestört.

Mit einem entrückten Lächeln auf den Lippen mache ich mich auf den Heimweg, während mein Verstand noch auf einer Südseeinsel weilt. Mars' Hunger nach mir scheint unstillbar; und meiner nach ihm ist es auch. Es ist, als müsste ich Vorräte anlegen, weil es jedes Mal das letzte Mal sein könnte, dass wir uns sehen. Mars' ganzes Verhalten zeigt, dass er eine Affäre sucht, keine Beziehung – den Moment, nicht die Dauerhaftigkeit.

Ich bin schon fast zu Hause, da summt mein Handy.

Es folgt ein Link auf *Burn for You* von Nine One One.

MARS

Mit Putzeimer und Waschlappen bewaffnet stehe ich vor der Scheibe und inspiziere die Abdrücke von Delas Gestalt auf dem Fensterglas. Ihr süßer Hintern zeichnet sich deutlich darauf ab. Bei der Erinnerung an gestern muss ich unwillkürlich lächeln. Wie schön es mit ihr doch gewesen ist. Ich betrachte den Waschlappen in meiner Hand. Verdammt, eigentlich will ich doch die Spuren unserer gemeinsamen Nacht gar nicht wegwischen. Ich will Delas Hintern auch morgen und übermorgen noch an meiner Scheibe sehen. Ich stelle das Putzzeug zurück an seinen Platz und tigere in meiner Wohnung hin und her. Dann greife ich zum Handy. Emanuel: Ihn brauche ich jetzt. Liebling wird ihn hoffentlich ein paar Stunden entbehren können.

Ich texte ihm.

Er antwortet postwendend.

»Zwei Bier, bitte!«, rufe ich dem Mädel hinter der Bar zu. Unverzüglich kommt sie an unseren Tisch und stellt die beiden Gläser zwischen mich und Emanuel.

»Darf es sonst noch etwas sein?«, fragt sie mit einem diensteifrigen Lächeln.

Ich verneine, und sie verschwindet zwischen den Gästen.

Emanuel schaut ihr hinterher. »Sie flirtet mit dir«, bemerkt er.

»Denkst du?«

Er nickt. »Ganz klar. Sie hat dich auf diese eindeutige Art angelächelt. Und hast du ihren auffälligen Hüftschwung nicht gesehen?«

Ich schüttle den Kopf.

»Mars, was ist los?« Emanuel sieht mich besorgt an.

»Ach, wenn ich das wüsste«, antworte ich und starre in mein Bierglas. »Irgendetwas läuft schief. Erinnerst du dich an Marie?«

»Klar, die heiße Mieze, die letztes Jahr auf der Party gar nicht genug von dir kriegen konnte. Hat sie heute Nacht mit dir gespielt?«

»Sie ist nicht mehr spannend.«

»Nicht mehr spannend? Wann genau hat denn dieser Sinneswandel bei dir stattgefunden?« Emanuel zieht eine Augenbraue hoch.

»Eben! Ich sag's ja, irgendetwas läuft schief. Und putzen will ich auch nicht mehr!«, antworte ich aufgebracht.

»Hä?« Verständnislos schaut er mich an. »Dann besorg dir doch eine Putzfrau.«

»Meine Fenster zieren Finger- und Poabdrücke, die ich nicht wegmachen will ...«, unterstreiche ich meine Sorge. Emanuels Gelassenheit möchte ich haben!

Dieser kneift die Augen zusammen und grinst. »Von wem denn?«

»Dela.«

»Die zugeknöpfte Dela Kleeberg aus der Marketingabteilung? Die, mit der du monatelang laufen warst und bei der du dann unverrichteter Dinge abgezogen bist? Die hast du flachgelegt? Oder besser gesagt, flachgedrückt?« Ungläubig schlägt er auf den Tisch.

»Sie ist nicht eine, die man *flachlegt*!«, verteidige ich unsere schönen Stunden und leere ärgerlich in zwei großen Zügen mein Bier.

Emanuel sieht sich nach der Bedienung um. »Wir brauchen definitiv mehr Bier«, murmelt er.

Als hätte sie seine Bemerkung gehört, erscheint sie am Tisch und stellt zwei volle Gläser vor uns hin. Sie zwinkert mir zu und verschwindet wieder.

»Läuft bei dir«, sagt Emanuel.

»Was?«

Er hebt mein Glas in die Höhe. »Schau auf deinen Bierdeckel. Da steht ihre Telefonnummer drauf.«

Tatsächlich. Ich starre auf die Nummer.

»Also, die würde ich auch nicht von der Bettkante stoßen«, bemerkt Emanuel bewundernd.

»Meinst du, Liebling wäre damit einverstanden?«, frage ich bissig.

»Spielverderber«, gibt er zurück.

Ich drehe den Bierdeckel auf die andere Seite, nehme Emanuel mein Glas aus der Hand und stelle es wieder darauf. »Aus den Augen, aus dem Sinn.«

»Mars«, sagt er mit ernster Miene und beugt sich zu mir vor, »ich mache mir echt Sorgen um dich.«

»Wieso denn?«

»Ich kann es mir nicht anders erklären, doch es besteht die Möglichkeit, dass du dir die Finger verbrannt hast.«

»Hä?«

»Du bist verliebt.«

»Quatsch, das passiert mir nicht«, wehre ich ab.

Emanuel lacht auf. »Warte.« In seiner Tasche wühlt er nach dem Handy. »Ich ruf die Feuerwehr.« Er tippt auf die Anruftasten und murmelt dabei »eins, eins, zwei«. Dann hält er sich das Handy ans Ohr. »Hallo? Bin ich hier richtig? Spreche ich mit der Feuerwehr? ... Ja, ein Vollbrand ...«

»Emanuel! Hör auf damit!« Wütend schaue ich ihn an. Der hat sie wohl nicht mehr alle.

»Oje, Mars, ich habe gehört, verlieben passiert immer wieder. Und es kommt noch schlimmer: Man sagt, dass Verliebte sogar Gefahr laufen, miteinander glücklich zu werden.« Feierlich hebt er sein Bierglas in die Höhe. »Komm, lass uns endlich anstoßen. Auf Dela und das aufregendste Gefühl der Welt!«

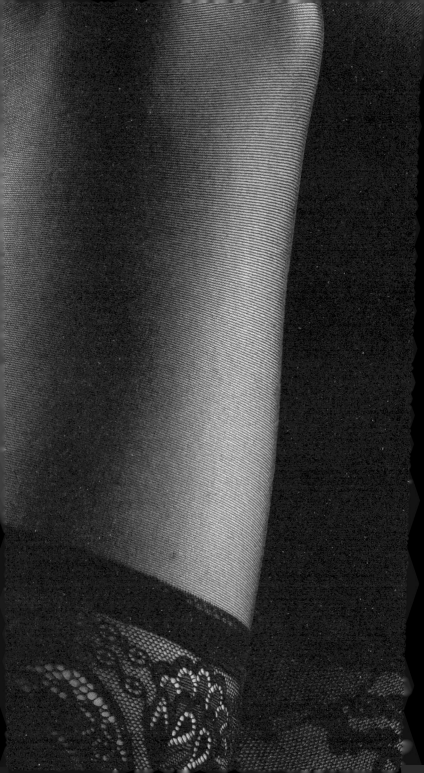

Spritztour

Auf sein Klingeln hin reißt Myrina stürmisch die Wohnungstür auf. »Da bist du ja endlich«, begrüßt sie Alexander und scannt ihn von oben bis unten. Für das Ergebnis braucht sie keine zwei Sekunden: Er ist heiß! Der schicke Anzug und das blütenweiße Hemd passen wie angegossen.

Er nimmt sie in die Arme und zieht sie an seine Brust. »Hast du mich vermisst?«, flüstert er und leckt mit seiner Zunge über ihre Ohrmuschel.

Sie erzittert.

Mit den Fingerspitzen fährt er über ihren Hals zu ihrem Schlüsselbein und gleitet in den Ausschnitt ihres Kleides. »Den brauchst du heute Abend nicht.« Er zieht am Träger des BHs und lässt ihn wieder zurückschnellen. »Zieh ihn aus.«

»Jetzt schon?«

»Ja.« Mit seinen Hüften schiebt er sie zurück in die Wohnung und schließt mit der einen Hand die Tür. Mit der anderen fährt er über ihren Rücken zu ihrem Po, packt ihn unvermittelt und drückt Myrina an seine Mitte. »Dein Höschen ist auch nicht nötig.«

»Ich dachte, wir gehen aus?« Sie löst sich aus seinem Griff und stemmt protestierend die Hände in die Hüften.

Schließlich trägt sie heute ihr elegantes Abendkleid, das sie ausführen will. Selten genug sind solche Gelegenheiten. Allzu oft versteckt sie sich in biederen Businesskostümen oder bequemen Trainingshosen.

»Keine Sorge, das tun wir auch.« Er greift in die Tasche seiner Anzughose und fördert ein winziges Stück Seide zutage. »Zieh die an«, verlangt er und drückt ihr das Etwas in die Hand.

Sie beäugt die zwei feinen, halterlosen Strümpfe. Schwarz. Mit Spitzenabschluss. Die Dame in der Lingerie muss ihn gut beraten haben, woher sonst hat er die?

Kurze Zeit später sitzen sie in seinem Auto.

»Sag schon, wohin fahren wir?«, fragt sie ungeduldig, doch das ist nur gespielt. Sie liebt Überraschungen – insbesondere seine.

»Wir machen eine Spritztour«, erwidert er. Mit der freien Hand streichelt er ihr Knie. Langsam fährt er ihren Oberschenkel entlang bis zum Spitzenbesatz ihrer neuen Strümpfe.

»Wenigstens ein kleiner Tipp?«, fragt sie, und ihr Atem stockt, als seine Hand ihre Haut berührt und über ihre nackte Mitte streift. Er liebt es, mit ihr zu spielen, das weiß sie ganz genau.

»Nein.« Unvermittelt zieht er die Hand unter ihrem Kleid hervor, nimmt ihre Hand und legt sie auf seinen Schritt.

»Du trägst keine Unterhose!« Prüfend fährt sie in seine Hose und streicht über sein Geschlecht.

»Sollte ich?«, antwortet er betont gelassen.

Sie gleitet tiefer, reibt seine beiden Hoden, die sich sofort zusammenziehen.

»Baby, lass jetzt bitte deine Finger von mir. Ich muss mich auf den Verkehr konzentrieren«, sagt er, seine Stimme plötzlich rau.

Aufreizend langsam fährt sie über sein verräterisch zuckendes Glied zurück und zieht die Hand weg. Auch sie hat Macht über seinen Körper, und das erregt sie. Mit einem leisen Lächeln lehnt sie sich in ihren Sitz zurück und blickt durch die Windschutzscheibe.

Der strömende Regen verschleiert die Stadt zu einer diffusen Masse. Es ist Samstagabend, die Straßen sind menschenleer.

Sofa und Netflix stehen wohl auf dem allgemeinen Programm, denkt sie. Nichts für sie. Sie mag Alexanders persönliches Drehbuch lieber, und der heutige Abend verspricht mehr Spannung als jeder Blockbuster.

Er parkt das Auto vor ihrem Lieblingslokal, einer stilvollen Rooftop-Bar mit trendigen Cocktails, dezenter Hintergrundmusik und atemberaubender Aussicht über die Stadt.

Sie setzen sich in ihre Lieblingsecke und geben die Bestellung auf. Zwei Gin Tonic. Für ein schickes Paar. Ohne Unterwäsche.

Alexander berührt ihr Knie und fährt am Saum ihres Kleides entlang. »Ich könnte jetzt deine nackte Pussy streicheln«, flüstert er ihr ins Ohr und schiebt ihr Kleid ein Stück hoch.

»Jetzt? Hier?« Verstohlen schaut sie sich in der voll besetzten Bar um.

»Ich könnte mit meinen Fingerspitzen über deiner kleinen Perle kreisen. Dich ein wenig reizen.« Er schiebt das Kleid noch ein wenig höher. »Dann könnte ich ertasten, wie feucht du bist.«

Sie atmet tief ein, ihr Inneres ein einziger Kampf zwischen Vernunft und Verlangen.

»Ich würde dann meinen Finger in dich schieben. Sanft. Sodass es niemand hier mitbekommt.« Er streichelt die weiche Haut ihres Innenschenkels und tastet sich langsam zu ihrer hochsensiblen Mitte vor.

Ihre Nasenflügel blähen sich auf in dem Bemühen, ihren Atem ruhig zu halten.

»Macht dich das scharf?«

»Ja«, flüstert sie und schließt die Augen.

Sanft streichelt er über ihr Geschlecht.

Seine Berührung ist berauschender als eine ganze Flasche Gin – ohne Tonic. Heißes Verlangen durchströmt sie, und sie presst sich an seine Hand.

Alexander zieht sich zurück. »Beherrsch dich, Baby. Wir sind ein anständiges Paar in einer anständigen Bar.«

In diesem Moment erscheint der Kellner mit ihren Drinks und stellt diese vor sie auf den Tisch.

Rasch greift Myrina nach ihrem Glas und nimmt einen kräftigen Schluck, dankbar um das kühle Nass in ihrer viel zu trockenen Kehle. Unauffällig zieht sie ihr Kleid zurück über ihr Knie und schlägt die Beine übereinander.

»Du siehst verdammt sexy aus, wenn du um Beherrschung ringst«, sagt Alexander grinsend und nippt ebenfalls an seinem Gin Tonic. »Sag mal, erinnerst du dich an dein erstes Mal?«

»Erstes Mal generell oder erstes Mal in einer Bar?«, fragt sie und spielt mit ihrem Strohhalm.

Beinahe verschluckt er einen Eiswürfel. »Du hattest schon mal Sex in einer Bar?«

»Klar. Du etwa nicht?« Sie unterdrückt ein triumphierendes Lächeln. Dieser Punkt geht an sie. Mit ihrer

Hand fährt sie seinen Oberschenkel entlang und verharrt an seinem Schritt. Sie reibt sein Glied, das sich ihr
sofort entgegenstreckt.

Alexander packt Myrinas Handgelenk und legt ihre
Hand energisch auf den Tisch zurück.

»Mein erstes Mal«, sagt sie leichthin, »war so: schmales Einzelbett, Kuschelrock-CD, mindestens drei Versuche, bis das Kondom richtig drauf war, und die Eltern
unten im Wohnzimmer. Mein Höhepunkt war der Reiz,
erwischt zu werden.«

»Hast du dich nie gefragt, wieso sich jeder an sein
erstes Mal erinnert, während die darauffolgenden Male,
die doch allesamt viel besser waren, in Vergessenheit geraten?«

»Gute Frage …« Sie nippt an ihrem Drink. »Weil sie
sich alle zu sehr gleichen, vielleicht?«

»Exakt zu diesem Schluss bin ich auch gelangt.« Er
leert seinen Drink in einem Zug und greift zu seiner
Brieftasche. »Lass uns gehen.«

»Wie? Ich dachte, wir hätten erst angefangen?«

»Das war das Vorspiel.« Er fährt mit dem Daumen
über ihre Unterlippe und küsst sie. »Aber Sex in der Bar?
Das merk ich mir für nächstes Mal.«

Draußen regnet es noch immer in Strömen.

Alexander fährt los. Zügig lassen sie die Stadt hinter
sich, die Lichter werden weniger. Auf einem unscheinba-
ren Parkplatz hält er an und stellt die Zündung ab. »Wir
sind da.«

Die Erkenntnis steigt Myrina in den Kopf wie der Gin
Tonic, den sie vorher getrunken hat. »Du willst Sex im
Auto!« Das Hämmern ihres Pulses vermischt sich mit
dem Regen, der aufs Autodach prasselt.

Anstelle einer Antwort beugt er sich über die Mittelkonsole zu ihr rüber, drückt seine Lippen auf ihre, neckt sie herausfordernd mit seiner Zunge. Ohne sich von ihr zu lösen, zieht er ihr mit einer schnellen Bewegung das Kleid über den Kopf und drückt Myrina zurück in den Beifahrersitz. Er saugt an ihren Brustwarzen wie ein Verdurstender, der soeben eine frische Quelle gefunden hat. Mit seiner freien Hand spreizt er ihre Beine und fährt über ihre feuchte Mitte, kreist über ihrem Eingang und schiebt dann langsam einen Finger in sie. Mit dem Daumen massiert er ihre Knospe.

Sie stöhnt auf und drückt sich ihm entgegen. Schnell und heftig bahnt sich ein Orgasmus in ihr an.

Genauso schnell zieht er seine Hand weg. »Noch nicht, ich will in dir sein, wenn du kommst«, sagt er mit vor Erregung heiserer Stimme. »Setz dich auf die Rückbank.« Er deutet in den hinteren Teil des Autos.

Nur mit ihren halterlosen Strümpfen und Stilettos bekleidet klettert sie über die Mittelkonsole und setzt sich mit einladend gespreizten Beinen auf die Rückbank.

Er öffnet seine Hose und holt sein bestes Stück hervor, das sie mit ihren Augen begehrlich verschlingt. Rasch schiebt er seinen muskulösen Körper zwischen den Vordersitzen hindurch, umfasst ihre Taille mit seinem Arm und legt sie sanft, aber bestimmt auf die Rückbank. Dann greift er sein Glied und streift mit der Eichel über ihre Spalte, die beinahe zerfließt.

Sie drängt sich ihm entgegen. »Füll mich aus«, fordert sie.

Mit einer gekonnten Bewegung dringt er in sie ein und ihre Füße stoßen gegen die Decke. Drängend sind seine Stöße, mit denen er ihrer Aufforderung nachkommt.

Die Scheinwerfer eines vorbeifahrenden Autos leuchten ins Wageninnere. Der Gedanke, dass das Auto neben ihnen anhalten könnte, erregt Myrina aufs Äußerste. Ihre Hände krallen sich in Alexanders Rücken. Wie ein Feuerball rast ihr Orgasmus durch ihren Körper. Ihre Muskeln ziehen sich heftig zusammen, nehmen sein Glied gefangen, als sie kommt.

Alexanders Atmen wird schneller, und eine Gänsehaut überzieht seinen Oberkörper. Vorboten seines Höhepunktes. Er hält inne, ringt um Beherrschung.

»Mehr«, fordert sie und zieht seinen Kopf zu sich herunter, vergräbt ihre Zunge in seinem Mund.

Alexander zieht sich zurück und stößt erneut in sie. Versucht sich an einem Rhythmus, der sie in den nächsten Höhepunkt und ihn nur an dessen Rand treibt.

Die Scheinwerfer eines weiteren Autos erhellen das Schauspiel. Wie eine Zündschnur wirken sie auf ihre Nervenenden, ihr ganzer Körper ist eine heiße Glut. Ihren zweiten Orgasmus schreit Myrina heraus.

»Zum Teufel«, knurrt Alexander. Er stößt noch einmal tief in sie und verliert die Kontrolle. Mit einem heiseren Aufstöhnen begräbt er Myrina unter sich, sein Herz ein rasender Tornado.

Sekunden-fall

Samstag, 22. September

♪ – *Magic, Coldplay*

DELA

Wieso heiraten eigentlich alle, nur ich nicht?

Definitiv eine Frage, mit der ich mich auseinandersetzen muss. Bald. Aber nicht jetzt, öffnet sich doch in diesem Augenblick die Kirchentür, und die Braut wird hereingeführt. Mit der Glückseligkeit, die nur Frauen in Brautkleidern zu eigen ist, schwebt sie an mir vorbei. Ein Moment, der mich immer wieder berührt. Auch heute fällt es mir schwer, meine Tränen zu unterdrücken. Strahlend schreitet sie durch den Kirchengang. Bezaubernd sieht sie aus. Ach, wieso bloß hält dieses Strahlen, diese Freude aneinander nicht für immer an? Wieso trägt die Euphorie dieses einmaligen Tages das Brautpaar nicht durchs gemeinsame Leben? Stattdessen entpuppt sich das Versprechen, sich ewig treu zu sein, in mindestens fünfzig Prozent der Fälle als eine Lüge – so auch bei Mia und Mars.

Verstohlen tupfe ich mir meine feuchten Augen ab und schiele zu Mars. Wie es sich wohl anfühlt, der Frau, auf die man selbst einmal am Altar gewartet hat, dabei zuzusehen, wie sie einem neuen Mann in die Arme läuft?

Seine Miene gibt keine Antwort preis.

Ich jedenfalls würde Robert garantiert nicht zuschauen. Eher hätte ich vorher die Kirche abgefackelt. Ich rücke etwas näher zu Mars.

Ohne eine Sekunde zu zögern, bin ich der überraschenden Einladung zu dieser Hochzeit nachgekommen. Ich werde Mars' Freundes- und Bekanntenkreis sehen. Seinen früheren zwar, aber die Summe aller Freunde formt schließlich den Charakter eines Menschen. Wirklich neugierig jedoch bin ich auf die Frau, mit der er vierzehn Jahre zusammen war. Vierzehn Jahre – schwer vorstellbar, wenn man den unnahbaren Mars kennt.

Ich greife nach Mars' Hand, die mein Knie streichelt, und drücke sie. Seit Wochen schon schickt er mich mit seiner emotionalen Distanz und dann wieder körperlichen Nähe in ein Wechselbad der Gefühle. Wenn wir zusammen sind, fühlt es sich so warm, so bleibend an. Kaum verlieren jedoch seine streichelnden Hände den Kontakt zu mir, ist er weg – als zöge er eine unsichtbare Mauer um sich hoch, hinter der mir der Eintritt verwehrt ist. Ganze Wochenenden ist er fort, und ich habe keine Ahnung, was er tut oder wo er ist. Es gibt Tage, in denen er sich nur spärlich bis gar nicht meldet. Bei anderen anscheinend schon, summt doch ständig sein Handy, wenn ich bei ihm bin. Es gibt nur einen Grund, wieso ich nicht längst die Flucht ergriffen habe: Ich bin verliebt. Ich könnte eine ganze Playlist füllen nur mit Songs für Mars. Tausend Schmetterlinge habe ich im Bauch. Nein, keine Schmetterlinge, tausend ausgewachsene, flügelschlagende Tauben!

»Das ist Dela, meine Freundin«, stellt mich Mars, den Arm um meine Schultern gelegt, den Hochzeitsgästen nach der Trauung vor. Die offizielle Statusbezeichnung aus seinem Mund klingt mehr als ungewohnt, gefällt mir aber.

Viel freundliche Neugier schlägt mir entgegen. Mars ist beliebt, das merkt man. Lange hat man sich nicht mehr gesehen. Alle wollen wissen, wie es ihm geht, und man schwelgt in gemeinsamen Erinnerungen. Ich fühle mich keinen einzigen Moment lang ausgeschlossen, im Gegenteil, Mars lässt keine Zweifel offen, dass ich zu ihm gehöre. Er erzählt allen, ob sie es hören wollen oder nicht, wie wir uns kennengelernt haben. Die allermeisten wollen es, und so höre ich ungefähr zwanzigmal die Geschichte, wie er mich auf der Terrasse unter dem Sternenhimmel geküsst hat und ich nicht mit leidenschaftlichen Gegenküssen, sondern mit einem *Ich muss jetzt ins Bett* geantwortet habe.

»Hey, ihr zwei Turteltauben!« Mia drängt sich zwischen uns. »Ihr sitzt ja auf dem Trockenen. Mars, hol mal Nachschub, dann haben wir zwei Frauen Zeit für das, was wir am besten können: Frauengespräche.«

Mia ist ein blondes, quirliges Energiebündel, die einen mit ihrer direkten, aber liebenswürdigen Art sofort einnimmt. Sie ist mir auf den ersten Blick sympathisch.

Mars salutiert und verschwindet in Richtung Tresen.

Mia sieht ihm hinterher und wendet sich dann mir zu. »Schön, dass du hier bist. Mars hatte schon sehr lange niemanden mehr über eine längere Zeit an seiner Seite«, kommt sie ohne Umschweife zu einem hoch spannenden Thema.

»Wie viel ist denn eine längere Zeit?«, frage ich.

Sie zuckt mit den Schultern. »Hmmm, zwei Tage vielleicht?«

»Uff. Da hab ich das Haltbarkeitsdatum mit knapp drei Monaten aber arg überschritten.«

Amüsiert lacht sie auf. »Du scheinst gute Konservierungsstoffe zu besitzen. Mars redet viel von dir.«

»Ah ja?«, antworte ich erstaunt, und Mia sieht mich fragend an. Rasch füge ich hinzu: »Ich hatte bislang nicht das Gefühl, dass ich außerhalb unserer jeweils eigenen vier Wände eine Rolle spiele. Deshalb hat mich auch die Einladung zu eurer Hochzeit überrascht.« Nachdenklich blicke ich zu Mars, der am Tresen neben Mias neuem Mann steht.

Mia berührt mich am Arm. »Hab Geduld. Mars spielt gern den Macho, um zu verstecken, dass er ein weiches Herz hat. Er ist ein guter Mann.«

Beide schauen wir zu, wie sich der ausrangierte mit dem frischgebackenen Ehemann am Tresen unterhält.

Mein Herz fliegt Mars zu. Wie er dasteht, lachend auf der Hochzeit seiner Exfrau, ungeachtet der Spuren, die die gescheiterte Ehe garantiert auch bei ihm hinterlassen hat – obwohl er das nie freiwillig zugeben würde. Einem Impuls folgend gehe ich zu ihm an die Bar.

Lächelnd legt er den Arm um mich und drückt mich fest an sich.

Mars ist ein guter Mann – wenn das die Exfrau sagt, kann es gar nicht anders sein, oder?

MARS

Ich spüre Dela neben mir und würde sie am liebsten nie mehr loslassen. Ich ziehe sie noch ein wenig näher. Sie passt so richtig gut in meine Arme, stelle ich fest.

319

Sie nippt an ihrem Drink und lächelt mich an. »Wieso haben Mia und du euch eigentlich getrennt?«, fragt sie plötzlich und lenkt unser Gespräch damit, der Situation trotzend, in eine weit weniger romantische Richtung.

Ich schaue zu meiner Exfrau rüber. »Wir hatten viele unlösbare Probleme«, beginne ich. Wie kann man das Ende einer vierzehnjährigen Beziehung bloß in einem Satz zusammenfassen? Ich entscheide mich für die nüchternen Fakten. »Sie hat sich plötzlich verliebt.«

Dela schaut mich betroffen an. »Oh, das ist schlimm.«

Ich streichle ihre Schulter. »Es kam nicht so überraschend wie bei dir, bei uns war einiges in Schieflage. Die Trennung war eine gegenseitige Befreiung aus einer Sackgasse, wie eine schwerwiegende, aber notwendige Operation.«

»Und der Mann? Ist sie mit ihm zusammengekommen?«

Ich nicke. »Sie hat ihn vorhin geheiratet.«

Dela zuckt zusammen. Erschrocken starrt sie erst mich an und dann Niklas, der Mia in diesem Moment zum Tanzen auffordert.

»Du musst das rational sehen«, versuche ich zu erklären. »Niklas hat ein Problem gelöst, an dem Mia und ich zerbrochen wären. Er hat ihr eine neue stabile Beziehung gegeben und mir die Möglichkeit, nochmals durchzustarten. Ein Retter in der Not.«

»Rational? Retter in der Not? Echt jetzt?« Delas Blick durchleuchtet mich, eine Prüfung auf Herz und Nieren.

Ich halte stand. Verdammt. Unmerklich schüttle ich den Kopf. Ich habe mir doch nach Niklas' Rettungsaktion geschworen, meine Frauen künftig austauschbar zu halten. Wieso werfe ich dann alle meine Grundsätze über

Bord, sobald ich Dela neben mir spüre? Sie ist eindeutig ein Risiko, das ich nicht im Griff habe.

»Wollen wir tanzen?«, frage ich sie, bevor sie das Thema Exfrau weiter vertiefen kann, und ziehe sie in Richtung Tanzfläche. Ich will jetzt wirklich nicht in meinem früheren Leben graben, schließlich bin ich kein Archäologe.

DELA

Mit gefühlten tausend Pirouetten in den Füßen falle ich ausgepowert auf Mars' Sofa. Was für ein Tag! Ich bin so glücklich, als hätte ich heute meine eigene Hochzeit gefeiert. Mars ist ein phänomenaler Tänzer, die ganze Nacht hätte ich mit ihm durchtanzen wollen, wenn meine Füße mir nicht irgendwann den Dienst verweigert hätten. Ich kuschle mich tiefer in die Sofakissen.

Mars nimmt meine schmerzenden Füße in seine Hände und knetet sie sanft. Plötzlich lacht er. »Ich glaube, wir haben jetzt definitiv eine Beziehung!«

»Wieso?«, frage ich. Ich für meinen Teil habe ja schon lange eine mit ihm.

Beinahe ungläubig zeigt er auf meine Füße. »Das ist ein untrügliches Zeichen dafür. Füße kneten ist definitiv ein Beziehungsding.«

Ich lächle still vor mich hin. Ich mag Füße kneten. Die Geste sagt mir: *Lauf nicht davon. Bleib bei mir.*

Plötzlich hält Mars inne. »Was ist Beziehung für dich?«

»Gemeinsam Weihnachten feiern«, antworte ich ohne Zögern. »An diesen Tagen der Liebe allein zu sein ist das Traurigste am Singledasein, finde ich.«

Er drückt meine Füße und lächelt mich an. »Wenn das so weiter geht mit uns, feiern wir in drei Monaten zusammen.«

»Das wäre schön.« Ich lächle zurück.

»Ein gemeinsames Foto ist ebenfalls Beziehung«, fährt Mars fort.

»Oh ja«, stimme ich sofort zu und richte mich auf. »Lass uns die Fotos, die du heute gemacht hast, anschauen.« Ich brenne darauf, ein gemeinsames Foto zu haben. Eines, das ich anschauen kann, wenn Mars mal wieder weg ist.

Er zückt sein Handy und wischt mit seiner freien Hand durch die Bildergalerie.

Brautpaar, Gäste und Dutzende Selfies von uns. Plötzlich springen mir zwei Frauenbrüste in die Augen. Nahaufnahmen. Ohne Gesicht dazu.

Schnell wischt Mars zurück zu dem Bild, das eben noch uns beide auf der Party gezeigt hat.

»Was war denn das?«, frage ich sofort alarmiert.

»Ach nichts.« Er legt das Handy beiseite und widmet sich besonders intensiv meinen Füßen.

Ich schaue ihn an. »Wessen Brüste waren das? Die sind wohl kaum zufällig auf deinem Handy gelandet, oder?«

»Doch. Mehr oder weniger schon. Sie wurden automatisch gespeichert«, antwortet er mit einem Achselzucken.

»Automatisch gespeichert?«

»Von WhatsApp.«

»Von WhatsApp? Wer schickt dir denn solche Nachrichten?« Mir klopft das Herz bis zum Hals.

Betretenes Schweigen.

Ich will meine Füße zurückziehen, doch Mars drückt sie so fest, dass es schmerzt. »Ich sollte dir da was erzählen. Eigentlich hätte ich das schon früher tun sollen«, sagt er zögernd.

Ich bin mir nicht sicher, ob er weiterreden soll. Ich kenne das. Es ist der Sekundenfall; die eine Sekunde, in der man weiß, dass jetzt etwas kommt, das man nicht hören will und trotzdem hören muss. Die Sekunde, in der man aus dem Himmel der Träume auf den Boden der Tatsachen fällt – wie im letzten Sommer auf der Terrasse mit Robert.

»Die Fotoshootings, die ich mache«, fährt Mars fort, »sind keine Shootings von Landschaften und Architektur.«

»Ich weiß, du fotografierst auch Menschen.« Ich erinnere mich an unser erstes Gespräch bei der Silvesterfeier, als wäre es gestern gewesen.

Er deutet auf die leinwandgroße Kunstfotografie mit den feenhaften Wesen im Wald. »Dieses Bild ist von mir ...« Er sucht nach Worten. »Ich mache hauptsächlich Aktfotografie. Die Frau auf WhatsApp ist eines meiner Models«, sagt er nach einer kurzen Pause.

Erschrocken blicke ich zur raffinierten Aufnahme an der Wand und versuche zu verstehen. Aktfotograf? Nackte Models? Da sind sie alle auf einmal – seine Leichen, nach denen ich gesucht habe, die er aber doch lieber in der Tiefkühltruhe hätte ruhen lassen sollen. Ich hole tief Luft, um die Welle der Angst zurückzudrängen. »Zur Aktfotografie gehört demnach auch, dass dir die Models Nahaufnahmen ihrer Brüste zusenden?«

Mars nickt. »Ab und zu gibt es eine Vermischung von Geschäftlichem und Privatem.«

»Du schläfst mit deinen Models?«, frage ich leise.

Fünf Worte, die das Gewicht einer Tonne haben. Und die ganze Unmöglichkeit meiner Wünsche enthalten.

MARS

Verdammt! Ich bin nicht vorbereitet auf dieses Gespräch! Wie soll ich dem angeschossenen Rehlein bloß meine Passion für die Aktfotografie erklären, ohne dass es sofort in den Wald flüchtet? Ich brauche Zeit zum Nachdenken, die richtigen Worte für diese wichtige Sache! Ich atme tief ein. Noch liegen Delas Füße fest in meinen Händen. Kein Fluchtversuch. So weit, so gut, beruhige ich mich. »Ja, hin und wieder habe ich mit einem Model auch geschlafen«, gebe ich zu. In Delas Gesicht meine ich zu erkennen, wie sie mein *Hin und wieder* durch ein *Ständig* ersetzt. Mist.

»Die Wochenenden, an denen du keine Zeit hattest – warst du da fotografieren?«, fragt sie und starrt mich mit weit geöffneten Augen an.

»Ja. Ich ...«

»Nur du und das nackte Model in einem einzigen Raum?«, unterbricht sie mich und zieht ruckartig ihre Füße zurück.

Nein, lauf jetzt nicht davon, ich habe doch noch gar nicht alles erzählt! Sofort nehme ich ihr Gesicht in meine Hände. »Dela, hör mir mal zu«, bitte ich sie und schaue sie eindringlich an. Ich sehe Panik in ihren Augen – vielleicht ist es auch meine eigene Panik, die sich darin widerspiegelt. »Die Fotografie ist eine Passion für mich, ein Lebensinhalt. Jede freie Minute verbringe ich damit, alle meine Energie investiere ich darin. Und klar, als Single hatte ich nichts dagegen, wenn ein Model auch privat die Hüllen fallen ließ.«

Dela sieht mich abwartend an.

Dass sie noch nicht die Flucht ergriffen hat, gibt mir Hoffnung. »Ich bin kurz davor, die Fotografie zu meinem Beruf zu machen«, fahre ich zögernd fort. »Die Aktfotografie passt nicht in eine Beziehung, wie du sie dir wünschst – das ist mir klar.« Scheiße, hätte ich mich doch rechtzeitig auf dieses Gespräch vorbereitet. Was soll ich ihr bloß sagen? »Vorerst werde ich keine Shootings mehr machen«, räume ich ein.

»Vorerst?«, pickt Dela sich das entscheidende Wort aus meinem Zugeständnis.

»Gib mir etwas Zeit«, bitte ich. »Die Fotografie bedeutet mir sehr viel, ich kann sie nicht so einfach aus meinem Leben kicken.«

»Wieso hast du mir nicht früher davon erzählt?«, flüstert sie, ihr Blick der des verletzten Rehs, wie ich sie kennengelernt habe.

»Weil ich zuerst dachte, dass du nicht lange in meinem Leben bleibst«, antworte ich ehrlich. »Und als du dann immer wichtiger für mich wurdest, habe ich Angst davor bekommen, dich damit in die Flucht zu schlagen.«

»Ach Mars.« Sie schaut zur Fotografie an der Wand. »Wie soll das gehen? Ich allein gegen eine Heerschar an schönen, jungen Frauen?«

Ein Zweifel, den ich nachvollziehen kann. Ich ziehe sie näher, will nicht, dass sie mir entwischt. »Dela, es findet sich immer eine Frau, die schöner und jünger ist. Aber es findet sich keine, die genau so ist wie du. Perfekt für mich. Du bist es, die die leere Hälfte in mir ausfüllt, niemand anderes.« Kaum habe ich die Worte ausgesprochen, wird mir klar, dass es genau so ist. Dela ist keine Affäre, die nach zwei Tagen beendet ist. Auch nach vier Monaten nicht. Dela gehört zu mir. Und das macht mir Angst.

Sie sieht mich traurig an. »Man kann auch mit jemandem zusammen sein und sich verhalten, als wäre man frei.«

Vehement schüttle ich den Kopf. »Ich kenne keinen Mann, der nicht gern hin und wieder mit einer anderen Frau schlafen möchte. Und sicher gibt es genauso viele Frauen, die Abwechslung suchen. Aber ich will darauf verzichten, Dela, und zwar aus dem einen Grund, weil auch ich dich nicht teilen will. Ich kann es dir nicht beweisen. Du musst es mir einfach glauben.«

Sie entzieht sich mir.

Ich schließe die Lücke zwischen uns sofort. »Meine Freiheit und Unabhängigkeit hat auch Rastlosigkeit und Oberflächlichkeit in mein Leben gebracht«, fahre ich fort. »Ich glaube nicht mehr, dass es für Abwechslung immer neue Menschen braucht. Begegnungen müssen nicht zwingend mit Unbekannten stattfinden, damit sie spannend sind.«

Fast kann ich das Räderwerk in Delas Kopf hören, wie es die Neuigkeiten zu verarbeiten sucht. Ich rücke noch ein Stück näher.

»Kann das mit uns funktionieren, Mars? Sind wir nicht zu verschieden?«, fragt sie leise.

»Es liegt an uns, das gemeinsam herauszufinden.« Ich nehme sie in die Arme, halte sie fest und hoffe, dass ihre Gefühle für mich intensiv genug sind, damit sie mich genauso schwer aus ihrem Leben entfernen kann wie ich die Aktfotografie. Ich will nicht, dass sie geht.

DELA

Mars' Umarmung hüllt mich ein wie eine wärmende, schützende Decke. Wie schön es doch wäre, bei ihm zu bleiben. Für immer.

Vorerst hat er gesagt, aber was bedeutet das für das Danach? Kann ich von ihm verlangen, dass er die Aktfotografie aufgibt? Verliert er damit nicht auch seine Passion? Eine berufliche Perspektive, für die er irgendwann mich verantwortlich machen wird? Nein, das kann ich nicht. Doch komme ich damit klar, dass sich regelmäßig zwanzig- bis maximal dreißigjährige makellose Frauenkörper vor seiner Linse ausziehen? Viele davon sicher willig, ihm ihren Körper nicht nur im Studio, sondern auch im Bett zu präsentieren. Kann ich darauf vertrauen, dass er widersteht? Ich, der das Vertrauen doch erst kürzlich abhandengekommen ist.

Mein Herz zieht sich zusammen voller Sehnsucht nach ihm. Nach uns. Ich will das so sehr – er und ich, mit der Leichtigkeit einer Feder, die durch den siebten Himmel schwebt. Nur, wie kann ich ihm vertrauen?

Unmerklich schüttle ich den Kopf. Es kann nicht funktionieren. Die Zeit mit Mars war wie ein schöner Traum. Ein Traum, der nun von der Realität eingeholt wird. Ich kuschle mich in seine Umarmung, vergrabe mein Gesicht in seiner Achsel und versuche, die aufsteigenden Tränen zu unterdrücken. Ich möchte Mars festhalten und nie mehr loslassen. Aber genau das haben vor mir andere auch schon gewollt.

Es ist an der Zeit, ihn wieder freizugeben. Das ist besser für mich. Und für ihn auch.

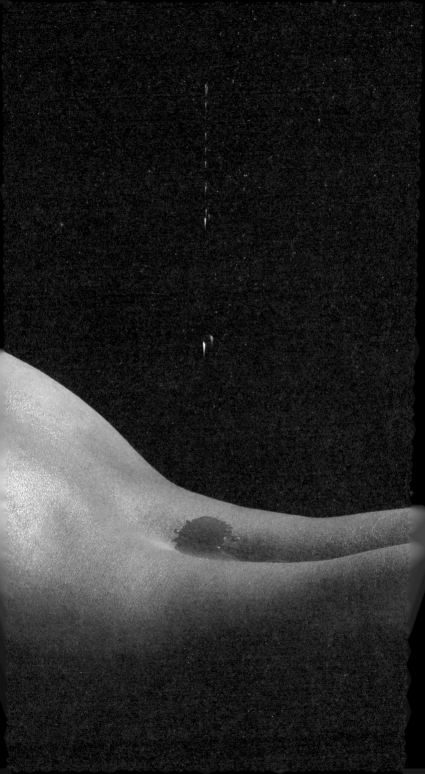

Zauberhände

»Du lässt dir von einer Fremden die Genitalien massieren!«

Myrina schreckt aus ihrem Halbschlaf hoch. Auf ihrer inneren Bühne herrscht Hochbetrieb. Madame Verstand, Frau Bauchgefühl und Lady Abenteuerlust stehen in wildem Streitgespräch. Unruhig dreht sie sich auf die andere Seite. Sie braucht den Schlaf in dieser Nacht.

»Das kannst du nicht machen. Das ist viel zu intim!«, rügt Madame Verstand.

»Entspann dich und geh auf innere Entdeckungsreise. Du wirst erstaunt sein, welche Geschenke dir deine Yoni offenbart«, beschwichtigt Lady Abenteuerlust.

»Lass dich einfach treiben. Erwarte nichts und fühle alles«, trällert Frau Bauchgefühl.

Myrina vergräbt ihren Kopf unter der Bettdecke und versucht, die Stimmen zu verbannen. Was hat Alexander ihr da bloß wieder eingebrockt! Eine Tantra-Massage! Und in ein paar Stunden schon soll sie in entspanntem Grundzustand dort erscheinen. Er hat gut reden. Ihm wird ja der weitaus einfachere Part zuteil. Sie lässt sich ihre Yoni massieren, und er schaut dabei zu, das Ganze nennt sich dann Paarritual. Vermutlich schläft er wie ein Engel heute Nacht.

Wie zur Bestätigung wettert Madame Verstand: »Yoni, Tantra – klingt alles schön und geheimnisvoll. Aber eigentlich ist es doch bezahlter Sex.«

»Du wolltest deine Grenzen entdecken, mach jetzt keinen Rückzieher«, droht Lady Abenteuerlust.

Genervt wirft Myrina die Bettdecke zurück und steht auf. Jetzt hilft nur noch eins: Baldriantee. Vielleicht führt dieser sie bis morgen Nachmittag zur Entspannung und zum Einklang von Körper und Geist.

In entspanntem Grundzustand ist um siebzehn Uhr nur eine: Samira. Selbst Alexander wirkt ungewöhnlich nervös. Samiras Stimme ist ruhig, ihr Lächeln herzlich. Mit ihrem langen schwarzen Haar, das ihr locker über die Schultern fällt, und dem seidenen Lunghi ist sie die verzaubernde Schlichtheit in Person. Ihre feinen Gesichtszüge, die helle Haut und die schwarz umrandeten Augen wirken wie einem Gemälde entsprungen. Ihr Händedruck zur Begrüßung ist sanft, aber bestimmt.

Als Myrina Samira das erste Mal traf, hat sie diese Hände eingehend studiert; denn damit würde Samira ihre intimsten Zonen, ihre Yoni verwöhnen. Eine Yoni braucht Zeit, Langsamkeit und Sanftheit, hat Samira ihr erklärt. Bis zum vollständigen Öffnen könne bis zu einer halben Stunde vergehen; doch dann sei sie das Tor ins Paradies, und die Zervix, eine Auslöserin tiefster Empfindungen, werde besonders aktiv. Myrina, die vorher noch nie etwas von zervikalen Orgasmen gehört hatte, hat nur erstaunt mit dem Kopf genickt.

Mit ihren schlanken und gepflegten Händen bedeutet Samira ihnen nun, den Massageraum zu betreten.

Der Raum ist mit einer Liege ausgestattet und wirkt mit Kerzen, vielen Tüchern und Decken warm und einladend. Im Hintergrund läuft leise Musik, Räucherstäbchen verströmen einen süßen, schweren Duft, der sie sofort in eine fremde Welt entführt.

Ehe Myrina sich's versieht, sitzen sie und Alexander Samira im Schneidersitz gegenüber auf dem Boden, in ihrem eigenen Lunghi – ein Stück Stoff, weiter nichts. Trotzdem fühlt sich Myrina darin aufgehoben wie in einem schützenden Nest. Ein Schutzschild, den sie schon sehr bald wird hergeben müssen.

Sie atmet tief ein. Entspannung, ruft sie sich in Erinnerung.

»Schließt jetzt eure Augen«, sagt Samira mit ihrer ruhigen Stimme. »Atmet tief ein ... horcht in euch hinein ...«

Auf Kommando zur Ruhe zu kommen fällt Myrina schwer. Sie atmet tief ein. Und tief aus, innerlich darum betend, dass sie mit jedem Atemzug ein bisschen von ihrer Nervosität ausatmet.

»Legt den Alltag ab ... spürt, wie ihr ruhiger werdet ...«

Sie unterdrückt ein Seufzen. Dafür müsste sie wohl den ganzen Abend Atemübungen machen.

»Entspannt euch ... lasst eure lästigen Gedanken gehen ...«

Myrina gelingt, was sie nicht erwartet hat. Sie taucht ab. Der Duft und die Musik lullen sie ein und treiben sie weit weg.

Als Samira sie bittet, die Augen wieder zu öffnen, hat Myrina kein Zeitgefühl mehr. Ist eine Minute vergangen? Eine Stunde?

»Wir ehren nun die Königin«, sagt Samira. »Alexander, wieso ist Myrina einzigartig für dich?«

Alexander sucht Myrinas Blick. »Du bist eine Kämpferin. Das gefällt mir. Aber einzigartig bist du für mich, wenn du deine Waffen fallen lässt und dich mir mit deiner ganzen Seele hingibst.«

»Myrina«, bittet Samira, »möchtest du Alexander ebenfalls sagen, was ihn einzigartig für dich macht?«

Myrina schluckt leer und unterdrückt die gefühlsduseligen Regungen, die Alexanders Worte in ihr ausgelöst haben. »Du bist einzigartig, weil du mich immer wieder meine Grenzen überwinden lässt. Mit dir scheint alles möglich. Und noch viel mehr.«

Alexander nimmt ihre Hand und drückt sie fest.

Samira steht auf und streift sich ihren Lunghi vom Körper. Sie tut dies mit einer Selbstverständlichkeit, als brächen nach einem langen Regentag endlich die Sonnenstrahlen durch das Gewölk und als würde sie sich ihres überflüssigen Regenmantels entledigen. Sie bedeutet ihnen, es ebenfalls zu tun.

Gleich nackt stehen sie sich alle drei gegenüber.

»Myrina, erlaubst du mir, dich zu berühren?«, fragt Samira.

»Ja«, murmelt sie. Ihre Stimme klingt fremd in ihren Ohren.

»Namaste«, sagt Samira, verneigt sich vor ihr und führt sie dann zu der Liege, wo sie Myrina anweist, sich auf den Bauch zu legen.

Die Massage ist himmlisch. Göttlich. Surreal. Samiras Berührungen sind sanft und weich. Weibliche schmale Hände, die sie auf solch sinnliche Weise berühren, wie sie es noch nie erlebt hat. Alexanders kräftige Hände kennt sie genau, und doch fühlen sie sich heute anders an. Beschützend. Vier zauberhafte Hände auf ihrem Rücken, ihrem Po und ihren Beinen. Jeden Muskel streichen sie ihr glatt, jede Anspannung wischen sie ihr weg. Sie ist die Empfangende, sie muss nichts geben heute, nur nehmen. Keine Erwartungen, nur Genuss. Endlich kann sie loslassen. Myrina schmilzt dahin wie ein Stück Schokolade in der Sonne.

Nur zu gern dreht sie sich auf den Rücken, als sie von Samiras sanfter Stimme dazu aufgefordert wird. Zwanzig streichelnde Finger wandern voller Verehrung über ihren Bauch und ihre Brüste, vollkommen im Einklang, als hätten sie sich abgesprochen. Ihre Haut dürstet nach jeder einzelnen Berührung wie eine trockene Blume nach Wasser. Hitze durchströmt sie, als würde sie bis in die letzte Zelle aktiviert. Ihr Körper ist eine einzige sprudelnde Quelle voller Glück.

»Ich setze mich nun zwischen deine Beine. Ist das in Ordnung?«, fragt Samira.

Die Ehrfurcht, mit der sie fragt, lässt Myrina selbstbewusst nicken. Nur sie entscheidet, wem sie Zugang zu ihrem *heiligen* Ort gewährt, und in Samira hat sie vollstes Vertrauen.

»Ich werde nun deine Yoni berühren. Sag mir, wenn du etwas nicht magst oder wenn du es anders möchtest.«

»Okay«, murmelt Myrina, nicht sicher, ob sie den Mut dafür aufbringen würde.

Samira spreizt Myrinas Beine und legt ihre Hand sacht auf ihre Yoni. Schützend und respektvoll hält sie ihre intimste Stelle. Die wartende Hand ist voller Versprechungen – eine erste Berührung umso verlockender, wenn man darauf warten muss.

Sanft streicht Samira über die Yoni und beginnt dann, die äußeren Venuslippen zu massieren. Eine um die andere, alle vier. Hinter ihr streichelt Alexander sanft Myrinas Arme und Schultern und verharrt dann mit der einen Hand bei ihrem klopfenden Herzen.

Myrina ist euphorisiert und lässt es nur zu gern zu, dass Samira auch die inneren Venuslippen massiert. Samiras zarte Finger an ihrem zarten Fleisch erregen sie. Die weiblichen Hände fühlen sich falsch und doch so richtig an. Ein wohliges Kribbeln steigt von ihrem Schoß bis zu ihrem Herzen. Samira nimmt ihre Klitorisperle zwischen Daumen und Zeigefinger und massiert sie langsam und weich. Sie weiß genau, was sie tut. Nicht zu schnell, nicht zu fest, nicht zu viel. Myrina gleitet in einen traumhaften Zustand über. Es ist nicht wirklich sie, die da liegt. Nicht sie, die spürt, wie ihr Innerstes sich öffnet wie eine Blume und sich nach Berührung sehnt.

»Wenn du bereit bist, gleite ich hinein«, flüstert Samira.

Myrina nickt nur, ihr ganzes Wesen wie in Trance.

Langsam, Zentimeter um Zentimeter, gleitet Samira mit ihrem Mittelfinger in sie hinein, massiert mit festem Druck ihre Innenwände, erforscht ihre empfindlichen Punkte.

Myrina versinkt in dem Gefühl zwischen ihren Beinen, zerfließt vor Sehnsucht nach Erlösung – und will trotzdem nicht, dass es vorbei ist. Ihr ganzer Körper ist eine auf und ab ebbende Welle, auf der sie mithilfe von Samiras Fingern reiten will, bis sie vor Erschöpfung zusammenbricht. Der Orgasmus bahnt sich langsam an. Ihr Innerstes zieht sich um Samiras Finger zusammen, will ihn einsaugen und dabehalten. Die Intensität, mit welcher der Höhepunkt über sie hinwegrauscht, nimmt ihr die Luft zum Atmen. Sie bäumt sich auf der Liege auf und fällt dann mit einem leisen Stöhnen in sich zusammen.

Sie spürt, wie Samira ihren Finger genauso langsam aus ihr zurückzieht, wie sie ihn hat hineingleiten lassen, und dann ihre Hand schützend auf ihre pochende Yoni legt.

Alexander beugt sich zu ihr nieder und deckt sie mit seinem Körper zu.

Myrina ist erschöpft und doch voller Energie. Wie eine Göttin fühlt sie sich, bereit, die Erde zu erobern.

Auf Sand bauen

Donnerstag, 25. Oktober

♪ – *Venus & Mars, Eliane*

DELA

Wüstennächte sind magisch.

Tief beeindruckt starre ich in den Himmel. Die Sterne flimmern wie Feenstaub im schwarzen Himmelsgewölbe, das sich wie eine Glocke über den weißen Sand stülpt – einer Schneekugel gleich, in der durch Schütteln Flocken aufwirbelt werden, die sich dann sanft auf die Miniaturlandschaft legen. Nur dass hier kein Schnee, sondern Sterne auf die Erde rieseln. Ich lege mich auf den Rücken in den Sand und koste den Moment aus, allein zu sein. Allein mitten im Nichts. Unheimlich still ist es.

Seit fast zwei Wochen schon bin ich mit einer Gruppe Radfahrer in der israelischen Negev-Wüste unterwegs. Unser heutiges Lager liegt drei Tagesreisen von der nächsten Straße und damit der Anbindung an die Zivilisation entfernt. Nach einem köstlichen Hühnereintopf mit viel Paprika und Koriander haben sich alle in ihre Zelte verkrochen und schlafen gelegt – ausgelöscht vom anstrengenden Tag in der gleißenden Sonne.

Auch ich bin müde. Ich wusste nicht, dass es in einer Wüste so zahlreiche Anstiege gibt. In unzähligen Sanddünen und Kalksteinhügeln hat sie sich vor uns aufgewellt, und unsere Tour führte – so scheint es mir – über jede Einzelne dieser Erhebungen. Trotzdem mag ich noch nicht schlafen gehen. Die Stille und die Einsamkeit der Wüste ziehen mich in den Bann.

Die Reise nach Israel ist eine impulsive Bauchentscheidung gewesen. Wie ein gutes Omen lag der Werbeflyer des Tourenanbieters vor ein paar Wochen in meinem Briefkasten – kurz nach dem Sekundenfall bei Mars. Als ich nach jener Nacht wie ein verletztes Tier nach Hause flüchtete, war ich überzeugt, ihn nie wiederzusehen – nur um dann Tage und Nächte zu erleben, in denen ich mich nach ihm verzehrte. Auf einer Gefühlsachterbahn befand ich mich, auf der sich Sehnsucht und Zweifel in rasanter Fahrt ablösten. Aufgewühlt griff ich in einer dieser schlaflosen Nächte zum Telefon und rief ihn an. Ich bat ihn um Zeit. Zeit zum Nachdenken. Ich brauchte Abstand und musste weg. Ein zweiwöchiges Wüstenabenteuer auf dem Fahrrad schien mir genau das Richtige, um dem Abenteuer in meinem Seelenleben die Dynamik zu nehmen.

Nach elf Tagen in der Einöde sind es aber nicht die atemberaubenden Kraterlandschaften, die überwältigenden Sanddünen oder die fremdartigen Nomadencamps, die meine eigene kleine Welt aus dem Zentrum gerückt und sie neu geordnet haben. Es ist die Stille der Wüste, die mich fesselt und fasziniert. Hört man nur noch das eigene Herz klopfen, beginnen die Gedanken, ihre Geschichte zu erzählen. Ich greife in den Sand und lasse ihn durch die Finger rinnen. Die Stille der Wüste hat mich zur Ruhe kommen und zu mir selbst finden lassen.

Ohne innezuhalten, begann ich vor einem Jahr mit dem Wiederaufbau meines neuen Lebens. Schüttete die tief sitzenden Schmerzen mit Ablenkung und Abenteuer zu. Möglichst schnell musste es gehen, und möglichst alles musste wieder so wie vorher sein. Dabei habe ich etwas Wichtiges übersehen: mich und die Tatsache, dass ich nicht mehr die Gleiche bin.

Die Spuren des Verlassenwerdens lassen sich zwar mit neuen Möbeln zustellen, in unzähligen Fahrradtouren wegradeln oder mit zig Bekanntschaften wegdaten, aber unter der Oberfläche bleiben sie da. Nicht Mars' Geschichte ist es, die mir Angst macht, sondern meine eigene. Wenn sich etwas Festes wie eine langjährige Beziehung von einem Tag auf den anderen in Luft auflöst, bleibt nichts zurück – außer der Frage, ob sie eine Illusion war, ob das ganze Leben eine Illusion ist.

Ich richte mich auf und schaue zu den Sanddünen hinüber, die im Mondlicht majestätisch schimmern. Die Wüste macht es mir vor. Wer überleben will, muss lernen, auf Sand zu bauen und die Unbeständigkeit als Teil des Lebens zu akzeptieren. Liebe ist wie Wüstensand. Gewissheit gibt es allein im Augenblick, schon im nächsten Moment kann eine Düne weggeblasen werden. Der Sand selbst aber verschwindet nie. Irgendwo türmt er sich zu einer neuen Düne auf, und je heftiger der Wüstensturm, desto mächtiger die neue Düne. Es braucht nur den Mut, mit dem Wind zu gehen.

Ich muss mit der Angst leben lernen, dass der nächste Sturm bereits im Anzug sein könnte. Nichts ist für immer, umso kostbarer ist der einzelne Moment. Ich will mit Mars zusammen sein. Mit jedem Tag in der Wüste will ich es mehr. Und mit jedem Tag sehe ich klarer, dass nicht er sich verändern muss, sondern ich. Was hat mir die Datingplattform vor ein paar Monaten vorausgesagt?

Sie brauchen einen Mann, der mit spontanen Ideen Ihren Alltag koloriert. Ich habe einen verlässlichen Durchschnittsmenschen gesucht, der mir einen Pyjama in meiner Lieblingsfarbe zu Weihnachten schenkt – jemanden wie mich. Bekommen habe ich einen Aktfotografen, der auf der Hochzeit seiner Exfrau tanzt und mich um den Verstand küsst. Ich habe mich in Mars verliebt, wie er ist. Er macht mich ganz, bereichert mit seinen Ideen meinen Horizont. Mit ihm will ich die Welt neu entdecken, will Wasser in der Wüste finden, im Toten Meer tauchen gehen und von unserer Düne aus den Himmel berühren.

Versonnen lächle ich vor mich hin. Robert hat mehr vom Leben gewollt – und ich will es auch. Mir hat nichts gefehlt; doch jetzt will ich alles. Und mit Mars kriege ich von allem ein bisschen mehr. Lange genug habe ich nach der Gebrauchsanweisung für ein perfektes Leben gelebt. Vorgezeichnet von anderen, die ebenfalls an ein perfektes Leben glauben. Jetzt ist Zeit für mich und mein unperfektes Leben.

Ein Knacken schreckt mich auf; ein verglühendes Holzscheit, über dem wir vor ein paar Stunden unser Abendessen gekocht haben. Unnatürlich laut, wenn sonst das einzige Geräusch, das die Wüste preisgibt, der Sand ist, der über den Boden streift. Ich stehe auf. Zeit, schlafen zu gehen. Ein letztes Mal lasse ich den Blick über das Sternenmeer und die Dünen schweifen. Ich wünschte mir, Mars wäre hier. An ihn kuscheln würde ich mich jetzt und ihm den Orion zeigen, wie ich es auf der Hotelterrasse getan habe. Danach würden wir zusammen in das kleine rote Zelt kriechen, und ich würde mich von ihm in den Schlaf wiegen lassen. Ich vermisse ihn mit jedem Tag mehr. Wenn ich könnte, würde ich ihn sofort

anrufen und ihm sagen: *Ich will mit dir zusammen sein.*
Ich will. Ich will! Doch die Wüste verfügt über kein Han-
dynetz, mit welchem ich die drängende Botschaft über-
mitteln könnte. Bald bin ich in Tel Aviv, tröste ich mich.
Dort hole ich dies sofort nach.

Ich krieche ins Zelt und schließe den Reißverschluss,
hole meine Essentials hervor und lasse mich mit *Venus &*
Mars in den Schlaf singen.

MARS

Es dämmert bereits, als ich mein Auto am Waldrand ab-
stelle und über die steile Böschung zum rauschenden
Bach hinunterklettere. Zweige streifen mein Gesicht, als
ich mich am Ufer entlanghangle. An meiner Lieblingsstelle setze ich mich auf einen großen Stein, und sofort
fällt die Anspannung von mir ab.

Hierhin ziehe ich mich zurück, wenn ich nur mit
mir sein will. Das Wasser plätschert in diesem Abschnitt
sanft vor sich hin und staut sich vorn in einem ausladen-
den Becken. Auf der Oberfläche spiegelt sich der Mond,
der in diesem Augenblick aufgeht und sich hinter den
Ästen eines hohen Baumes hervorschiebt.

Ich hebe meinen Blick und schaue in den Himmel,
wo sich mir ein wildes Sternenmeer präsentiert. Wäre
Dela jetzt hier, würde sie mir den Orion oder Kassiopeia
zeigen. Ich würde sie an mich drücken, den Duft ihres
Haares einatmen und sie fragen, wo denn die Venus ist.
Jetzt hingegen, ohne die Wärme ihres Körpers, scheint es
mir, als würden die Sterne weniger hell leuchten.

Was Dela in diesem Moment wohl macht?

Vier Wochen ist es her, seit sie mich angerufen und um Zeit gebeten hat. Vier Wochen, von denen jede Woche eine zu viel war. Tagelang habe ich Victoria gelöchert, wo Dela steckt und was sie macht. Eisern hat sie geschwiegen, bis sie sich heute in der Kaffeepause verplappert hat.

Mit dem Rad sei Dela unterwegs, hat sie mir erzählt. Wo genau? Die Antwort wisse allein der Wind. Und Delas beste Freundin Tina. Tina – ein erster Anhaltspunkt. Auf mehrmaliges Bitten hin hat mir Victoria Tinas Nummer gegeben, worauf ich sie ohne zusätzlichen Zeitverzug anrief.

Delas beste Freundin war eine Herkulesaufgabe, wollte sie mir doch partout nichts verraten. Erst nach einem eingehenden Verhör und unter Vereidigung meiner besten Absichten ließ sie sich erweichen. Dela ist in Israel, hat sie mir gesteckt.

Wieder schaue ich zum Himmel. Israel. Versucht sie, mich da zu vergessen? Unsere gemeinsame Zeit tief in der Wüste zu vergraben? Gibt es gar schon einen anderen an ihrer Seite?

Ich springe auf, tigere unruhig am Wasser hin und her. Nie wieder habe ich eine Frau in mein Herz lassen wollen und mich fühlen wie jetzt: bedroht und abhängig vom Handeln anderer. Schöner Plan, jedoch kläglich gescheitert, gestehe ich mir ein. Ich bücke mich und greife nach einem flachen Stein. Mit meinen Fingerkuppen fahre ich über die glatte Oberfläche. Ich kann es drehen und wenden, wie ich will, Dela und unsere gemeinsamen Erlebnisse lassen sich nicht ausradieren. Im Gegenteil. Ich möchte mehr – ich möchte aus Ruinen eine neue Stadt mit ihr bauen. Und das muss ich ihr sagen, bevor sie mich vergessen hat. Doch Dela ist weit weg.

Was soll ich tun? Ich starre auf den Stein, als wisse er die Antwort, schleudere ihn ins Wasser. Viermal hüpft er über die Oberfläche, bevor er stillschweigend für immer versinkt. Gedankenverloren schaue ich auf die Kreise, die sich an der Sinkstelle bilden und in kleinen Wellen ihre Bahn nach außen ziehen.

Es Dela nur zu sagen reicht nicht. Ich muss ein Zeichen setzen; ein Zeichen, das sie nicht übersehen kann. Ich muss ihr zeigen, wie wichtig sie mir ist.

Entschlossen setze ich mich in Bewegung, zurück zum Auto. Dela hatte genug Zeit zum Nachdenken. Meine Geduld ist am Ende. Im Auto nehme ich mein Handy in die Hand und wähle nochmals Tinas Nummer.

Bescherung

Sonntag, 28. Oktober

♪ – The Story of Your Life, To Have Heroes

MARS

Hektisch reißt mein Guide das Steuer herum.

»Puh, das war aber knapp!« Angespannt blicke ich in den Seitenspiegel.

»Ohne Überholen stehen wir morgen noch hier. Mehr als eine halbe Million Autos wollen pro Tag nach Tel Aviv, und du willst deine Angebetete doch heute Nacht noch sehen, oder?«, antwortet Ginger.

»Klar. Aber gern lebend.«

»Weißt du, dass auf den Straßen Israels seit Bestehen des Landes mehr Menschen ums Leben kamen als in allen Kriegen zusammen?«

»Nein. Aber ich glaube es dir sofort!«

Ich mag Ginger, dessen Name seinen roten Haaren geschuldet ist. Sein Wissensschatz ist immens. Er kennt geschichtsträchtige Anekdoten zu beinahe jedem Gebäude und jeder Straßenecke. Stolz präsentiert er mir Vergangenheit und Entwicklung seiner Heimat, während er mich kreuz und quer durch die wuselige Stadt chauffiert.

Fasziniert höre ich ihm zu und entdecke Parallelen zu meinem eigenen Leben. Israel, dessen innere Zerrissenheit und Gegensätze die Region bis heute spalten, ist ein Land der Heimatsuchenden – ständig dem Angriff ausgesetzt und darum ringend, Stabilität zu erreichen. Ein Land, das mich lehrt, dass zerstörte Erde nicht dazu da ist, sie aus dem Weg zu räumen, sondern dass man auf ihr auch etwas Neues, Schönes bauen kann. Ich fühle mich bestätigt in meinem Vorhaben mit Dela.

»Hier wären wir.« Ginger stoppt mit quietschenden Reifen vor einem Schreibwarenladen. »Willst du meinen Rat?«

Ich schüttle lachend den Kopf. »Ich glaube, das schaffe ich allein. Überlege dir doch in der Zwischenzeit, wo es ein Gartencenter gibt.«

Skeptisch stemmt er die Hände in die Hüften. »Ich habe ja schon viele Touristen herumgeführt, Mars. Aber ins Gartencenter wollte noch keiner.«

»Du weißt sicher trotzdem, wo das Beste der Stadt zu finden ist, oder etwa nicht?« Grinsend verschwinde ich im Geschäft. Ich werde schnell fündig, etwas Bastelarbeit wird nötig sein, aber dann ist's perfekt.

»Das beste Gartencenter liegt außerhalb der Stadt«, empfängt Ginger mich und hält mir die Autotür auf. »Wir benötigen circa eine Stunde.«

»Na, dann los«, sage ich und halte mich vorsorglich an der Seitentür fest.

Nach unzähligen waghalsigen Überholmanövern und Hupkonzerten steuert Ginger ein weitläufiges Fachgeschäft für Pflanzen und Gartenzubehör an. Die Auswahl ist exorbitant, doch das, was ich suche, fällt mir sofort ins Auge.

Ginger beäugt mich ungläubig, als ich nur knapp zwanzig Minuten später mit meiner Errungenschaft zurückkomme. Diensteifrig hilft er mir jedoch, alles im

Auto zu verstauen. »Und jetzt?«, fragt er mich und betrachtet staunend seine Fracht im Kofferraum.

»Jetzt nichts wie los. Ich kann es kaum mehr erwarten, meine Angebetete zu überraschen«, sage ich und öffne die Beifahrertür.

Ginger setzt sich kopfschüttelnd ans Steuer. »Du bist der verrückteste Tourist, den ich kenne.«

»Verrückt glücklich«, bestätige ich nickend.

DELA

Vierzehn Tage Wüstenabenteuer liegen hinter mir – vierzehn Tage voller Stille und voller Zeit zum Nachdenken. Wie ein neuer Mensch fühle ich mich, bin aufgeladen mit Energie und Tatendrang.

Leicht und elastisch wie eine Wüstengazelle tripple ich mitsamt staubigem Fahrrad und Gepäck durch die Hotellobby.

Das Boutiquehotel in Tel Aviv ist die letzte Station meiner Auszeit, bevor ich in zwei Tagen nach Hause fliegen werde. Nach Hause, wo Mars sich hoffentlich in Geduld übt und auf mich wartet.

»Ah, Frau Kleeberg«, empfängt mich der Rezeptionist. »Da sind Sie ja endlich!«

»Bin ich zu spät?«, frage ich verwundert.

»Nein, ich denke nicht.« Rasch senkt er den Kopf und beschäftigt sich mit den Formalitäten, ehe er mir den Zimmerschlüssel gibt und ich ihm mein Fahrrad überlasse.

Ich steige die Treppen zum dritten Stock hoch und schließe die Tür auf. Wie vom Blitz getroffen bleibe ich auf der Türschwelle stehen. Das muss eine Fata Morgana sein. Ich blinzle mit den Augen, doch das Bild bleibt gleich.

Da steht ein Weihnachtsbaum. Stolz thront er mitten im Hotelzimmer, geschmückt mit einer Lichterkette und goldenem Lametta.

Ich lasse mein Gepäck auf den Boden fallen und trete ins Zimmer. Staunend umkreise ich den Lichterbaum, der in voller Pracht glitzert und funkelt.

»Gefällt er dir?«, fragt eine Stimme hinter mir.

Ich schrecke hoch und drehe mich zur Tür.

Lässig steht er an den Türrahmen gelehnt, die Hände in den Hosentaschen, den Blick auf mich gerichtet.

»Mars! Was machst du denn hier?«

Unschuldig zuckt er mit den Schultern und ein strahlendes Lachen legt sich über sein ganzes Gesicht. »Ich will nicht, dass du dieses Jahr allein Weihnachten feierst.« Er löst sich vom Türrahmen, bewegt sich mit einem Satz auf mich zu und nimmt mich in die Arme.

Fest drücke ich ihn an mich, vergrabe die Nase an seiner Brust, rieche seinen vertrauten Duft, spüre seinen Pulsschlag an meinem. Oh, wie ich ihn vermisst habe!

»Weihnachten?«, frage ich und stoße ihn auf Armlänge zurück. »Heute ist doch der 28. Oktober!«

»Wer sagt denn, dass man Weihnachten nur im Dezember feiern kann?« Fragend hebt er die Arme. »Auf keinen Fall will ich, dass du dieses Jahr allein unter dem Weihnachtsbaum sitzt. Deshalb dachte ich, ich bringe das Weihnachtsfest und mich selbst einfach zu dir nach Tel Aviv.«

Ich nehme sein geliebtes Gesicht in meine Hände und küsse seine weichen Lippen. »Danke, Mars«, flüstere ich und unterdrücke Tränen der Rührung. »Weihnachten zu zweit – was Schöneres hättest du mir gar nicht schenken können. Und weißt du was? Ich will nicht nur heute mit dir feiern, sondern im Dezember noch einmal. Und nächstes Jahr auch wieder.«

»Da habe ich ja Glück gehabt«, sagt er und zieht mich wieder eng an sich.

»Ach Mars, ich habe dir so viel zu erzählen.« Überwältigt von dem Gefühl, ihn wieder bei mir zu haben, rede ich drauflos. Meine Erlebnisse der letzten Tage sprudeln nur so aus mir heraus: die Stille der Wüste, die Kraft der Natur. Ein Sandsturm, den wir erlebt haben. Eine richtige Sturzflut, vor der wir uns gerade noch rechtzeitig in Sicherheit bringen konnten. Steinböcke, die wir gesehen haben. Das Tote Meer, die Sanddünen und mein rotes Zelt, in welchem ich nicht mehr ohne ihn schlafen möchte.

»Rehlein, seit wann bloß redest du so viel«, stoppt Mars meinen Redefluss und schiebt mich lachend von sich.

Kichernd halte ich die Hand vor den Mund. »Weißt du, ich muss die Stille in der Wüste kompensieren. Eine Frau redet pro Tag circa zwanzigtausend Wörter. In der Wüste waren es höchstens tausend.«

»Oje, vierzehn Tage mal neunzehntausend fehlende Wörter. Dagegen muss Mann etwas unternehmen.« Er senkt seinen Kopf und bringt mich auf die schönste Art und Weise zum Schweigen.

DELA & MARS

»Fehlt nicht noch was, Rehlein?«

»Nein. Ich habe alles, was ich zum Glücklichsein brauche. Komm, setz dich zu mir unter den Weihnachtsbaum.«

»Zu Weihnachten gehört doch auch ein Geschenk. Schau mal, was ich hier für dich habe.«

»Oh, Mars! Und auch noch hübsch verpackt.«

»Aber klar. Los, mach es auf. Oder soll ich dir helfen?«

»Nur ruhig. Ich lasse mir gern Zeit beim Geschenkeauspacken.«

»Du brauchst die Schleife aber nicht absichtlich im Zeitlupentempo zu öffnen.«

»Hey, Finger weg! Das gehört mir. Setz dich zu mir unter den Weihnachtsbaum oder aufs Hotelbett und entspann dich.«

»Entspannung kommt in der Regel erst nach dem Höhepunkt.«

»Also gut. Lüften wir den Schleier ... Oh, was haben wir denn da? Ein Buch!«

»Es ist so viel mehr als das, Rehlein. Schau doch mal rein.«

»Hmmm, ein leeres Buch?«

»Schau genauer hin. Es gibt einen Buchtitel.«

»Tatsächlich. *Myrinas Abenteuer* steht hier auf der ersten Seite.«

»Und hier ist die Inhaltsangabe.«

»Hey, gib mir das Buch zurück. Es gehört mir! ... Spieglein, Spieglein an der Wand, Herrenbesuch, Picasso, Spielplatz der Sinne, Dinner for Two, Dr. Xander, Naturspektakel, Spritztour und Zauberhände ... Was bedeuten die Daten hinter den Kapiteltiteln?«

»Diese Tage, die übers ganze nächste Jahr verteilt sind, musst du dir unbedingt freihalten. Dann werde ich dich nämlich entführen.«

»Wohin denn?«

»In Myrinas Abenteuer.«

»Wer ist Myrina?«

»Myrina ist eine Amazonenkönigin. Wenn du mit mir eines dieser Abenteuer erlebst, schlüpfst du in ihre Rolle. Myrina ist unerschrocken und mutig.«

»Ahhh, ich glaube, langsam dämmert es mir. Ich bin die Autorin von Myrinas Abenteuern?«

»Genau. Du hast dein eigenes Tagebuch vor dir. Du wirst die einzelnen Erlebnisse aufschreiben müssen, denn ich bin mir nicht sicher, ob du darüber mit Tina oder Victoria reden willst.«

»Welche Abenteuer erwarten mich denn? Und wieso grinst du wie ein Honigkuchenpferd?«

»Ich freu mich bereits auf die erste Überraschung.«

»Hmmm, Dr. Xander? Ich mag keine Arztbesuche.«

»Diesen wirst du lieben.«

»Aber Dinner for two könnte mir ganz gut gefallen. Du wirst mich sicher bekochen.«

»Stimmt. Aber garantiert nicht so, wie du denkst. Myrinas Abenteuer sind erotische Erlebnisse. Dela, mit diesem Geschenk möchte ich dir zeigen, dass ich die ganze Vielfalt der Erotik nur mit dir erleben will, mit keiner anderen Frau. Du bist mir genug.«

»Oh ... Probieren wir gleich eins aus?«

»Nun bleib du mal entspannt. Die Daten stehen in deinem Buch.«

»Ach, Mars! Ich platze vor Neugierde!«

»Ich weiß. Aber du liebst ja Überraschungen. Und jetzt komm in meine Arme.«

»Hmmm ... wie gut, dass ich das Geschenk für dich auch dabeihabe.«

»Wusstest du etwa, dass ich heute komme?«

»Ha, nein. Nicht in meinen kühnsten Träumen.«

»Wo ist denn das Geschenk für mich?«

»Es ist sehr wertvoll.«

»Unter dem Weihnachtsbaum liegt nichts.«

»Eigentlich ist es unbezahlbar.«

»Wo hast du es versteckt?«

»Setz dich wieder, Mars. Es ist ein Geschenk ohne Schleife und Verpackung.«

»Rehlein, spann mich nicht länger auf die Folter.«

»Wieso denn nicht? Du liebst doch das Spiel.«

»Aber nur, wenn ich die Regeln mache!«

»Also gut, hörst du mir auch wirklich zu?«

»Ich bin ganz Ohr.«

»Ich schenke dir heute offiziell mein Vertrauen.«

»Habe ich das nicht bereits?«

»Fast. Etwas fehlt noch. Die Fotografie ist sehr wichtig für dich. Deshalb ... also, wenn du möchtest, dann mach weiter mit der Aktfotografie. Ich vertraue dir.«

»Wow. Das hätte ich jetzt nicht erwartet. Das bedeutet mir sehr viel.«

»Ich weiß.«

»Danke, Rehlein. Und weißt du was, du wirst mein nächstes Model sein.«

»Wie bitte?«

»Lass mich dich in die Welt der künstlerischen Fotografie entführen. Steh vor meiner Kamera, und ich zeige dir, wie schön du bist.«

»Nackt?«

»Ein schöneres Kleid hast du nicht.«

»Auf gar keinen Fall werde ich das tun!«

»Und weißt du was? Wir machen das gleich, wenn wir zu Hause sind! Das Leben muss man leben!«

»Stopp. Alles zu seiner Zeit. Wir haben noch gar keine Weihnachtslieder gesungen.«

»Oh, nein. Da kriege ich ja den Beziehungskoller.«

»Also gut. Keine Lieder. Aber einen Kuss kriegst du jetzt, Alexander Mars.«

Epilog

♪ – *Diamonds, Rihanna*

DELA

»Bist du bereit?«, fragt Mars.

Ich nicke.

Mit der einen Hand schließt er die Tür zum Fotostudio auf, in der anderen trägt er seine Kameraausrüstung.

Das Studio befindet sich im Souterrain eines größeren Logistikunternehmens, dessen Spediteure vermutlich keine blasse Ahnung haben, welch weibliche Schönheiten Tag für Tag durch diesen unauffälligen Hintereingang ein und aus gehen. Heute jedoch ist Sonntag und das gesamte Industrieareal still und verlassen.

Mars betätigt die Lichtschalter und enthüllt mir damit den Blick in eine neue Welt.

Voller Neugier schaue ich mich um. Heute werde ich erfahren, womit er sich in den letzten Jahren so intensiv beschäftigt hat.

Er nimmt mich an der Hand und führt mich durch die unterirdischen Studiogänge, an deren Wänden zahlreiche Aktfotos von Models aus aller Welt hängen.

Die Welt selbst indes ist weit weg. Kein Laut, kein Licht dringt von oberhalb der Erde nach hier unten. Vier Räume gibt es: einen Aufenthaltsraum mit Küche, wo sich die Models umziehen oder Pause machen, einen vollgestopften Requisitenraum und zwei Studioräume. Im kleineren Studioraum werden meine Fotos entstehen. Er ist mit Leuchten, Reflektoren und einem mehrfarbigen Hintergrundsystem ausgestattet. An der Decke ist ein Hakensystem montiert.

Verwundert starre ich die Haken an. Was für Motive damit wohl gelingen? Schweben die Models hier üblicherweise schwerelos durch die Lüfte?

Mars packt seine Kamera aus und richtet das Studio ein, platziert die Leuchten und Reflektoren rechts und links vor einem schwarzen Hintergrund.

Low-Key-Bilder will er von mir machen – Bilder, die das Spiel von Licht und Schatten nutzen, wie er mir im Vorfeld erklärt hat. Man sehe nur einzelne Körperpartien, vieles bleibe im Halbdunkel verborgen, ideal für ein Aufwärmshooting. Ich war sofort damit einverstanden, das fehlende Licht würde nämlich garantiert auch den einen oder anderen Makel an meinem Körper kaschieren.

»Ich mache ein Zangenlicht. Das betont deine Konturen und schafft eine schöne Symmetrie«, sagt er und platziert eine weitere Lampe. Er ist in seinem Element, das merkt man.

Etwas verloren stehe ich im Raum und beobachte ihn. Was tut ein Aktmodell, während der Fotograf seine Wirkungsstätte einrichtet? Sich ausziehen?

»Die ersten Fotos machen wir mit Kleidern, damit du dich an die Kamera gewöhnst«, beantwortet Mars meine Überlegungen. »Stell dich da vorn hin.« Er deutet auf eine Markierung, die er zuvor auf den Boden geklebt hat.

Ich stehe auf der markierten Stelle und blicke zur Kamera, welche auf dem Stativ thront und mich herausfordernd anlinst.

»Probier mal, diese Pose nachzumachen.« Mars hält ein aufgeschlagenes Buch in die Höhe, das ein Model zeigt, dessen Hände in ihren Hosentaschen stecken, die Schultern keck hochgezogen.

Aufmerksam studiere ich das Bild, versuche, mir die Details einzuprägen.

Er klappt das Buch zu. »Bereit?«, fragt er und bezieht seine Position hinter der Kamera.

Ich unterdrücke meine Nervosität. »Klar.«

Meine Pose ist nicht keck, sondern hölzern. Ich weiß nicht, wie ich den Kopf recken, die Schultern straffen und schon gar nicht, welchen Gesichtsausdruck ich aufsetzen soll.

Mars jedoch ist die Ruhe selbst. Seine Anweisungen sind präzise, seine Geduld engelsgleich.

Die Bilder, die er mir nach ein paar Aufnahmen auf dem Kameradisplay zeigt, stimmen mich mutig. Ich ziehe meine Kleider aus. Ohne Wäsche und ohne Hosentaschen, in denen ich meine Hände vergraben kann, bin ich nicht nur nackt, ich fühle mich auch so. Sind die Brüste nicht zu klein? Und der Bauch? Ist er flach genug? Sieht Mars durch seinen Sucher meine Dellen in Hochauflösung? Und die Dehnungsstreifen an den Hüften? War das vielleicht doch keine gute Idee mit dem Shooting? Locker bleiben, beruhige ich mich, sonst sieht man nachher auch noch Sorgenfalten auf dem Bild. Schlimmstenfalls lösche ich die Aufnahmen einfach wieder von Mars' Speicherkarte.

Mars steht hinter seiner Kamera und gibt mir mit leiser Stimme sanfte Anweisungen. Hin und wieder kommt er zu mir und platziert sachte einen Arm einen klein wenig weiter rechts, als ich ihn gehalten habe.

Oder er schiebt mir die Hälfte einer Haarsträhne hinters Ohr. »Du machst das sehr gut, Rehlein«, ermutigt er mich und dreht meine Handfläche etwas nach oben. »Ein Bild besteht aus seinen winzigen Details, und wir wollen am Schluss ein Meisterwerk haben.«

Ich lasse mich von ihm anleiten und vergesse die Zeit. Vergesse mich selbst.

»Willst du die Bilder sehen?«, fragt Mars irgendwann.

Überrascht blicke ich in seine Richtung. »Sind wir schon fertig?«

»Wir sind seit zwei Stunden bei der Arbeit. Eine Pause zumindest dürfen wir uns gönnen.«

Gespannt blicke ich aufs Kameradisplay. Wow!

Mein Körper kommt in Licht und Schatten perfekt zur Geltung. Vieles wird erahnt, wenig gezeigt. Die Haut sieht samtig und weich aus, die Kurven sanft. Ästhetisch und geheimnisvoll ist die Frau auf diesen Bildern – fast könnte ich vergessen, dass ich das bin.

»Die Fotos sind ... schön!«, sage ich und bin mir bewusst, dass diese Worte meine Bewunderung für Mars' Talent nur unzulänglich auszudrücken vermögen.

Er lächelt und setzt die Kamera wieder aufs Stativ. »Du bist schön. Ich habe es dir immer gesagt, und nun siehst du es selbst.«

»Ach, was. Das Model ist nur so gut wie der Fotograf«, winke ich ab und bin insgeheim stolz wie ein Pfau.

»Wir sind noch nicht fertig«, sagt er, als ich mich anschicke, meine Kleider anzuziehen.

Ich halte inne. »Gefallen dir die Fotos nicht?«

»Doch. Und wir machen noch bessere.« Er führt mich in die Mitte des Sets zurück, hebt meine Hände in die

Höhe und bindet sie am Hakensystem an der Decke fest. Aus seiner Hosentasche zieht er eine Augenbinde. Sanft küsst er mich auf den Mund, bevor er meine Augen und meine Fantasie der Dunkelheit überlässt.

Mein Herz schlägt bis zum Hals. Was hat er vor?

Ich höre an Mars' Schritten, wie er sich entfernt. Kurze Zeit später schweben die leisen Klänge von Rihanna durchs Studio. »Zeig mir, wie schön du bist«, fordert er mich auf.

Steif stehe ich da. Ich bin festgebunden an der Decke! Was bitte will er sehen?

»Mach es wie vorhin«, ermuntert er mich. »Drücke den Rücken durch, lege den Kopf in den Nacken und forme ein S.«

Unsicher tue ich, wie mir geheißen.

»Dreh dich ein wenig nach links.«

Ich drehe mich. Eine Nuance nur.

»Noch ein klein wenig weiter nach links.«

Ich bewege mich erneut.

»Perfekt!« Er drückt den Auslöser. »Dreh dich jetzt auf die andere Seite ... Ja, genau ... Heb das Kinn etwas an.« Mars drückt nochmals ab.

Das Klicken, gefolgt vom Surren des Kamerablitzes, klingt unnatürlich laut in meinen Ohren. Unnatürlich laut zwischen Mars' sanfter Stimme und Rihannas emotionalen Klängen. Begierig sauge ich jedes Geräusch in mich auf. Wenn das Auge nichts sieht, ist das Ohr umso empfindlicher. Und meine nackte Haut ist es auch. Mars' Anweisungen sind wie Berührungen; sein geflüstertes *Heb dein Kinn an,* als würde er es mit seiner Hand sanft nach oben drücken; sein *Recke deinen Oberkörper etwas vor,* als würde er meine Brüste streicheln. Meine Brustwarzen werden hart, und ich weiß, dass er dies durch den Sucher sehen kann.

»Tanz für mich«, fordert er mich auf.

Wie bitte? Ich soll nackt vor ihm tanzen? Mit gefesselten Händen? Also das geht nun wirklich zu weit. Wie angewurzelt bleibe ich stehen.

Ich höre, wie Mars sich bewegt. Er dreht die Lautstärke hoch. »Gib dich der Musik hin«, sagt er.

Ich lausche Rihannas Stimme. *Shine bright like a diamond* – Strahlen, Glänzen, in vollkommener Harmonie. Musik kann ich nicht widerstehen, Mars weiß das ganz genau. Langsam beginne ich zu tanzen und verliere mich dann in der emotionsgeladenen Mischung von R&B und Reggae. Die Dunkelheit leitet meinen Tanz. Ein Tanz, dessen Choreografie einzig der Spontaneität und dem Moment entspringt.

»Wunderschön«, murmelt Mars, und ich spüre, wie er näher kommt.

Ein Prickeln überzieht meine Haut.

Vor mir bleibt er stehen. Ich höre das Rascheln der Kleider, das Zurren seines Reißverschlusses und das Klicken der Kamera.

Läuft die etwa weiter?

Mars' erste Berührung an meinem Bauch ist sachte wie der Flügelschlag eines Schmetterlings. Seine Fingerspitzen fühlen sich heiß an auf meiner kühlen Haut und lassen mich erschauern. Sie streichen über meine Taille zur Kurve meiner Hüften und zurück.

»Komm näher«, flüstere ich. Doch er lässt mich los, und meine Haut, mein ganzer Körper verzehrt sich voller Begehren nach mehr. »Berühr mich«, dränge ich und recke mich ihm entgegen.

»Forme ein S für mich«, raunt er mir ins Ohr.

Ich drücke den Rücken durch und lege den Kopf in den Nacken.

Mit den Fingerspitzen fährt er über meine Haut an den Rippen entlang zu meinen Brüsten, streicht über meine Nippel, die hart sind wie Rihannas Diamanten. Langsam umrundet er mich, und ich spüre, wie seine Erektion meine Körpermitte streift.

Ich beuge mich ihm entgegen, doch er zieht sich zurück.

»Halt still.« Seine Hände umfassen meine Brüste, und sein Mund umschließt meinen Nippel. Sanft saugt er daran.

Ich seufze auf. Mehr. Ich will so viel mehr von ihm.

Sein Mund löst sich von meiner Brustwarze, und sein Atem bläst leicht über meinen Bauch. Mit der Nasenspitze fährt er vom einen meiner Hüftknochen zum anderen.

Ich schiebe mich ihm entgegen.

Wieder entzieht er sich und lässt mich voller Sehnsucht nach seinen Berührungen zurück. »Nur, wenn du stillhältst, bringe ich dich zum Höhepunkt.«

Sofort verfalle ich in absolute Bewegungslosigkeit.

Mit der Zunge liebkost Mars meine kleine Knospe, in aller Seelenruhe kreist sie an meiner intimsten Stelle.

Zerfließen möchte ich. Doch aus Angst, dass er aufhört, stehe ich starr wie eine Statue, vollkommen auf mich konzentriert. Das Studio, die Musik, die Kamera, das alles ist weit weg. Ich fühle einzig Mars' Zunge und höre das Hämmern meines Pulses. Im Einklang mit seiner Liebkosung bahnt sich mein Orgasmus an. Machtlos stehe ich da, kann nichts tun, um ihn zu beschleunigen, nur warten und mich nicht von der Stelle rühren. Die

Intensität, mit der er mich dann endlich erfasst, lässt meinen Kopf zurückschnellen und meine Beine wegknicken. Von meinen eigenen Empfindungen besiegt, falle ich kraftlos in den Handfesseln zusammen.

Mars packt mich um die Mitte, hebt mich hoch, als wäre ich leicht wie eine Feder. Er schlingt meine Schenkel um seine Hüften und dringt mit einem heftigen Stoß in mich ein. Mit voller Hingabe bewegt er sich in mir, immer tiefer stößt er zu, als würde er seinen ganzen Körper in mir versenken wollen. Die Musik gibt ihm den Rhythmus vor. Eng umschlungen hält er mich, als auch er zu seinem Höhepunkt kommt.

Die Bilder, die ich später auf dem Display erblicke, zeigen zwei sich liebende Körper, ausschließlich auf den Augenblick konzentriert – zwei selbstvergessene Menschen im Hier und Jetzt.

Interview mit dem Autorenduo

Alexis Runa im Gespräch mit edition federtanz

Ihr seid das Autorenduo hinter Alexis Runa. Was hat den Anstoß gegeben, gemeinsam einen Roman zu schreiben?

SIE | Mit der Figur Dela habe ich mich selbst auf die Suche nach einer neuen Liebe geschickt. Mich fasziniert, wie unterschiedlich Männer und Frauen scheinbar gleiche Dinge wahrnehmen. Missverständnisse sind vorprogrammiert. Frauen erleben die Welt nicht nur anders als Männer, auch die Art, wie sie darüber schreiben, unterscheidet sich. Das Verknüpfen dieser beiden konträren Perspektiven in einer Erzählung bietet viel Potenzial.

ER | Die Idee, die männliche Perspektive in einem Roman zu übernehmen, hat mich von Beginn an begeistert. Eine Frau Wort um Wort und Seite um Seite für sich zu gewinnen ist eine echte Herausforderung. Dieses Eroberungsspiel muss einfach die Handschrift eines Mannes tragen. Zudem konnte ich in der Figur von Mars meine ganze Kreativität ausleben.

Weshalb habt ihr euch für das Erotik-Genre entschieden?

ER | Ein Eroberungsspiel zwischen Mann und Frau ohne Erotik ist für mich wie eine Pizza ohne Käse. Das gehört einfach dazu. Wenn man gemeinsam schreibt, inspiriert man sich zudem gegenseitig. Ein Grund mehr, das Abenteuer »Erotikroman« gemeinsam anzupacken.

SIE | Generell fehlt mir im Erotik-Genre oft die charakterliche Tiefe der Figuren. Zudem begegne ich oft Klischees und Protagonistinnen, mit denen ich mich nicht identifizieren kann. Dem wollten wir mit einer starken Alltagsheldin, ästhetischen Erotikszenen und viel Kreativität begegnen. Unsere Figuren sind aus dem Leben gegriffen, ihre sexuellen Erlebnisse zwar außergewöhnlich, aber dennoch real. Die Geschichte könnte dir, mir, deiner Kollegin auf der Arbeit oder der Kassiererin im Supermarkt passiert sein – oder noch passieren.

Die Geschichte könnte also aus dem wahren Leben sein. Ist sie das?

ER | Unser Roman entspricht keinen wahren Begebenheiten. Aber selbstverständlich kramt man für die Geschichte im eigenen Erfahrungsschatz und auch in der Erfahrung anderer. Als Autor habe ich das Privileg, Erfahrung und Fiktion vermischen zu können.

SIE | Genau. Eine Geschichte bietet die Möglichkeit, neben dem eigenen Leben noch ein anderes Leben zu führen. Mit Dela konnte ich mir meine ganz persönliche Lieblings-Liebesgeschichte erschaffen. Und klar: Ab und zu bedient man sich da auch aus Erinnerungen und Erfahrungen aus dem eigenen Leben.

»Das Verborgene in mir« ist der erste Roman von Alexis Runa. Was war die Herausforderung beim Schreiben?

SIE | Ich habe beruflich viel mit Texten zu tun. Jedoch ist es eine Sache, im Auftrag von Kunden über Produkte und Dienstleistungen zu schreiben. Eine ganz andere Sache ist es, eine Liebesgeschichte aus der Feder zu zaubern, die zwischen den Seiten knistern soll. Wir haben das Buch dreimal umgeschrieben und gefühlte hundertmal redigiert und korrigiert, bis es so war, wie es jetzt ist. Eine besondere Herausforderung dabei war, dass jeder seinen eigenen Schreibstil hat und das Ganze zum Schluss dann doch aus einem Guss geschrieben sein sollte.

ER | Für mich, der beruflich nur den Zahlenblock auf der Tastatur kennt, war es eine besondere Herausforderung, plötzlich die sechsundzwanzig Buchstaben mitzubenützen und weißes Papier damit zu füllen. Wir haben uns regelmäßig mit Lektoren und anderen Autoren ausgetauscht. Das war äußerst hilfreich und hat uns eine steile Lernkurve beschert.

Ihr seid auch privat ein Paar. Hat der gemeinsame Roman eure Beziehung beeinflusst?

SIE | Auf jeden Fall. Wir sind schon eine Weile zusammen und haben uns auf einer anderen Ebene neu kennengelernt. Die üblichen Sonntagsspaziergänge erhalten plötzlich eine ganz andere Dynamik, wenn man sich statt übers anstehende Nachtessen über Erotik- und Verführungsszenen unterhält.

ER | Bei der Recherche zum Buch haben wir viele Ideen entwickelt, die auch uns als Paar inspiriert haben. Zudem hat uns das Teamwork zusammengeschweißt. Oft waren wir nicht derselben Meinung und mussten lernen, Konflikte auszutragen und auch mal nachzugeben. Das hilft auch im Beziehungsleben – manchmal jedenfalls.

Wie geht es weiter? Habt ihr Pläne für einen weiteren Roman?

SIE | Ich habe Lust auf mehr, und die Ideen dazu sind auch schon vorhanden.

ER | Zu viel wollen wir natürlich nicht verraten. Es wird garantiert wieder ein Thema sein, das sowohl die Perspektive der Frau wie die des Mannes erlaubt und das viele Menschen nur zu gut aus ihrem eigenen Leben kennen.

edition
federtanz

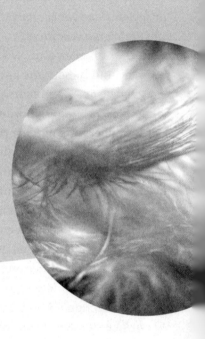

Literatur so leicht und sinnlich wie die Berührung einer Feder.

Weil die Seele mitliest.

edition federtanz steht für das Ausbrechen aus dem Alltag und sich von fremden Geschichten davontragen Lassen. Die sinnliche, niveauvolle Literatur mit charakterstarken Alltagsheldinnen richtet sich an selbstbestimmte Frauen, die sich gern von ihrer eigenen Fantasie beflügeln lassen. Erotik verstehen wir dabei als Kunst, die jede Faser des Herzens ergreift, nicht als pure Mechanik.

Klein, aber fein – jedes Buch sorgt für Knistern zwischen den Seiten und ist ein Unikat. edition federtanz legt bei der handverlesenen Auswahl ihrer Werke Wert auf hohe Qualität in den Inhalten und Ästhetik im Design.

www.federtanz.ch